Inhalt

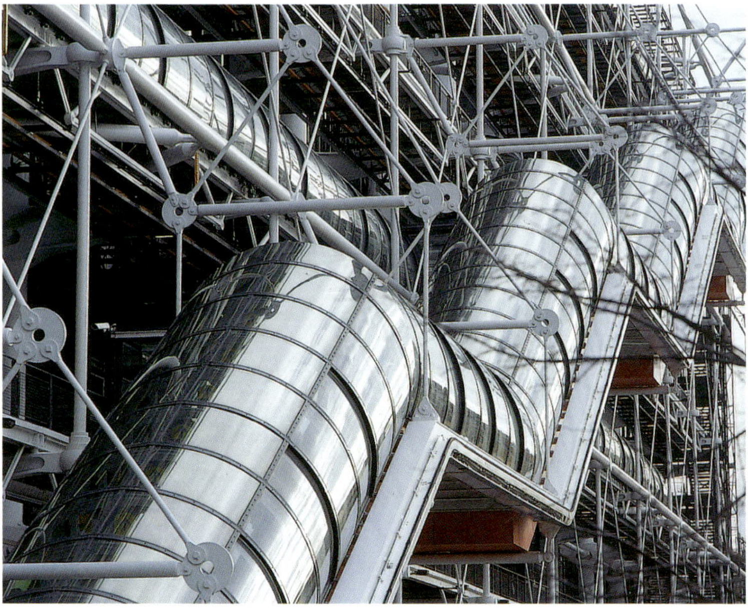

Prestel-Museumsführer

Centre Georges Pompidou
Paris

Text von
Jean Poderos

Centre
Pompidou

Prestel
München · Berlin · London · New York

Konzeption des Museumsführers:
Éditions du Centre Pompidou, Paris

Emmanuel Fessy *Chefredakteur*
Philippe Bidaine *Stellvertretender Chefredakteur*
Françoise Bertaux *Projektleitung*
Benoît Collier *Kaufmännische Leitung*
Mathias Battestini, Claudine Guillon *Rechte und Verträge*

Jean Poderos *Autor*
Françoise Savatier *Lektorat*

Die Herausgeber danken folgenden Personen für ihre freundliche Unterstützung und Mitarbeit

MNAM-CCI
Konservatoren: Isabelle Monod-Fontaine, Jean-Paul Ameline, Agnès de La Beaumelle, Jean-Michel Bouhours, Sophie Duplaix, Alison Gingeras, Frédéric Migayrou, Nadine Pouillon, Alain Sayag, Jonas Storsve, Christine Van Assche
Assistenz: Monica Baillon, Lucia Daniel, Danièle Janton, Patrick Palaquer, Étienne Sandrin, Sylvie Chabot
Dokumentation der Sammlung: Didier Schulmann, Évelyne Pomey, Malika Noui
Dokumentation des Museums: Agnès de Bretagne, Christine Sorin, Brigitte Vincens

BPI Colette Timsit
IRCAM Sophie Manceau de Lafitte
DAEP Josée Chapelle, Marie-Jo Nguyen-Poisson
DDC François Nemer
Audiovision Guy Carrard

Deutsche Ausgabe
ISBN 3-7913-2707-0

Printed in Germany

Prestel-Verlag
Mandlstraße 26
D-80802 München
Tel. 089-38 17 09-0, Fax 38 17 09-35
www.prestel.de

Übersetzung aus dem Französischen:
Joachim Nagel, München
Lektorat: Dagmar Lutz, München
Typographie, Gestaltung und Herstellung:
Heinz Ross, Obergries (heinzross@t-online.de)
Lithographie: Reproline GmbH, München
Druck und Bindung: Passavia GmbH, Passau

Zum Geleit

Seit seiner Eröffnung im Jahre 1977 ist das Centre National d'Art et de Culture Georges Pompidou bemüht, an einem Ort verschiedene kulturelle und künstlerische Aktivitäten oder Institutionen fruchtbar miteinander zu verbinden: Da ist zunächst die bildende Kunst vertreten, mit dem *Musée National d'Art Moderne* (Nationalmuseum für moderne Kunst) und dem *Centre de Création Industrielle* (Zentrum für Industriedesign), kurz MNAM-CCI genannt. Beide veranstalten regelmäßig Wechselausstellungen zu interessanten Themen. Bücher, Presse und neue Medien sind Angelegenheit der *Bibliothèque Publique d'Information* (BPI). Die Musik ist beheimatet im *Institut de Recherche et de Coordination Acoustique/Musique* (Forschungsinstitut zu Akustik und Musik, kurz: IRCAM), und man findet natürlich bei uns auch Film, Theater, Tanz und Performance, wobei letzterer sogar bevorzugtes Interesse gilt.

Indem es diese ganzen künstlerischen Disziplinen verknüpft und mit aktuellen Themen konfrontiert, ist das Centre Pompidou zugleich eine Stätte permanenter Debatten und geistigen Dialogs. Diesem einzigartigen, lebendigen Ansatz verdankt es letztlich seinen Erfolg. Mit jährlich mehr als sechs Millionen Besuchern ist es die neben dem Louvre am stärksten frequentierte kulturelle Institution Frankreichs und zählt in dieser Hinsicht gewiss auch zur Spitze in Europa, ja der ganzen Welt.

Jenem Publikum aus aller Herren Länder möchten wir nun mit der vorliegenden Publikation, die zum 25. Jubiläum des von Grund auf renovierten und umstrukturierten Gebäudes in sechs Sprachen erscheint, einen Eindruck vermitteln vom Reichtum unserer ständigen Sammlung(en) und der Vielfalt unserer Aktivitäten und ihm eine schnelle, problemlose Orientierung in den sieben Stockwerken des 90 000 m^2 großen Gebäudes ermöglichen, einem Meisterwerk der Architekten Renzo Piano und Richard Rogers. Seine Lektüre gewährleistet angemessene Vorbereitung für einen gelungenen, durchweg lohnenden Besuch und birgt zudem einen Schlüssel zu Kunst und Design des 20. Jahrhunderts und aktuellen Strömungen: Diese Annäherung ermöglicht vor allem der Rundgang anhand von 150 ausgewählten Meisterwerken, die in einem ›Album‹ versammelt wurden.

Möge der Führer Ihnen ein nützlicher Begleiter bei der Erkundung sein und später in der heimischen Bibliothek seinen Platz finden. Und nun schlagen Sie ihn einfach auf und ziehen Sie los ins Centre Georges Pompidou, in dem wir Sie herzlich begrüßen!

JEAN-JACQUES AILLAGON
Präsident des Centre Pompidou

Das Centre Pompidou

Kunst und Kultur für alle

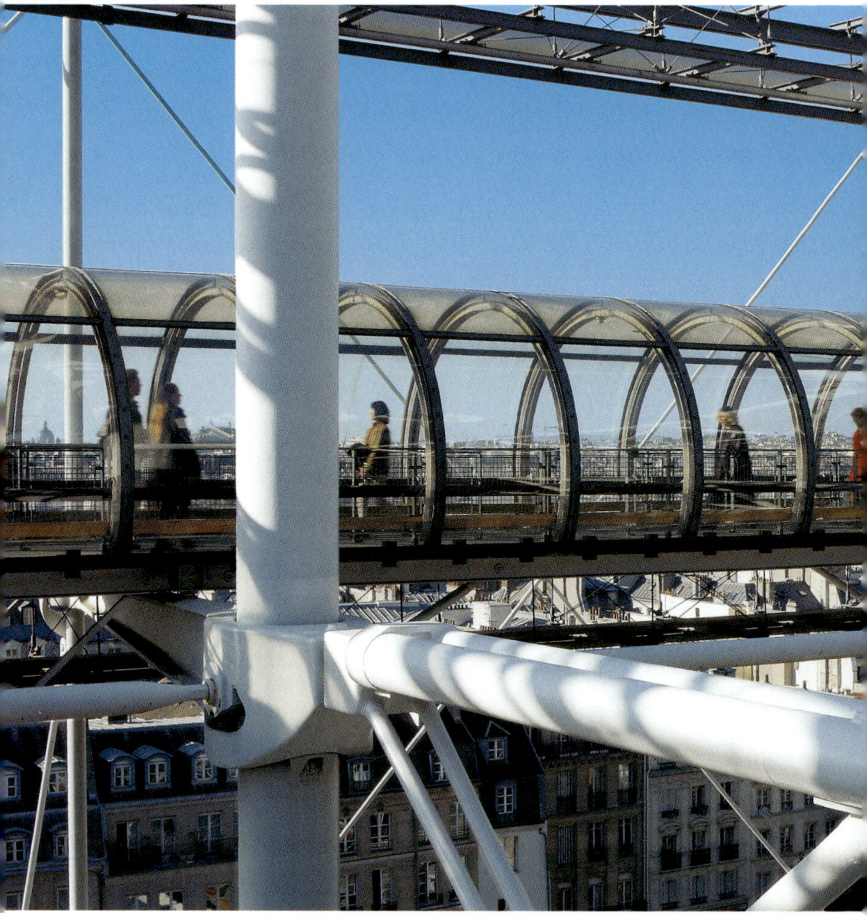

Eingangsbereich an der Place Georges Pompidou, etwa 100 m vom Boulevard Sébastopol entfernt

Das Centre Pompidou blickt auf eine lange Vorgeschichte zurück. Bereits im Jahre 1969 liebäugelte der Namensgeber, der damalige französische Staatspräsident Georges Pompidou, mit einem »Pariser Kulturzentrum, welches Museum und Ort der Kreativität« sein, »wo neben der bildenden Kunst auch Musik, Film, Bücher und audiovisuelle Medien vertreten« sein sollten – das dem Publikum bestmöglichen Zugang zu Kunst und Kultur in allen Facetten gewährleisten sollte.

Das Gebäude

Ein solch ehrgeiziges Unternehmen erfordert ein adäquates Domizil, ein

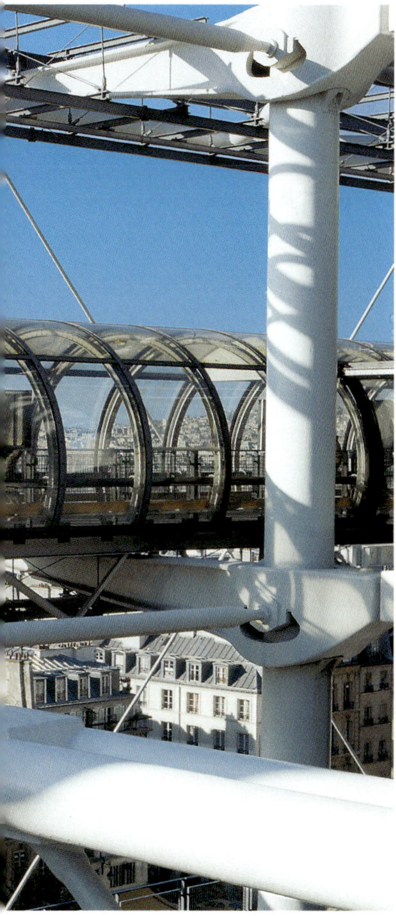

Der Durchgang der 6. Etage

wenig nach dem Muster des Turmbaus zu Babel ... Das Gebäude, das nun mitten im historischen Zentrum von Paris entstand, musste nicht nur der Vielfalt seiner Aufgaben gerecht werden, sondern im besten Sinne ›begehbar‹ sein, mit großzügigen Ausstellungsflächen. Unter den 681 Entwürfen, die im

Georges Pompidou (1911–1974)

Nach dem Besuch der École Normale Supérieure lehrte der früh auch an Kunst und Literatur interessierte Politologe in Marseille und Paris, wo er sich der Résistance anschloss und im Umkreis von Charles de Gaulle politisch tätig war. 1962–1968 wurde er dessen Premierminister und 1969 sein Nachfolger im höchsten Staatsamt des Präsidenten.
Der vielseitig Gebildete tat sich als Sammler moderner Kunst hervor sowie Herausgeber einer Anthologie französischer Dichtung, die zum Klassiker avancierte.
Seit seinem Eintritt in den Élysée-Palast trug er sich mit dem Gedanken eines nationalen Zentrums für Kunst und Kultur als volkstümliches Mehrzweckgebäude. Da er schon 1974 inmitten der Erfüllung seiner Amtsgeschäfte verstarb, war es ihm zwar nicht mehr vergönnt, dessen Realisierung zu erleben, doch wirkte seine Witwe Claude weiterhin unermüdlich in seinem Geist für den Fortgang des Unternehmens.

Rahmen eines internationalen Wettbewerbs eingingen, wählte die Jury im Juli 1971 schließlich denjenigen zweier junger Architekten aus: Den Zuschlag erhielten der Italiener Renzo Piano und der Brite Richard Rogers. Ihr Modell war optimal auf die Nutzung unterschiedlicher Institutionen unter einem Dach abgestimmt und fügte sich zudem auf seine Weise harmonisch in die historische Bausubstanz der Umgebung.

In seinem utopischen Charakter folgte das Bauwerk einem revolutionären architektonischen Ansatz. Beeinflusst von den gewagten (indes nie ausgeführten) Ideen der britischen Gruppe Archigram aus den 60er Jahren, schufen Piano und Rogers eine Art ›Kreativitätsmaschine‹, deren architektonische Details gerade das Neuartige eines solchen Konzepts herausstellten. Das tragende Gerüst und die Verbindungswege (wie die riesigen ›Raupen‹-Konstruktionen der Rolltreppen) wurden nach außen verlegt, um die Nutzfläche im Innern nicht zu reduzieren. Diese wiederum, verteilt auf fünf Etagen von 7500 m², wurde flexibel gehalten, in Hinblick auf problemlose Anpassung an wechselnde Anforderungen und eventuelle spätere Erweiterungen.

Aufgrund der transparenten Hauptfassade lassen sich die Aktivitäten im Inneren auch von der weiträumigen Esplanade aus verfolgen, die die Architekten an der Ostfront beließen. Durch die Beschränkung der Grundfläche musste der Staat nur 2 Hektar Boden auf dem Plateau Beaubourg erwerben. Lediglich das IRCAM-Institut wurde aus technischen Gründen subterrestrisch unter dem künftigen Standort des Brunnens von Jean Tinguely und Niki de Saint-Phalle angelegt.

Ein ›Anti-Monument‹

Frachtschiff, Stadt in der Stadt, Röhrenmaschine, Gasometer – solche respektvoll-ironischen Bezeichnungen erfuhr das fertige Centre Pompidou. Als Gebäude von auffälliger Modernität zählt es inzwischen zu den Wahrzeichen von Paris. Dies ist gewiss nicht zuletzt dem Umstand geschuldet,

Farben des Centre Pompidou

An der Ostfassade zur Rue de Renard wurden die nach außen gelegten Versorgungsleitungen in verschiedenen Farben markiert:

- blau die Lüftungsschächte
- grün die Wasserleitungen
- gelb die Elektroleitungen
- rot diejenigen der Transportwege (Aufzüge, Treppen etc.)

Das Centre Pompidou in Zahlen

- 31. Januar 1977: Eröffnung
- Gesamtnutzfläche: ca. 90 000 m²
- Rauminhalt: 430 000 m³
- acht Stockwerke, davon fünf oberirdisch
- Länge 166 m, Höhe 42 m, Breite 60 m
- Gerüst aus 45 m langen, 3 m hohen Stahlträgern
- Die Stockwerke erheben sich jeweils 7 m hoch, alle 12 m unterbrochen von einem Träger, 4 m über dem Bodenniveau.
- Innenfläche: jede Ebene 7500 m²
- Januar 2000: Wiedereröffnung nach 27 Monaten Renovierung
- 70 000 m² wurden renoviert, 8000 m² hinzugewonnen durch die Auslagerung von Büros.

Die Architekten der Renovierung

»Ein Gebäude, das kein Monument ist, sondern ein Fest, ein großes Spielzeug mitten in der Stadt.«
Renzo Piano

Renzo Piano, einer der Architekten des Centre Pompidou, und Jean-François Bodin, der sich bereits durch zahlreiche Museumsumbauten in Frankreich einen Namen gemacht hatte, wurden mit den Entwürfen für Renovierung und Umgestaltung des Zentrums beauftragt. Dominique Jakob und Brendan MacFarlane wiederum konzipierten das neue Panorama-Restaurant in der 6. Etage mit einer spektakulären Innenarchitektur aus Metallverschalungen.

Die ›Gerberettes‹

Auf jeder Ebene des Gebäudes wurden riesige Stahlkonstruktionen installiert, die an Schiffsaufbauten erinnern – auch das Centre selbst sollte ja wie ein Schiff in der Stadtlandschaft wirken.
Diese – nach ihrem Erfinder Gerber benannten – Elemente sind auf eine Achse montiert und werden von im Boden verankerten Stahlseilen gehalten. Ihr oberes Ende dient wiederum als Basis für die Stahlträger. Die vertikalen Röhren werden von Wasser gespeist, das im Brandfall automatisch alle tragenden Elemente des Bauwerks berieselt.

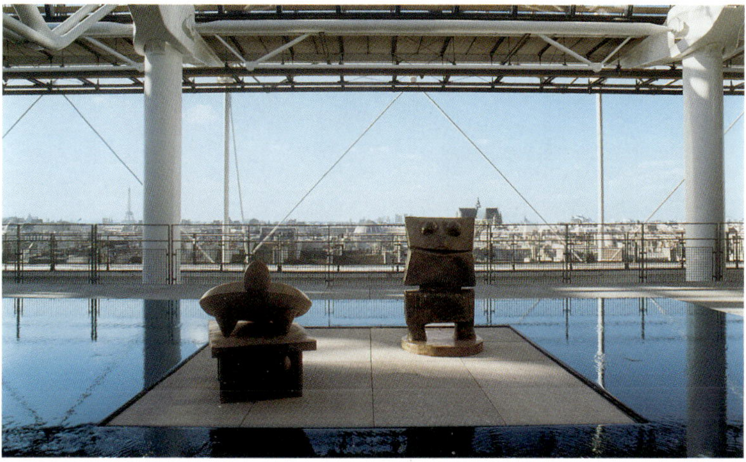

Blick von der westlichen Aussichtsplattform im 6. Stockwerk. Im Vordergrund die Skulpturen Die große Schildkröte (La Grande Tortue) *und* Der große Frosch (La Grande Grenouille) *von Max Ernst*

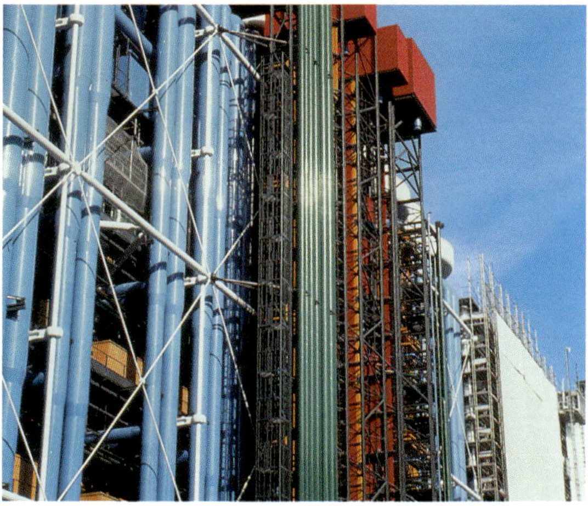

Ansicht der Ostfassade

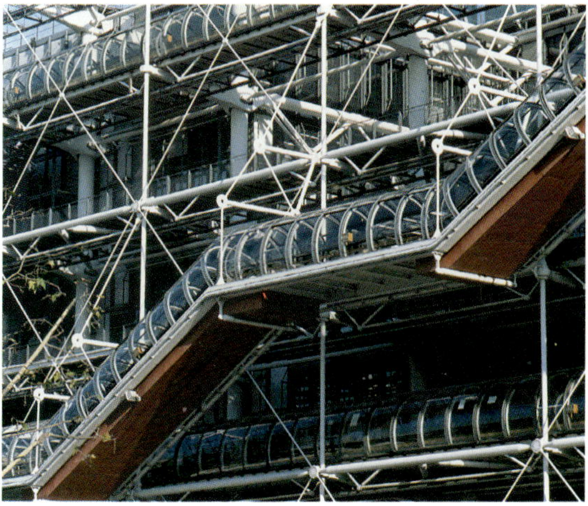

Die plexiglasverkleidete Rolltreppenröhre im Außenbereich

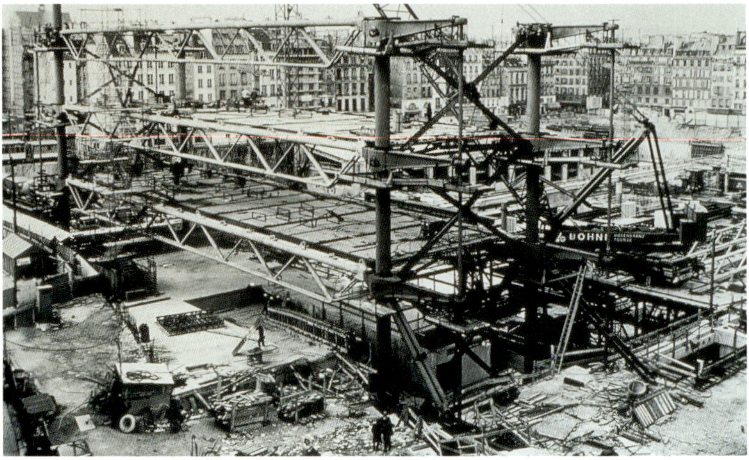

Das Centre Pompidou im Bau, 1974

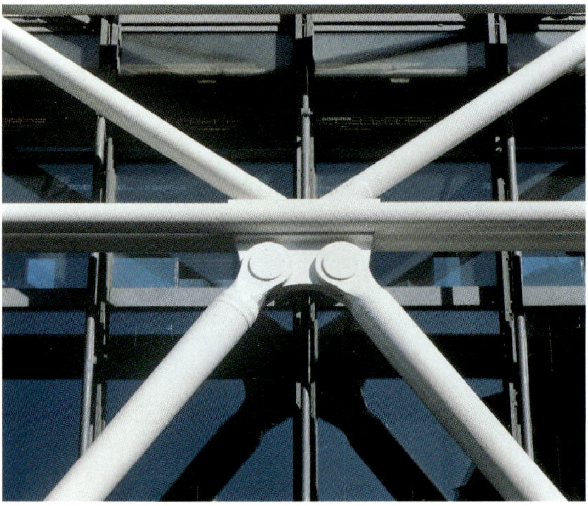

Detail der Stahlkonstruktion

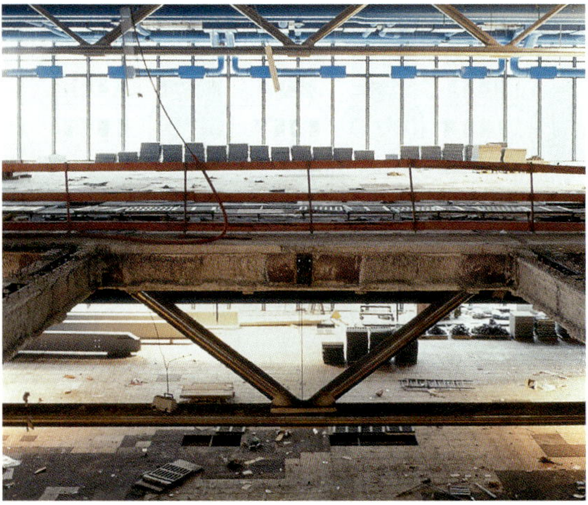

Einrüstung des Gebäudes während der Renovierungsphase, 1999

Wissenswertes in Wort und Bild

- *Centre Pompidou, l'esprit du lieu* [Centre Pompidou: Magie eines Ortes; franz. Ausg.] von Philippe Bidaine. Coll. L'esprit du lieu, Hrsg. Centre Pompidou/Scala 2001. 5,34 €
(Über Architektur, urbanes Umfeld und Geschichte des Centre Pompidou)

- *Le Centre Georges Pompidou, Piano – Rogers* [Das Centre Pompidou, Piano – Rogers; frz., engl. und jap. Ausg.], hrsg. von Élizabeth Amzallag-Augé und Sophie Curtil. Coll. L'art en jeu, Hrsg. Centre Pompidou 1996. 12,20 €
(Spielerische Annäherung an das Centre Pompidou für Kinder)

- *Le Centre Georges Pompidou,* Film von Richard Copans. Koprod. Centre Pompidou/Les Films d'ici/La Sept-Arte 2000. 15,09 €
(Analyse der Bauphasen anhand einer filmischen Rekonstruktion des Architekturmodells)

- *Métro Rambuteau,* von Marc Petitjean, Hrsg. Centre Pompidou/Hazan 1997. 14,48 €
(Bildband über den radikalen Eingriff in das historische Pariser Viertel L'Horloge für den Bau des Centre Pompidou)

- *Renzo Piano, architecte au long cours,* Film von Marc Petitjean. Koprod. Centre Pompidou/Mirage illimité/Grand Canal 2000. 21,19 €
(Ein Porträt des Architekten am Beispiel von vier größeren Projekten)

- *Georges Pompidou, homme de culture* [Georges Pompidou, ein Mann der Kultur], Hrsg. von Philippe Tétart 1995. 21,34 €
(Sitzungsbericht des gleichnamigen Kolloquiums)

Externe Aktivitäten

Der Aktionsbereich des Centre Pompidou erstreckt sich auch auf Unternehmungen außerhalb seines Domizils. Mit Ausstellungen und Aufführungen ist es auch anderswo in Frankreich oder im Ausland präsent – häufig mit bedeutenden Ausstellungen, die zunächst im Haus gezeigt werden und dann auf Tournee gehen. Manche werden sogar eigens für externe Zwecke konzipiert, wie 2001 die Ausstellung ›Parade‹, eine repräsentative Auswahl der Schätze des MNAM, die in Brasilien gezeigt wurde.

dass es von seinen Architekten als Symbol zweier verschiedenener kultureller Gesten konzipiert wurde: als Ort der Bewahrung und der Kreativität. Ein Anti-Monument also, eine Maschine der Unordnung, nicht auf eine Identität festgelegt und in fortwährender Mutation begriffen. Außerdem sollte es, nach dem erklärten Willen des Namensgebers, ein Bauwerk sein, das vier oder fünf Jahrhunderte überdauert.

Die Erfolgsgeschichte

Das Centre Pompidou war von Beginn an ein beachtlicher Erfolg: Statt der erwarteten 5000 Besucher täglich kamen im Schnitt bald 23000, mehr als 7 Mio. jährlich. Als meist frequentierte Sehenswürdigkeit der französischen Hauptstadt überholte es sogar Notre Dame. Mit verantwortlich für diese Zahlen war auch die außergewöhnliche Akzeptanz der Bibliothek (s. S. 22ff.), deren wahrhaft enzyklopädischer Bestand nicht nur die Studenten des Großraums Paris anzog, sondern auch ein Publikum, das sonst wenig Interesse an kulturellen Einrichtungen zeigte.

Zum Erfolg trugen gleichermaßen legendäre Ausstellungen bei, darunter ›Paris–Berlin‹ (1978), ›Dalí‹ (1979/1980), ›Matisse‹ (1993), ›Brancusi‹ (1995) oder ›Le Temps, vite‹ (2000), wie die allgemeine Attraktivität der Sammlung des Musée National d'Art Moderne. Diskussionsveranstaltungen, Kongresse und Tanz-Performances

Jahreskarte

Die Jahreskarte berechtigt zu bevorzugten Eintritt zum Centre Pompidou, zu freiem Zugang ins Museum, in Ausstellungen und Kino (außer bei Festivals), zu ermäßigtem Eintritt bei Veranstaltungen sowie weiteren Vorteilen und Vergünstigungen (vgl. auch S. 156).

erschließen das Centre Pompidou heute wiederum Interessentenkreisen, die seine anderen Angebote wenig nutzen. Kaum bekannt, innerhalb des interdisziplinären Spektrums indes eminent wichtig ist das IRCAM (s. S. 146 ff.), dem es in kurzer Zeit gelang, sich aufgrund der Qualität seiner Forschungsarbeit und Produktionen in der Musikwelt zu behaupten.

Die Renovierung

Zwanzig Jahre nach Eröffnung stand fest: Eine so hoch komplexe Erfolgsmaschine war nicht dauerhaft belastbar, ohne entsprechende Verschleißspuren davonzutragen. Das Gebäude musste renoviert werden. Die erforderlichen Arbeiten erzwangen eine zeitweilige Schließung, die im Oktober 1997 erfolgte und im Wesentlichen bis Januar 2000 dauerte.

Die Renovierung bot zudem Möglichkeiten zu Verbesserung und Erweiterung, vor allem bei Museum und Bibliothek. Das MNAM-CCI (s. S. 28 ff.), nun auf zwei komplette Etagen ausgedehnt, präsentiert heute im 4. Stock seine zeitgenössische Sammlung, im 5. die klassische Moderne. Die Bibliothek, mit eigenem Eingang im Forum, erhielt gleichfalls mehr Raum für ihre gewachsenen, nicht zuletzt auch um Neue Medien vermehrten Bestände.

Die Anziehungskraft des Centre Pompidou scheint auch nach seiner Wiedereröffnung ungebrochen – Plebiszit einer dieser Institution im Geist verbundenen treuen Anhängerschaft.

i

Öffnungszeiten, Telephonnummern und Eintrittspreise: siehe ›Informationen von A–Z‹, S. 154 ff.

Serviceeinrichtungen

- Informationen/Eintritt
  – Allgemeine Auskunft: im Forum, Ebene 0
  – Auskunft Museum: Ebene 4
  – Automaten für Eintrittskarten (nur Normaltarif, zahlbar mit Scheckkarte): Forum, Ebene 0
  – Garderoben, Toiletten, Postamt, Bankautomaten, Telephon: Forum, Ebene 0
  – Öffentlicher Durchgangsbereich: Forum, Ebene 0
- Läden
  – Buchhandlungen: Ebenen 0, 4 und 6
  – Design-Boutique: Forum, Ebene 1
- Gastronomie
  – Café Mezzanine: Forum, Ebene 1
  – Cafeteria und Kiosk: Bibliothek, Ebene 2
  – Restaurant ›Georges‹ mit Panoramaterrasse: Ebene 6 (separater Eingang Place Georges Pompidou, mit eigenem Aufzug). Reservierung: Tel. (01) 44 78 47 99.
- Parkhaus: Zufahrt durch das Souterrain der Hallen und von der Rue Beaubourg/Ecke Rue Rambuteau.

www.centrepompidou.fr

Anlässlich der Renovierung wurde auch die 1995 eingerichtete Web-Site vollständig überarbeitet. Hier findet man jede Menge wertvoller, detaillierter Informationen unter folgenden Links:

- **Agenda** – Übersicht des aktuellen (und künftigen) Programms
- **Évènements** – Übersicht der Einzelaktivitäten
- **Expositions** – virtueller Rundgang durch die aktuellen Ausstellungen
- **Musée** – Übersicht der Bestände und Neuerwerbungen (mit Zeittafel zur Kunst des 20. Jahrhunderts)
- **Documentation** – Suchmaschine für Kataloge, Archive etc.
- **Éditions** – Übersicht der Veröffentlichungen des Centre Pompidou
- **BPI** und **IRCAM** sind gleichfalls über die Homepage des Centre Pompidou erreichbar (vgl. S. 156).

Graphisches Leitsystem

Nach der Wiedereröffnung präsentiert sich das Centre Pompidou mit einem neuen Corporate Design und Leitsystem für Besucher – ein Werk des Ateliers ›Integral‹ unter Führung des Schweizers Ruedi Baur (geb. 1956), das hier die legendären Schreibmaschinentypen von Jean Widmer verwandte. Hängetafeln, die das Farbsystem des Centre Pompidou adaptieren, zeigen in einfachen Worten Hinweise in mehreren Sprachen. Mit ihrer auffälligen Optik bilden sie ein wirkungsvolles Bindeglied zwischen Architektur und Programmatik des Hauses.

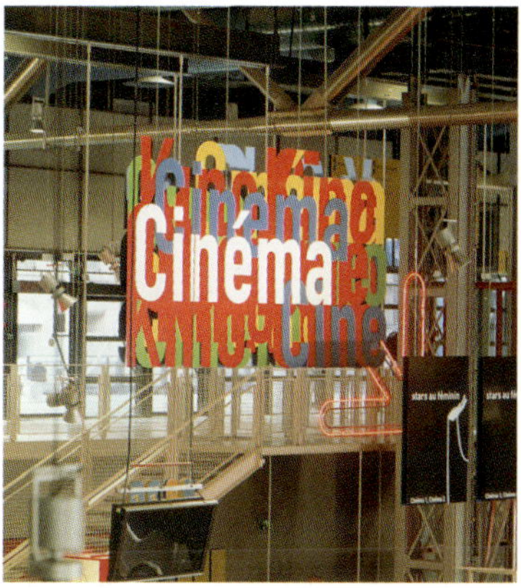

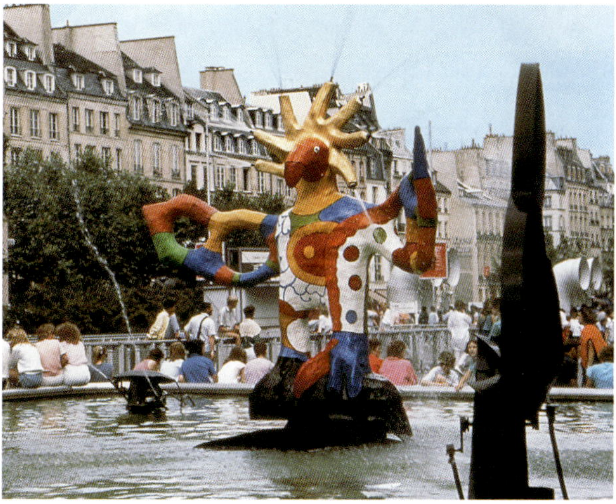

Der »Strawinsky-Brunnen« Le sacre du printemps *mit Skulpturen und beweglichen Objekten von Jean Tinguely und Niki de Saint-Phalle (1983)*

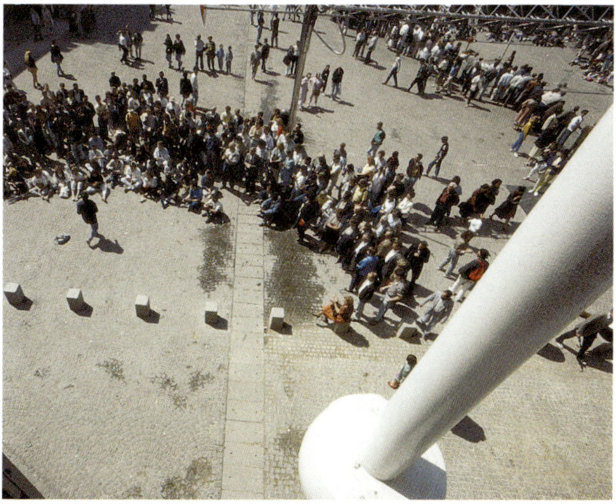

Warteschlangen vor der Kasse

Forum und Veranstaltungen

Was man sehen und unternehmen kann

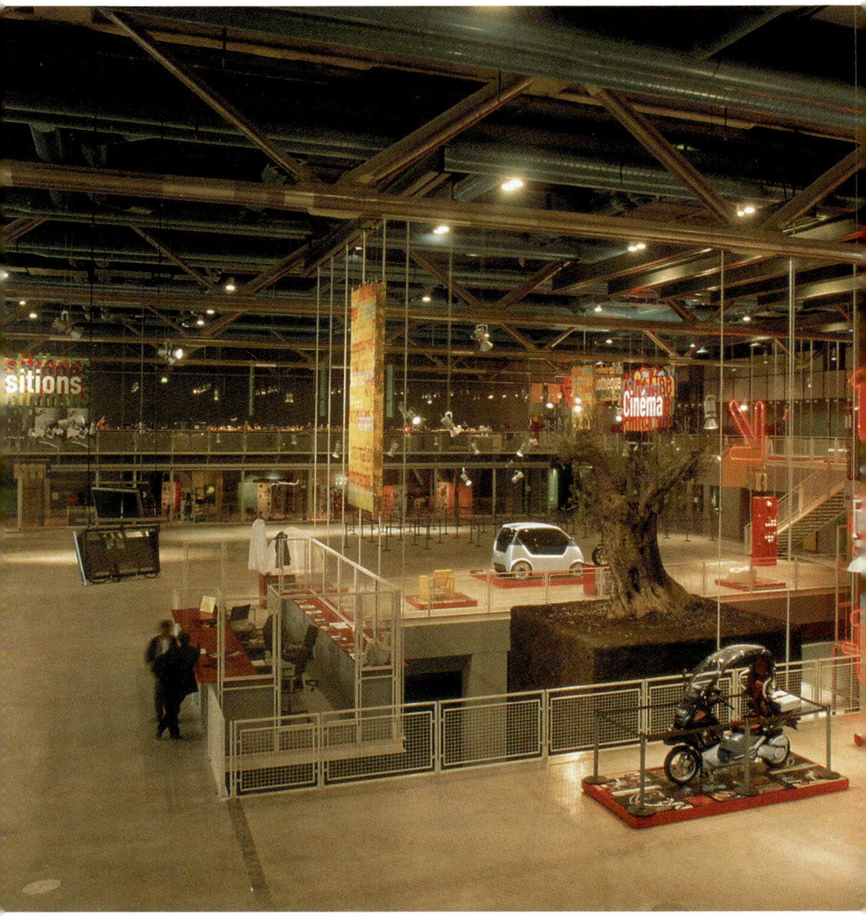

✦ Im Forum, Ebenen 0, 1 und –1

Durch den Windfang des Haupteingangs betreten Sie das Forum des Centre Pompidou – hier können Sie sich nicht nur grob orientieren, sondern auch im Detail erfahren, wie das Kulturzentrum funktioniert. Unmittelbar vor Ihnen liegt gleich der große allgemeine Auskunftsschalter, links die Museumskasse, rechts diejenige für Sonderausstellungen und Veranstaltungen.

Noch ein Stück weiter links – genauer gesagt in der ›Raupe‹ – führt eine Rolltreppe zum Museum (Ebene 4) und zu den Ausstellungen (Ebene 6). Ferner haben sie hier freien Zugang zur Design-Boutique sowie zu Bibliothek und Kinosaal 1. Zur Rechten erwartet Sie eine große Buchhandlung, die alle Publikationen

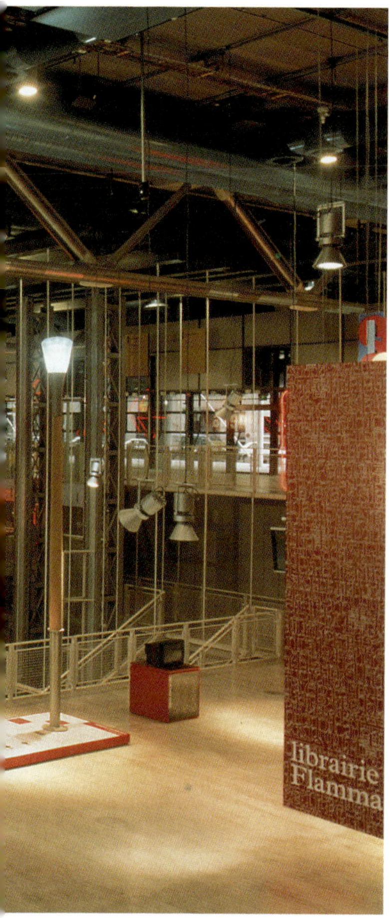

Installation des ›Parcours der Kreativität‹ im Forum

des Centre Pompidou führt, außerdem eine beträchtliche Auswahl an Titeln über die klassische moderne und zeitgenössische Kunst. Eine weitere Rolltreppe führt zur Ausstellungsgalerie Süd und zum Café Mezzanin im 1. Stock.

Hinter dem Informationsschalter gelangen sie über zwei Treppen und Aufzüge zu den Ebenen 1 und –1. Dort im Souterrain finden die meisten Live-Veranstaltungen und auch Konferenzen statt.

Herzlich willkommen also im betriebsamen Bienenstock des Centre Pompidou, das Ihnen mit der Vielfalt seiner Angebote sicherlich kaum langweilig werden wird. Aufführungen, Diskussionsrunden, Kongresse, Kino, Wechselausstellungen und museumspädagogische Aktionen mischen sich hier, ergänzen einander, hinterfragen sich gegenseitig und bilden insgesamt eine attraktive Einheit.

›Parcours der Kreativität‹ (Ebene 0 und 1)

Schon im Eingangsbereich und um den großen Schacht zur Ebene –1 stoßen Sie auf bizarre Objekte seltsamer oder doch kaum vertrauter Art – und plötzlich bemerken Sie, dass es sich um eine Ausstellung handelt oder eine kleine ›Kunstmesse‹, als erster Schritt des Besuchers auf einem ›Parcours der Kreativität‹. Regelmäßig werden hier zeitgenössische Design-Objekte oder Neuheiten des Industriedesigns präsentiert.

Museumspädagogische Aktionen (Ebene 0)

Eine seiner bevorzugten Aufgaben sieht das Centre Pompidou als publikumsorientierte kulturelle Einrichtung in der Museumspädagogik. So gibt es jede Menge Angebote für Besucher mit und ohne ›Vorbildung‹, vor allem aber für das junge Publikum, auch gemeinsam mit Familie oder Lehrern. Ferner werden spezielle Führungen für Behinderte durchgeführt.

Auf die Kleinsten warten im Forum eine Kindergalerie und ein pädagogischer Bereich, jeweils links unterhalb des Mezzanins. Erstere richtet, jeweils in Zusammenarbeit mit Künstlerateliers, zweimal jährlich besondere Ausstellungen aus. In den Ateliers des pädagogischen Bereichs werden die Kinder intensiver mit moderner Kunst bekannt gemacht. Sie lernen die Welt eines bestimmten Malers oder Bildhauers kennen und können selbst bunte Environments, riesige Wandgemälde und Rauminstallationen herstellen. Danach beschäftigen sie sich eingehend mit den Werken, die ihr eigenes Schaffen inspiriert haben.

Die Reihe ›Museumsbesuch aktiv‹ vermittelt Eltern und Kindern Kunstwerke in haptisch-spielerischer Weise: Unter dem Motto ›Blau, Gelb, Rot‹ und ›Materialien zum Anfassen‹ werden Gemälde in Hinblick auf die drei Primärfarben untersucht und Skulpturen hinsichtlich der jeweils vom Künstler verwendeten Werkstoffe.

An Erwachsene und Studenten richten sich die Gesprächsrunden ›Un dimanche, un oeuvre‹ [Jeden Sonntag ein Kunstwerk], in denen jeweils ein ausgewähltes Werk aus den ständigen Sammlungen interpretiert und nach seiner Geschichte befragt wird. Hier sind neuerdings die ›Collèges [Kollegien] du Centre‹ hinzugetreten – sie widmen sich, mit weiter gefasstem Ansatz, der Kunstgeschichte des 20. Jahrhunderts, wiederum anhand von Beispielen aus den Beständen des Museums oder im Kontext aktueller Ausstellungen. Zudem gibt es Begegnungen mit Künstlern, Atelierbesuche, Führungszyklen und Architekturspaziergänge.

Als wichtige Aufgabe sieht das Centre Pompidou nicht zuletzt die Kunsterziehung an: Das ganze Jahr über empfängt es Schülergruppen,

DDC – Département du Developpement Culturel

Im Herzen des Centre Pompidou koordiniert das DDC (Abteilung für Kulturelle Entwicklung) zahlreiche Veranstaltungen: Live-Aufführungen, Vorträge und Diskussionen, Kino und audiovisuelle Events. Daneben richtet es wie das Museum selbst Ausstellungen aus, stets am Puls der Zeit mit ihren kulturellen und soziologischen Veränderungen.

Achtung Aufführung!

- Ebene –1
  Hier gibt es drei Veranstaltungssäle:
  – **Grande Salle** (Großer Saal) mit 440 Plätzen – für Tanz, Theater und Musik
  – **Petite Salle** (Kleiner Saal) mit 160 Plätzen – für Konferenzen
  – **Salle de Cinéma 2** (Kinosaal 2) mit 150 Plätzen

  Außerdem finden gelegentlich auch im Foyer (mit Kasse, Bar und Garderobe) kleinere Veranstaltungen statt oder Ausstellungen zu aktuellen Aufführungen.
- Ebene 1
  – **Salle de Cinéma 1** (Kinosaal 1) mit 320 Plätzen

Aus Künstlermund

»Das Centre Pompidou ist auf allen Ebenen voller Überraschungen. Die Beziehung, die hier zwischen Publikum und Kunst gestiftet wird, auch im darstellenden Bereich, etwa bei Live-Aufführungen, ist schlicht genial.«

Merce Cunningham, Choreograph

DAEP – Direction de l'Action Éducative et des Publics

Um das Haus für ein möglichst breites Publikum attraktiv zu machen, wurde für den pädagogischen Bereich eine eigene Direktion eingerichtet. Das DAEP koordiniert alle Aktivitäten von Kindergalerie und Kinderatelier und kümmert sich um sämtliche museumspädagogischen Angebote.

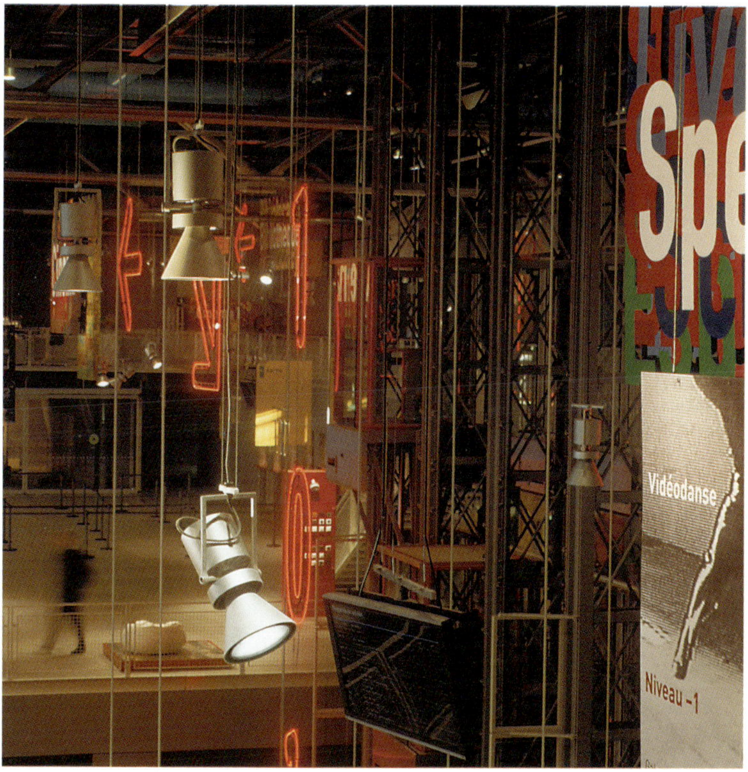

Blick ins Forum

Abschiedsschau des Modeschöpfers Yves Saint Laurent im Centre Pompidou, 22. Januar 2002. (Photo: D. R.)

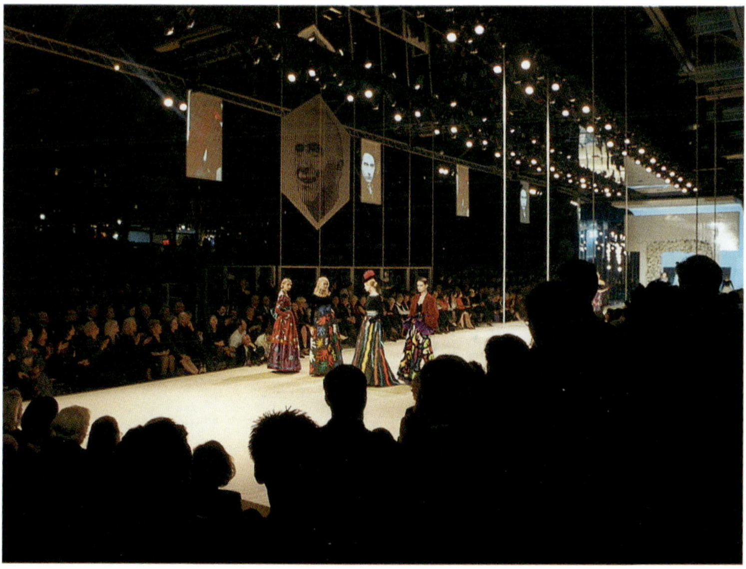

vom ABC-Schützen bis zum Gymnasiasten, und organisiert Aktivitäten mit Lehrkräften und museumspädagogischem Fachpersonal – gerne auch außerhalb seiner Mauern.

Live-Aufführungen (Ebene –1)

Eine der bedeutendsten Veränderungen im Zuge der Wiedereröffnung des Centre Pompidou war die Reorganisation und Ausweitung des Bereichs der Live-Aufführungen, der nun gleichberechtigt neben den Komplex Performance innerhalb der zeitgenössischen Kunst trat. Tanz, Theater, elektronische Musik und sogar Modenschauen sind seither fester Bestandteil des Programms. International bekannte Künstler wie Patti Smith oder Steve Reich eroberten dem Zentrum ein neues Publikum und brachte diese jungen Leute aus der Szene wiederum in Kontakt mit der kreativen Welt der modernen Kunst. Solche Events werden auch gemeinsam von verschiedenen Institutionen des Centre Pompidou ausgerichtet – so wirken die Abteilungen bildende Kunst und Design mit dem für die Musik zuständigen IRCAM zusammen, vor allem beim Festival ›Agora‹.

Vortragsreihen (Ebene –1)

Seit der Eröffnung im Jahre 1977 zählen Vortragsreihen (die ›Revues parlées‹) zu den beständigen Einrichtungen. Sie kreisen stets um Einzelthemen aus der bildenden und angewandten Kunst, Philosophie, Literatur – um alles, was irgendwie mit Kreativität zu tun hat, und dies über ein ganzes Jahr hinweg. Dreimal jährlich besteht zudem die Möglichkeit, sich an drei Abenden außer der Reihe mit den einzelnen Disziplinen und den Methoden ihrer Vermittlung zu beschäftigen. Ebenfalls dreimal finden in diesem Rahmen internationale Kolloquien statt.

Forumsdiskussionen (Ebene –1)

Regelmäßige große Forumsdiskussionen mit Experten verschiedener Fachrichtungen berühren wichtige Themen unserer Zeit. Auch hier geht es in erster Linie um den Zusammenhang des künstlerischen Schaffens mit den Anforderungen einer ständig im Wandel begriffenen Gesellschaft. Debattiert werden aktuelle kulturelle Fragen, auch in Hinblick auf audiovisuelle und Neue Medien – jeweils im Kontext von Ausstellungen.

Kino (Ebene 1 und –1)

Die Kinovorstellungen im Centre Pompidou sind meist Bestandteil größerer Zyklen zu einem bestimmten Thema oder einer aktuellen Wechselausstellung, doch es gibt auch Retrospektiven zum Lebenswerk einzelner Regisseure (wie Alfred Hitchcock) und größere cineastische Themenreihen (z. B. zum sowjetischen Film). Zum Wirkungskreis des Kinos im Centre Pompidou zählen auch die Bereiche Audiovision, Neue Medien und Internet.

Video-Tanz (Ebene –1)

Der Tanz an sich ist eine ephemere Kunstform. Wie sollen wir heute noch Künstler wie Vaclav Nijinsky oder Loïe Fuller bewundern, wie lassen sich andererseits die Performances von Pina Bausch oder Merce Cunningham für die Zukunft bewahren? Unser jährliches Video-Tanz-Festival bietet dem Publikum außergewöhnliche Filme aus den Archiven und macht es mit neuen Choreographien bekannt, die meist speziell für die Reproduktion auf Video konzipiert wurden.

i

Adresse: Centre Pompidou
Place Georges Pompidou, 75004 Paris

Programme für Kinder, Führungen, Besuche in Gruppen, Angebote für Behinderte etc. vgl. S. 154ff.

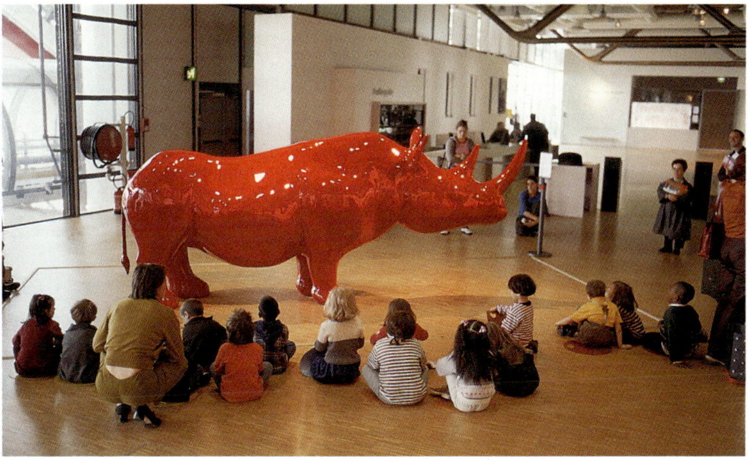

›Museumsbesuch aktiv‹ rings um das Rhinozeros *von Xavier Veilhan*

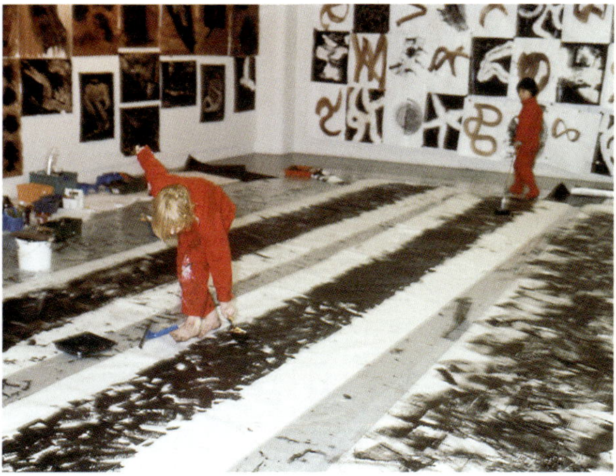

Kinderatelier zu Pierre Soulages

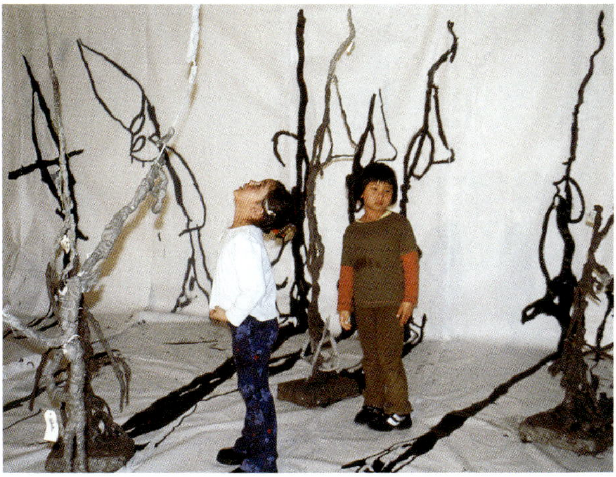

Kinderatelier zu Alberto Giacometti

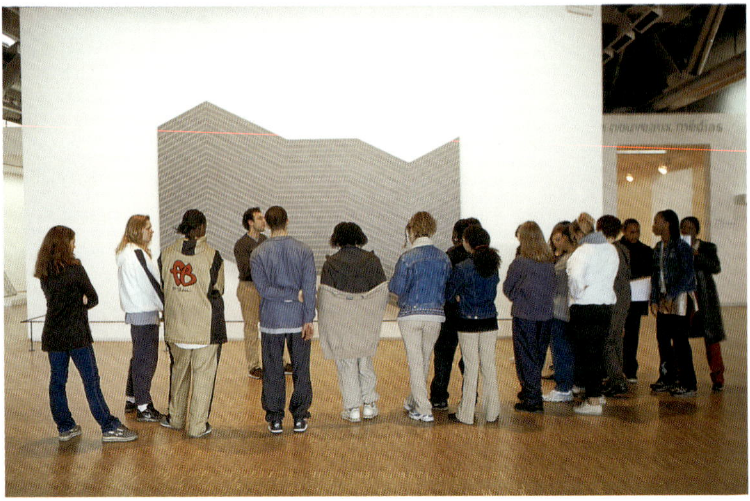

Gruppenführung durchs Museum

Eingangsbereich der Ausstellung zu Raymond Hains, 27. Juni bis 3. September 2001

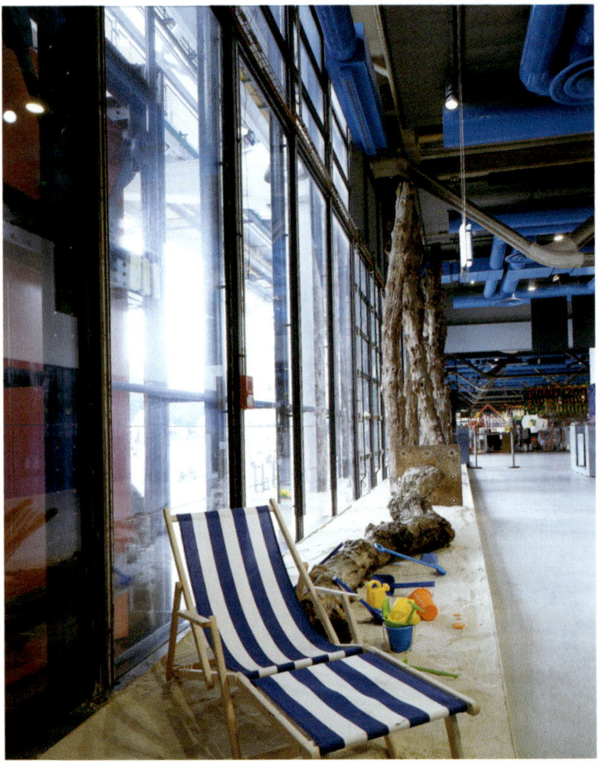

Ausstellungen

✦ Unter dem Mezzanin, rechts im Forum (Ebene 1) und Ebene 6

Wechselausstellungen spielen eine bevorzugte Rolle im Alltag des Centre Pompidou und haben erheblichen Anteil an seiner Erfolgsgeschichte – denn sie sind oft wegweisende Marksteine auf dem Gebiet von Kunst und Kultur.

Neben großen Retrospektiven zu einzelnen Künstlern sind es auch Themenausstellungen, die in ihrer Präsentation von der Vielfalt der künstlerischen Disziplinen innerhalb des Centre Pompidou profitieren, geben sich hier doch auch Plastik, Architektur, Design, Film, Multimedia und Dokumentation ein Stelldichein. Publikumsrenner waren z. B. ›Paris–New York‹ (1977), ›Paris–Paris‹ (1981), ›Les Magiciens de la Terre‹ (1989), ›Face à l'Histoire‹ (1996), ›Le Temps, vite!‹ (2000), ›Les Années pop‹ (zur Pop Art, 2001), ›Hitchcock et l'art‹ (2001). Manche setzten neue, bislang ungewohnte Maßstäbe in der Präsentation, wie ›Les Immatériaux‹ (›Die Im-Materialien‹, 1985), ›L'Informe‹ (zum Informel, 1996), ›L'Empreinte‹ (Graphik, 1997) und ›Sonic Process‹ (Klangprozesse, 2002).

Bei anderer Gelegenheit konnten sich die Besucher intensiv mit einzelnen Phänomenen der modernen Kunst befassen, mit Künstlerpersönlichkeiten wie Kasimir Malewitsch (1980), Gaetano Pesce (1996) und Nan Goldin (2001) oder Themen wie ›Au-delà du spectacle‹ (2000), einem Kunst-Event im Stil einer US Shopping Mall, oder ›Cher peintre, peins-moi‹ (›Mal mich, lieber Maler‹, 2002).

Bei Konzeption und Realisierung einer Ausstellung arbeiten gewöhnlich Teams aus allen Fachbereichen zusammen, mitunter auch das IRCAM, die Abteilung ›Live-Aufführungen‹ oder die Bibliothek: Dort findet das Publikum zusätzliche Informationen und Anregungen zum jeweiligen Thema. Und wieder einmal erweist sich, dass gerade das Zusammenspiel der verschiedenen im Centre Pompidou vertretenen Disziplinen seine besondere Originalität ausmacht.

Die erfolgreichsten Ausstellungen nach Besucherzahlen

Dalí	1979/80	840 662
Matisse	1993	734 896
Bonnard	1984	488 093
Paris–Paris	1981	473 103
Wien	1986	450 000
Brancusi	1995	431 764
Paris–Moskau	1979	425 013
Magritte	1979	386 313
Francis Bacon	1996	363 215
Pop Art	2001	354 090

Kataloge

Zu den meisten Ausstellungen erscheinen Kataloge, deren Artikel das betreffende Thema nicht selten mit ganz neuen Akzenten versehen. Als ideale Ergänzung zum Rundgang durch die Schau sind sie in den Buchläden des Centre Pompidou erhältlich sowie im freien Buchhandel (auch außerhalb Frankreichs). Einen Gesamtkatalog der hauseigenen Publikationen (mit mehr als 500 Einträgen) können Sie unter der Telefonnummer (01) 44 78 42 30 bestellen oder auf der Web-Site www.centrepompidou.fr unter dem Link ›Éditions‹ einsehen.

i Ausstellungen

- Öffnungszeiten:
tgl. außer Di 11–21 Uhr

⚠

Kassenschluss 20 Uhr
Schließung der Ausstellungsräume 20.45 Uhr

- Eintrittskarten und -preise s. S. 155.
- Begleitete Führungen, Führungen für Besuchergruppen, Angebote für Behinderte s. S. 154ff.
- Für manche Ausstellungen sind am Eingang Audioguides (Kopfhörer) erhältlich in Französisch, Englisch und Italienisch.

Bibliothèque Publique d'Information (BPI)

Lesen, Ansehen, Hören, Lernen

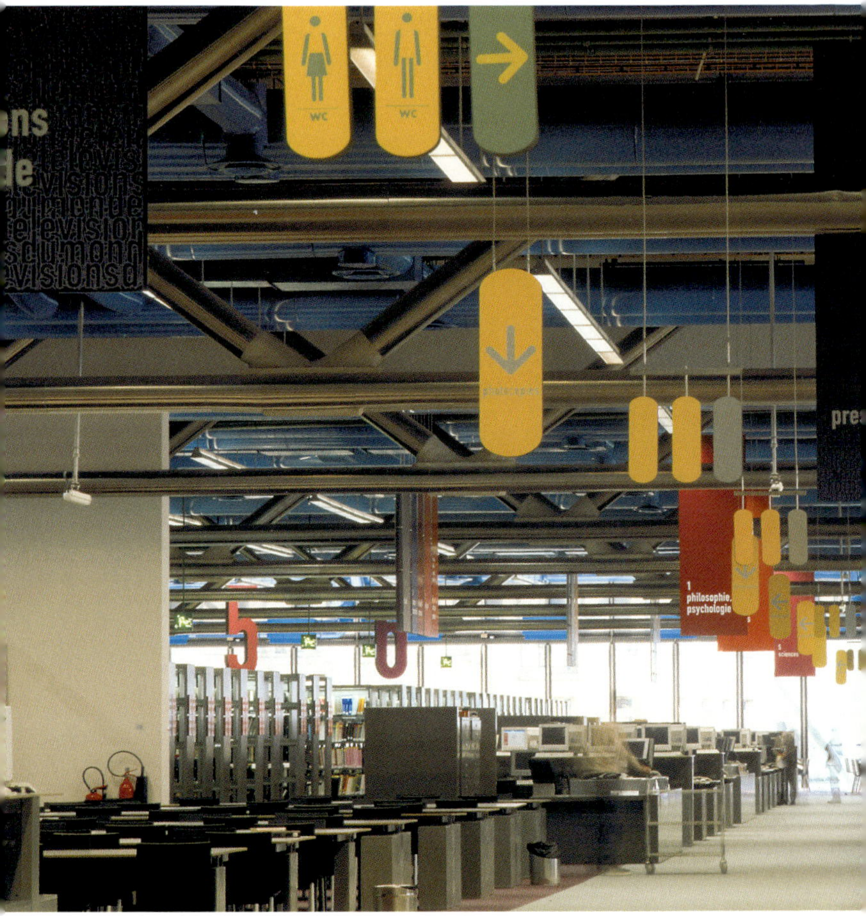

Wochentags (außer Di und 1. Mai) ist die Bibliothek über das Forum zugänglich, am Wochenende und an Feiertagen über den Eingang an der Rue du Renard (gegenüberliegende Seite des Centre Pompidou).

Eine einzigartige Bibliothek

Die Bibliothèque Publique d'Information (BPI) ist in Frankreich einmalig. Gratis und ohne offizielle Einschreibungsmodalitäten stellt sie den Lesern ihre enzyklopädischen Bestände zur Verfügung – darunter 14 Regalkilometer Bücher, 400 Multimediastationen (Abb. S. 27) und 2200 Leseplätze. Hier kann man exakte Recherchen vornehmen, einfach neugierig herumblättern, die Weltpresse lesen, aber auch Musik hören, Dokumentarfilme und ausländische TV-Sender ansehen,

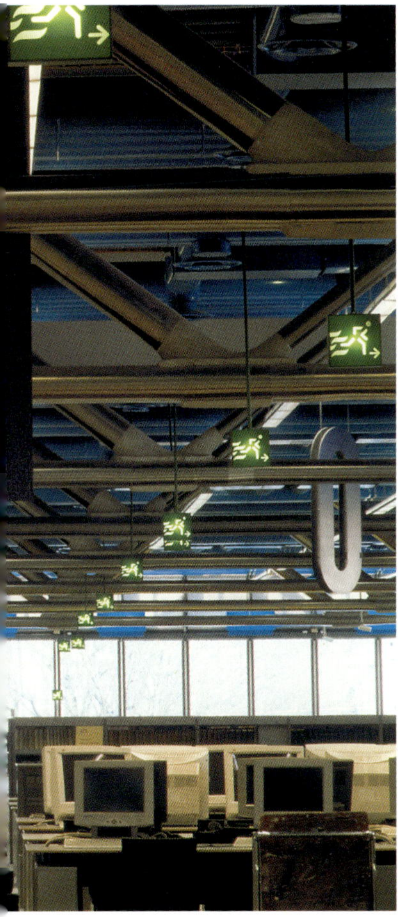

BPI, Blick in den Lesesaal auf Ebene 2

135 Sprachen erlernen, kostenlos im Internet surfen (oder eine von 750 ausgewählten Web-Sites betrachten) – oder einfach in Ruhe ein Buch lesen. Daneben bietet sie umfangreiche Möglichkeiten zur Jobsuche sowie Informationen über einzelne Berufe und Firmen.

Von der Gründung bis zum Umbau

- 1967 Gründung der BPI als allgemein zugängliche multimediale Sammlung.
- 1976 Die BPI wird per Dekret in eine nationale öffentliche Institution umgewandelt.
- 1977 Bei der Eröffnung des Centre Pompidou erhält die BPI im Forum eine Abteilung für aktuelle Informationen – mit beachtlichem Echo.
- 1978 Einrichtung des bald weltweit beachteten Internationalen Dokumentarfilmfestivals.
- 1980 Ausstellung ›Cartes et Figures de la Terre‹.
- 1984 Der Hauptkatalog der Bibliothek wird erstmals direkt Besuchern zugänglich gemacht.
Ausstellung ›Le Siècle de Kafka‹.
- 1986 Wiedereinrichtung eines Wiener Caféhauses im Zuge der Ausstellung ›Vienne 1880–1938‹
- 1987 Ausstellung ›Mémoires du futur‹.
- 1988 Ausstellung ›La Bibliothèque idéale‹: 2500 Bände, die ein gebildeter Mensch kennen sollte.
- 1989 Die BPI kann den 50 Mio. Besucher begrüßen.
Ausstellung zur Zweihundertjahrfeier der Französischen Revolution ›Le Forum de la Révolution‹.
- 1990 Ausstellung ›Télé/visions du monde‹.
- 1992 Ausstellung ›Jorge Luis Borges‹.
- 1994 Ausstellung ›Walter Benjamin. Le passant, la trace [Der Passant und seine Spur]‹.
- 1997 Im Zuge der Renovierung des Centre Pompidou wird die BPI zeitweilig geschlossen und residiert bis 1999 im Interimsquartier in der Rue Brântome.
- 1998 Erstes Verlegertreffen mit Unterstützung des Syndicat National de l'Édition.
- 2000 Wiedereröffnung des Centre Pompidou und der BPI, komplett neu gestaltet von Jean François Bodin.

Die Funktionen der BPI

Die BPI bewegt sich mit der Vielfalt ihrer Bestände auf dem Niveau einer Nationalbibliothek und steht zugleich kostenlos der Allgemeinheit offen, weshalb sie seit Eröffnung sehr regen Zuspruch zu verzeichnen hat. Hier findet man stets die Neuerscheinungen französischer und fremdsprachiger Literatur (oft in der Originalsprache wie in der Übersetzung), ebenso medizinische Handbücher oder kunsthistorische Veröffentlichungen. Musik gibt es für jeden Geschmack, von Techno-Pop bis Klassik. Darüber hinaus stehen dem Besucher auf CD-ROM die Inhalte europäischer Zeitschriften zur Verfügung.

Publikumsfreundliche Öffnungszeiten (denen des Centre Pompidou entsprechend) sichern der Bibliothek eine breit gestreute Leserschaft: So machten zwar im Jahr 2000 mit 59% Studenten den größten Teil der Nutzer aus, doch gefolgt von Arbeitnehmern (20%), die meist nach 18 Uhr kamen.

Die Vielfalt der Bestände

Zu den – auf den Ebenen 2 und 3 untergebrachten – traditionellen Wissensgebieten Literatur, Geschichte, Geographie und Wissenschaft/Technik gesellen sich in der BPI vier weitere ausgewiesene Schwerpunkte, die dem Benutzer eine effizientere Suche nach bestimmten Titeln ermöglichen. Auf Ebene 1 gibt es eine Referenzbibliothek zur bibliographischen Recherche und gezielten Suche nach Einzelthemen oder -publikationen. Man kann hier beispielsweise auch die Kataloge anderer Bibliotheken einsehen, Enzyklopädien und Wörterbücher, Atlanten, Jahrbücher, praktische Ratgeber für Paris und Region und Hilfen für die Arbeitssuche (vor allem per Internet) benutzen. 2500 Zeitungen warten auf Leser, ferner Zeitschriften und

Kunstwerke zwischen Büchern

1969 artikulierte Staatspräsident Georges Pompidou seine Vorstellung von einer Bibliothek in dem Kulturzentrum, das seinen Namen tragen sollte: Sie solle ein Ort sein, »an dem Tausende von Lesern zugleich in Kontakt mit Büchern und mit der Kunst kommen können«. Diesen Gedanken griff die Direktion der BPI insofern auf, als sie mehrere Kunstwerke in ihre Räumlichkeiten integrierte. Ein monumentales Gemälde schmückt das Treppenhaus, und in der 3. Etage wurde ein Werk von Lawrence Weiner installiert.

Dokumentarfilme

Jeweils im Frühjahr organisiert die BPI ein Dokumentarfilmfestival mit Werken engagierter zeitgenössischer Regisseure. Es erlangte bald ein Renommee über die Grenzen Frankreichs hinaus und machte zahlreiche Nachwuchsfilmer international bekannt.

Tipp für Besucher

Bei der BPI gibt es manchmal lange Warteschlangen und Wartezeiten bis zu 2 Stunden. Wollen Sie diese umgehen, so vermeiden Sie die Wochenenden oder kommen Sie bevorzugt erst nach 18 Uhr, wenn der größte Andrang vorüber ist. Als ruhigster Tag gilt der Freitag.

Aktivitäten der BPI

- Einführungskurse zur Benutzung der bibliographischen Hilfsmittel
- Informative Runden, Diskussionen, Lesezirkel
- Literarische Spaziergänge durch die Stadtviertel von Paris auf den Spuren von Schriftstellern
- Internationale Kolloquien zum Thema Bücher und Schreiben
- Filmvorführungen (jeweils Mi): Dokumentarfilme um 12.30 und 20 Uhr, Kinderfilme um 14.30 Uhr

⚠

Programminformation unter Tel. (01) 44 78 44 49 oder im Internet unter www.bpi.fr

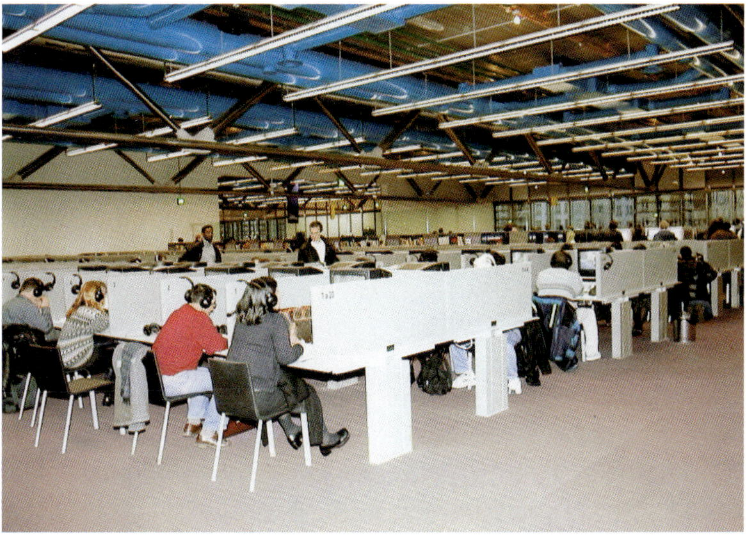

Plätze zur selbständigen Information, zu Recherche- oder Lernzwecken

Die BPI in Zahlen

- 62 Wochenstunden geöffnet
- 10 000 m^2 auf 3 Stockwerken
- 14 Regalkilometer Bücher
- 2200 Leseplätze
- 5 Spezialkabinen für Blinde und Sehbehinderte
- 400 Multimediastationen, mit 60 angeschlossenen Druckern
- 371 000 Druckwerke
- 2560 Zeitungen und Zeitschriften, zahlreiche Pressedossiers und 11 TV-Kanäle auf 16 Geräten
- 5800 Karten und Pläne
- 1800 Partituren
- 280 Videoträger
- 2100 Dokumentar- und 100 Animationsfilme
- 10 000 CD-ROMs sowie 2700 weitere Tondokumente (Musik und Sprache)
- 1200 schriftliche Lernmittel in 135 Sprachen und Dialekten
- 200 Unterrichtsmittel und Softwaretools zum selbständigen Lernen sowie 200 relevante CD-ROMs und Multimedia-Titel
- 750 ausgewählte Web-Sites

Publikationen zur BPI

- *Comment est née la BPI, Invention de la médiathèque* [Wie die BPI entstand oder die Erfindung der Mediathek] von Jean-Pierre Seguin. 1987, 136 S. 10,67 €
- *La BPI à l'usage, 1978–1995: analyse comparée des publics de la BPI* [Die BPI und ihre Benutzer 1978–1995: eine Strukturanalyse] von Christophe Evans. 1998, 184 S. 14,48 €
- *Les Habitués* [Das Stammpublikum] von Agnès Camus, Jean-Michel Cretin, Christophe Evans. Salon du livre 2000, 328 S. 20,58 €
- *L'Utopie Beaubourg, vingt ans après* [Die Utopie des Beaubourg, zwanzig Jahre später] von Jean Lauxerois. 1996, 204 S. 18,29 €
- *Collection Bonjour/Salut*. Eine Sammlung zu seltenen (wenngleich häufig gesprochenen) Sprachen der Welt zum Selberlernen, inklusive Handbuch und Audiokassette mit Dialogen und Übungen.
- *Les Livres de leur vie* [Bücher ihres Lebens]. 10 Broschüren von 48 S., in denen Schriftsteller ihre Lieblingsbücher vorstellen. 9,15 €

11 TV-Kanäle (an 16 Geräten), in der Presseabteilung findet man Periodika aus aller Herren Länder.

Zudem stehen 120 Plätze zur Verfügung, wo man nach eigener Fasson selbständig Sprachen lernen oder anderes Wissen erwerben kann, sowie die Abteilung ›Son Vidéo‹ (Ton und Video), sozusagen die ›Diskothek‹ des BPI – 60 Plätze zum Anhören von Tonträgern, 40 zum Ansehen von Dokumentar- oder Animationsfilmen.

Um in engem Kontakt mit seiner Leserschaft zu bleiben, organisiert die BPI regelmäßig Diskussionen, informative Treffen, literarische Spaziergänge sowie jährlich ein Dokumentarfilmfestival von internationalem Rang. Daneben ist sie natürlich in die interdisziplinären Aktivitäten des Centre Pompidou eingebunden. Inzwischen modernisiert und in beständiger Weiterentwicklung begriffen, erweist sie sich als ausgesprochen vielseitige und publikumsfreundliche Institution zur Information und Kulturvermittlung.

www.bpi.fr

Auf der Web-Site der BPI finden Sie:

- den Hauptkatalog der Bibliothek
- Informationen über die BPI und ihre Veranstaltungen
- Informationen über die Publikationen der BPI
- Serviceadresse zu speziellen und allgemeinen Fragen (bpi-info@bpi.fr)
- 750 ausgewählte Web-Sites, kategorisiert und kommentiert

Besondere Links:

- **Oriente-Express** – Informationen und Links zu anderen Bibliotheken in Paris und Umgebung, mit Angabe von Namen, Ausrichtung und Bestand, Internet-Adresse und Post-Anschrift.
- **Langues-Info** – Hinweise auf Sprachzentren in Paris und Umgebung (135 Sprachen und Dialekte im Angebot).
- **Intervidéo** – Katalog mit 1500 Dokumentarfilmen auf Video aus den Beständen französischer Bibliotheken.

Freier Internet-Zugang

Die BPI ist die erste Bibliothek in Frankreich, die ihren Benutzern freien Zugang ins Internet anbietet. An 50 Rechnern kann man nach Belieben surfen; ausgeschlossen sind lediglich Seiten rassistischen oder pornographischen Inhalts und E-mail-Dienste.

Bitte melden Sie sich vorher im Büro im 1. Stock an und erwerben Sie dort ein Billett. Die Sitzungsdauer ist auf 45 Minuten beschränkt.

Im Übrigen können Sie sich auch an den 400 Multimediastationen direkt zu 750 ausgewählten Web-Sites verbinden lassen.

⚠

Bei diesem Service müssen Sie eventuell mit längeren Wartezeiten rechnen!

i

- Adresse:

Centre Pompidou
Place Georges Pompidou, 75004 Paris

- Internet: www.bpi.fr (s. links)
- Öffnungszeiten:

Mo, Mi, Do und Fr 12–22 Uhr
Sa, So und Feiertage 11–22 Uhr
Di und 1. Mai geschlossen

- Auskunft: Tel. (01) 44 78 12 75, wochentags 10–22 Uhr (außer Di), am Wochenende 11–22 Uhr.
- Schnellauskunft BPI-Info:

75197 Paris Cedex 04,
E-mail: bpi-info@bpi.fr,
Fax (01) 44 78 45 10.

- Blinde und Sehbehinderte: Bitte wenden Sie sich an die Auskunft (Tel. s. oben). Freiwillige Kräfte sind Ihnen vor Ort behilflich, Lektürehilfen und Unterstützung bei der Recherche stehen zur Verfügung.
- Besuchergruppen vormittags nach Voranmeldung unter Tel. (01) 44 78 43 45.
- Kiosk: Snackbar in der BPI.

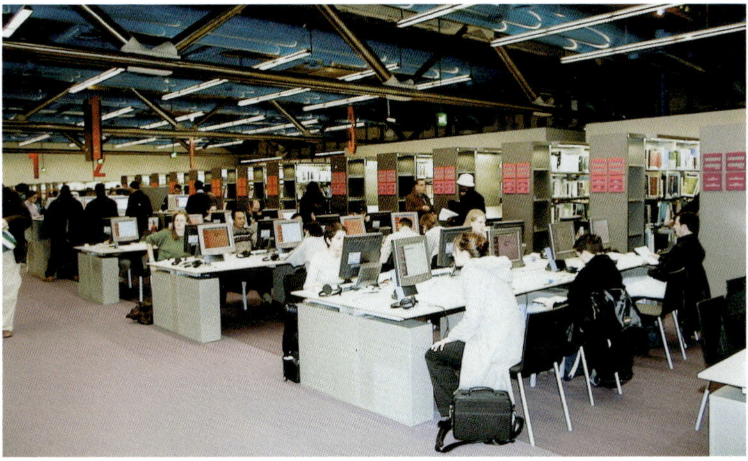

Die 400 Multimedia-stationen

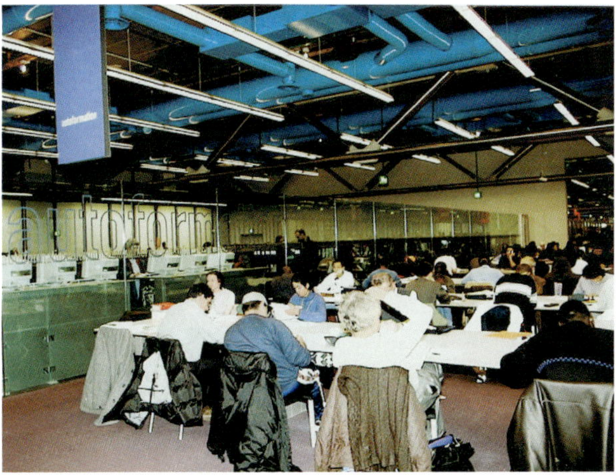

Bibliotheks-tische für die Benutzer

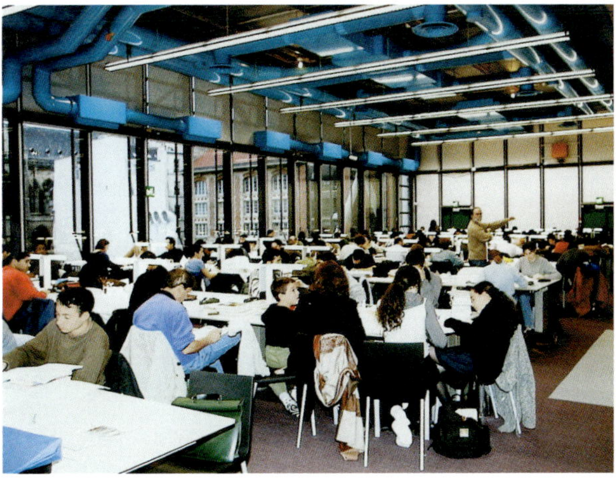

Lesebereich im 3. Stock

Musée National d'Art Moderne-Centre de Création Industrielle

Eine der schönsten Sammlungen der Welt

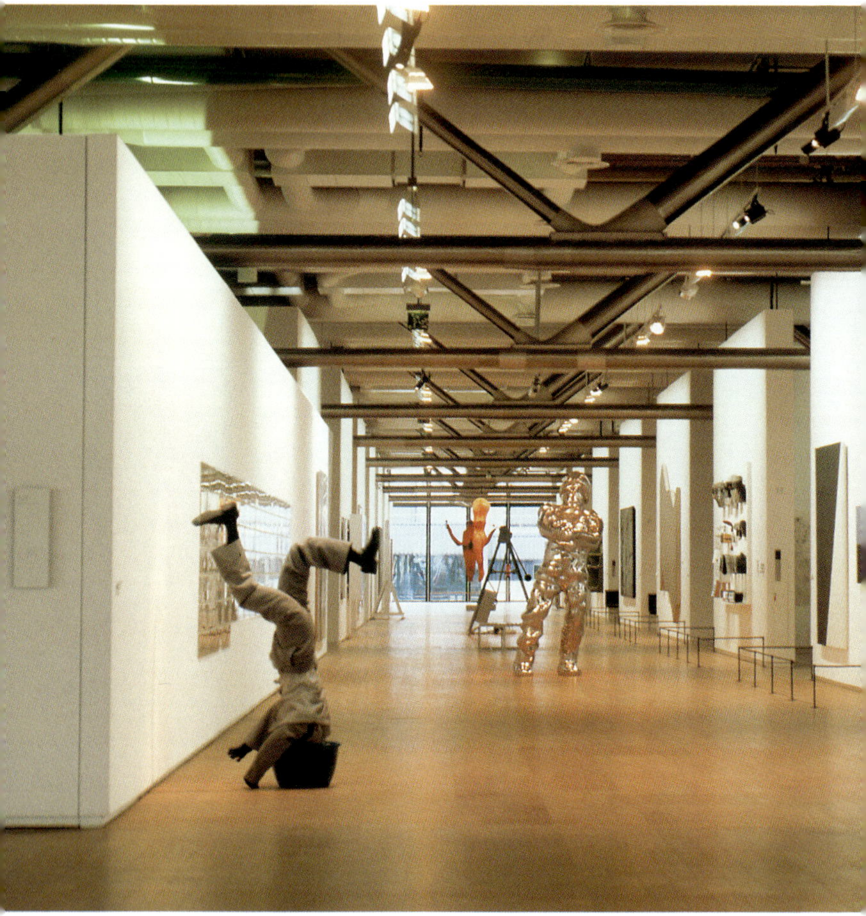

✦ Rolltreppe links im Forum. Nicht vergessen, vorher eine Eintrittskarte zu erwerben! Danach geht es über die ›Raupe‹ oder mit dem Aufzug in den 4. Stock. In die 5. Etage gelangt man auch unmittelbar von diesen Ausstellungsräumen aus.

Das im Centre Pompidou beheimatete *Musée National d'Art Moderne-Centre de Création Industrielle*, kurz MNAM-CCI, besitzt eine der weltweit interessantesten Sammlungen moderner und zeitgenössischer Kunst – und da es über großzügige Räumlichkeiten verfügt, kann es diese Schätze auch adäquat präsentieren: von den insgesamt rund 50 000 Kunstwerken etwa 1500 und 2000 in der ständigen Ausstellung.

Zwei komplette Etagen sind hierfür reserviert: die vierte für zeitgenössische Kunst (um 1960 bis zur

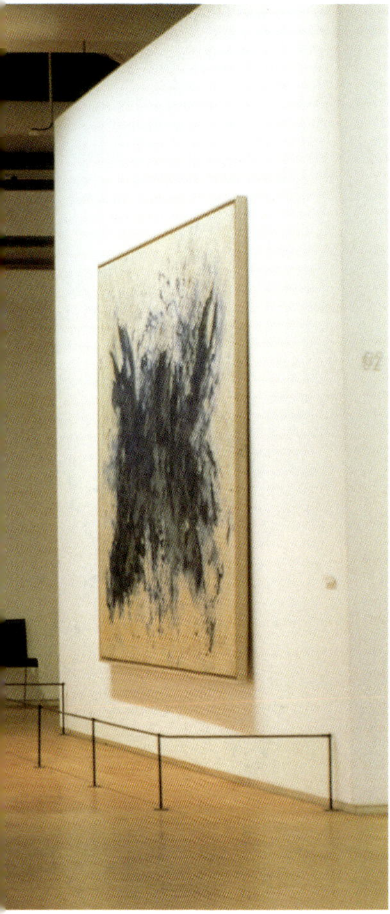

In der Großen Galerie des MNAM: hier die zeitgenössische Kunst im 4. Stock

Gegenwart), die fünfte für die klassische Moderne (um 1905 bis etwa 1960). Neben Gemälden sind Skulpturen, Rauminstallationen, Photographie, Video und Film zu sehen, seit 1992 zudem Architektur- sowie Designobjekte.

Ein dynamisch-flexibles Museum

»Ein lebendiges Kunstmuseum muss dynamisch und flexibel sein.« Dieser programmatische Ausspruch stammt von Jean Cassou, 1947 Gründungsdirektor des Nationalmuseums für Moderne Kunst – ein Ästhet reinsten Wassers, der der Sammlung einige ihrer bedeutendsten Meisterwerke zuführte.

Die Dynamik eines solchen Museums besteht sicherlich in erster Linie darin, beständig nach neuen Lösungen dafür zu suchen, wie sein Fundus an Kunstschätzen optimal zu Geltung kommt. Das

Das Atélier Brancusi

Im Jahre 1957 vermachte der rumänische Bildhauer Constantin Brancusi (1876–1957) sein Atelier dem französischen Staat, unter der Auflage, es weitgehend im Originalzustand zu erhalten und der Öffentlichkeit zugänglich zu machen.
Nach mehreren Provisorien ist das Atelier heute in einem Nebengebäude des Centre Pompidou untergebracht, das Renzo Piano 1996 eigens für diesen Zweck entwarf. Der lichte Bau auf der Place Georges Pompidou ist endlich ein würdiger Ort des Gedächtnisses an jenen genialen Künstler und bietet einen faszinierenden Einblick in dessen Alltag. Brancusi hatte seinen Arbeitsbereich gestaltet wie einen persönlichen Ausstellungsraum, wo neben seinen Werken auch Gegenstände wie Sockel, Brennofen, Werkbank sämtlich von ihm selbst geschaffen waren.

i

Lage: Place Georges Pompidou/Ecke Rue Rambuteau
Öffnungszeiten: tgl. (außer Di und 1. Mai) 13–19 Uhr
Kombi-Ticket mit dem MNAM

Palais de Tokyo, wo das *Musée National d'Art Moderne* anfangs residierte, erwies sich bald als zu beengt, doch es sollten rund drei Jahrzehnte vergehen, bis es im Centre Pompidou ein angemessenes neues Domizil fand. Sein ursprüngliches Konzept wurde 1986 von Gae Aulenti, die bereits das Musée d'Orsay umgestaltet hatte, revidiert. Ihr kam es besonders darauf an, auch Zeichnungen und Werken kleineren Formats adäquaten Raum zu schaffen.

Eine grundlegende Neuorientierung erfolgte 1997–2000 während der Renovierungsarbeiten am Centre Pompidou unter der Leitung des Architekten Jean-François Bodin, ebenfalls bereits erfahren in der Neugestaltung anderer französischer Museen. Durch die Auslagerung von Verwaltungsbüros und die Erschließung zuvor brachliegender Raumkapazitäten gelang es ihm, die Ausstellungsfläche auf 14 000 m² zu erweitern. Dies kam vorwiegend den Bereichen Architektur und Design zugute.

Die Flexibilität wiederum erweist sich darin, dass die Präsentation der Kunstwerke immer wieder verändert werden kann – genau hierin liegt die Stärke dieses Ausstellungsortes. Ohne die chronologische Anordnung der Sammlung anzutasten, schafft man so wechselnde Perspektiven und Schwerpunkte. Darüber hinaus erleichtert das Prinzip die Verwaltung des Fundus und ein schnelles Reagieren auf die Anforderung von Leihgaben, ferner die Organisation von Wechselausstellungen im Centre Pompidou selbst oder die Überlassung bestimmter Kunstwerke an andere französische Museen.

Das Wachsen einer Sammlung

Das MNAM-CCI ist seit je eine privilegierte Adresse für Schenkungen und Legate von Privatpersonen oder Stiftungen, darunter in letzter Zeit besonders Louise und Michel Leiris, Daniel Cordier, die Familie Matisse und die Scaler Foundation. Oft sind dies umfangreiche Konvolute mit Arbeiten von höchstem Rang, die als Ensemble ganze Schaffensperioden der jeweiligen Künstler lebendig vor Augen führen.

Eine bedeutende Rolle bei der Akquisition neuer Bestände spielt natürlich auch die Gesellschaft der Freunde des Museums, mitunter auch bei Auftragswerken. So bot sie dem MNAM-CCI schon bei seiner Eröffnung ein Gemeinschaftswerk von Mike Kelley/Tony Oursler an: *The Poetics Project* (s. S. 128).

Seit 1968 gibt es in Frankreich das (steuermindernde) System der Schenkung an Zahlungs Statt, das gleichfalls zu einer beachtlichen Bereicherung der Bestände des Museums führte.

Für Neuerwerbungen steht der Ankaufkommision des Museums natürlich auch ein fester jährlicher Etat zur Verfügung. Das Museum vergibt zudem Auftragsarbeiten an Künstler, wie im Fall von Jean-Pierre Raynaud mit seinem *Container zéro* (s. S. 133).

Schwieriger Beginn

Das MNAM blickt auf problematische Anfänge zurück, da in der unmittelbaren Nachkriegszeit das öffentliche Interesse an zeitgenössischer Kunst gering war und entsprechend wenig Gelder flossen. Gewiss, das Musée du Luxembourg machte bereits seit einem Jahrhundert die Werke aktueller französischer Künstler zu seiner Sache, und im Jeu de Paume fand man die verschiedenen Kunstrichtungen des Auslandes – doch um die Avantgarde bemühte sich keine jener beiden Institutionen. In Frankreich herrschte damals das Diktat des Akademismus, demgegenüber Genie und Originaliät ins Hintertreffen gerieten. Und die Sammlungen, die heute zu den besonderen Glanzstücken des MNAM zählen, waren damals praktisch noch nicht existent. Bis 1969 litt es obendrein unter der Hypothek eines äußerst beschränkten Ankaufsetats.

Das Blatt wendete sich erst mit dem beherzten Engagement späterer

Das Dokumentationszentrum des MNAM-CCI

Dokumentiert wird hier die Kunst des 20. Jahrhunderts in ihrer ganzen Bandbreite: bildende Kunst, Design, Architektur, Photographie, Experimentalfilm und Video. Dafür stehen zur Verfügung:

- eine Bibliothek mit 170 000 Publikationen, davon 70 000 Ausstellungskataloge und 12 000 aufwendige Kunstbände, 6000 Periodika, 12 000 Auktionskataloge und 3500 Kataloge der Salons (Jahres-Ausstellungen der Pariser Kunstakademie).
- 70 000 Dossiers zu Künstlern, Architekten und Designern.
- 200 000 Dokumente von und zu Künstlern, Galeristen, Kunstkritikern und Kunsthistorikern, vor allem Korrespondenzen und unveröffentlichte Manuskripte.
- eine Photothek, reich bestückt mit Schwarzweißabzügen, Diapositiven, Ektachromen, Photographien, photographischen Platten u. Ä.

All diese Schätze dienen vorrangig als Arbeitsmittel für das Museumspersonal bei der Vorbereitung von Ausstellungen und zur Pflege der Bestände, stehen darüber hinaus aber auch Konservatoren, Galeristen, Künstlern, Journalisten, Lehrkräften, Forschern und anderen Interessenten zur Verfügung.

i

Öffnungszeiten:

Für Fachpublikum:
Mo–Fr 9.30–13 Uhr und 14–18 Uhr.
Für Studenten:
Mo, Mi, Do und Fr 14–18 Uhr.

⚠

Der Zugang zum Dokumentationszentrum unterliegt besonderen Bedingungen. Informationen unter Tel. (01) 44 78 47 38.

Direktoren und einem entschiedenen politischen Umdenken – deutlichstes Zeichen dafür war die Einrichtung des Centre Pompidou selbst. Dass sich das Museum dort in der heutigen Form etablieren konnte, verdankt sich indes auch Großzügigkeit und Bürgersinn von Sammlern, Künstlern, der Gesellschaft der Freunde des Museums und anderer Personen, die es durch die Schenkung bedeutender Kunstwerke unter-

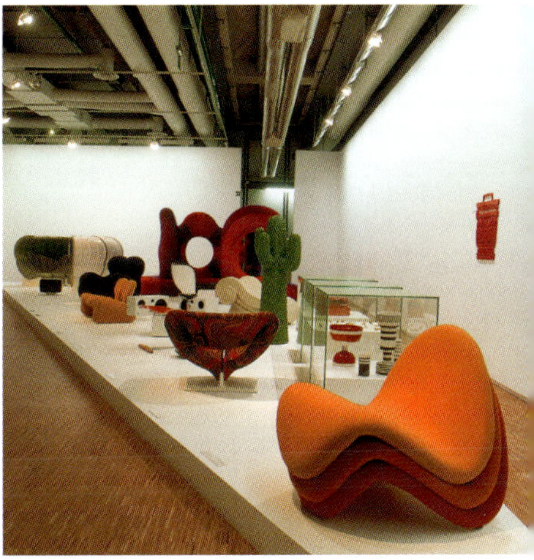

Präsentation der Design-Sammlung

stützten – im Bewusstsein, dass hier etwas Repräsentatives von nationalem Rang entstand. So machte der Ankauf von Werken außer in den siebziger und achtziger Jahren nie einen nennenswerten Anteil bei der Erweiterung der Bestände aus.

Von der Malerei zu Architektur und Design

Mit größeren Werkkomplexen von Künstlern wie Picasso, Kandinsky, Matisse, Braque und Bonnard wurde in den Anfangsjahren des MNAM der Grundstock der heutigen Sammlung gelegt, später folgten auf der Basis von Schenkungen Arbeiten von Laurens, Rouault, Antoine Pevsner, Robert und Sonia Delaunay, Kupka und anderen.

Zur Zeit seines Umzugs in das Centre Pompidou hatte das MNAM indes noch schmerzliche Lücken in seinen Beständen zu beklagen, weshalb man sich entschloss, Gemälde von de Chirico, Mondrian, Miró, Pollock und Magritte anzukaufen sowie Arbeiten von Beuys, Dubuffet und Duchamps oder Meistern der Photographie, darunter Cartier-Bresson und Man Ray.

Im Gegensatz zu anderen großen Museen fanden Werke der angewandten Kunst erst spät Eingang in die Sammlung. Das *Centre de Création Industrielle* (Zentrum für Industriedesign), das vom *Musée des Arts Décoratifs* abgespalten wurde, ist nunmehr integraler Bestandteil des Centre Pompidou. 1992 wurde es mit dem Nationalmuseum für Moderne Kunst zum MNAM-CCI zusammengelegt, um Architektur und Design gemeinsam mit anderen Kunstwerken in einer einheitlichen Chronologie präsentieren zu können.

Wie das MNAM entwickelte sich auch das CCI anfangs eher zögerlich. Die Verantwortlichen machten allerdings aus der Not eine Tugend – durch weise Beschränkung auf die wichtigsten Architekten und Designer des 20. Jahrhunderts. So entstand eine zukunftsweisende Sammlung auf dem Gebiet der angewandten Kunst.

Vielfalt auf zwei Etagen

Die Ausstellungsflächen des MNAM-CCI gruppieren sich auf jedem seiner beiden Stockwerke um eine zentrale Achse. Hier findet man Werke aus allen Bereichen der bildenden und angewandten Kunst, wobei die Räume entweder einzelnen Persönlichkeiten gewidmet sind oder unter einem bestimmten Thema Kunstwerke unterschiedlicher Provenienz zusammenführen. Die Säle zur Linken auf der 4. Etage sind für Architekturmodelle und -zeichnungen reserviert, daneben findet man Designobjekte und Multimedia-Installationen. Zur Rechten entfaltet sich ein ›Parcours‹ zu Skulptur und Plastik bis in die unmittelbare Gegenwart.

Der Rundgang in der 5. Etage bietet dem Besucher ein akzentuiertes, facettenreiches Bild der verschiedenen Kunstepochen mit ihren jeweiligen Haupt- und Gegenströmungen. Und ist der Blick einmal etwas müde geworden, so begibt man sich hinaus auf die Terrasse, wo Skulpturen von Picasso, Laurens, Miró und Max Ernst (Abb. S. 9) das Auge erfreuen …

In der 4. Etage findet man neben der ständigen Ausstellung drei zusätzliche Räume, die mit Wechselausstellungen bestückt werden: In dieser *Galerie du Musée* werden, auch als Hommage an jeweilige Stifter, die Neuerwerbungen des MNAM gezeigt und entsprechende Ensembles in Dossiers kommentiert. Eigene Räumlichkeiten sind der *Galerie d'Art Graphique*, der Graphischen Abteilung, als weiterem Schwerpunkt des Museums vorbehalten.

Im Bereich der *Nouveaux Médias* (Neuen Medien) schließlich gibt es noch ganz andere Dinge zu sehen, zu hören und zu erfahren: Dort kann man sich mit den Werken von Künstlern beschäftigen, die mit elektronischen Medien arbeiten, von Video bis Internet.

Versäumen sollte man als Abschluss seines Rundgangs keinesfalls das *Atélier Brancusi,* untergebracht in einem separaten Gebäude (s. S. 29). Kaum bekannt, doch gleichfalls unentbehrlich ist ein Abstecher in das *Dokumentationszentrum* (s. S. 31): Bibliothek, Phototheck, eine schier unerschöpfliche Fundgrube. Sie steht allen Interessenten offen, bietet jedoch zugleich den Konservatoren einen reichen Fundus an Hilfsmitteln zur Vorbereitung von Ausstellungen und Pflege des Bestandes.

Die Schatzkammer an Kunstwerken, über die das MNAM-CCI verfügt, lässt sich in der ständigen Ausstellung nur zu einem geringen Teil präsentieren, weshalb Auswahl und Anordnung des öfteren einem Wechsel unterzogen werden. Und so hat der Besucher, wenn er das nächste Mal diese Räume betritt, kaum die Ödnis des ewig Gleichen zu fürchten, sondern kann sich auf immer neue Kunstwerke und neue Aspekte ihrer faszinierenden Welt freuen.

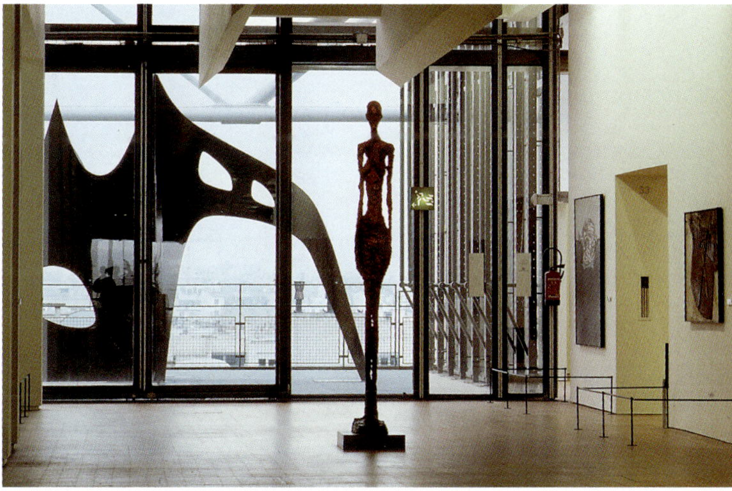

Oben und rechts:
Die Kunst der klassischen Moderne in den Ausstellungsräumen im 5. Stock. Unter den Exponaten Alberto Giacomettis Bronzefigur Femme de Venise V *von 1956 (oben, s. auch S. 95)*

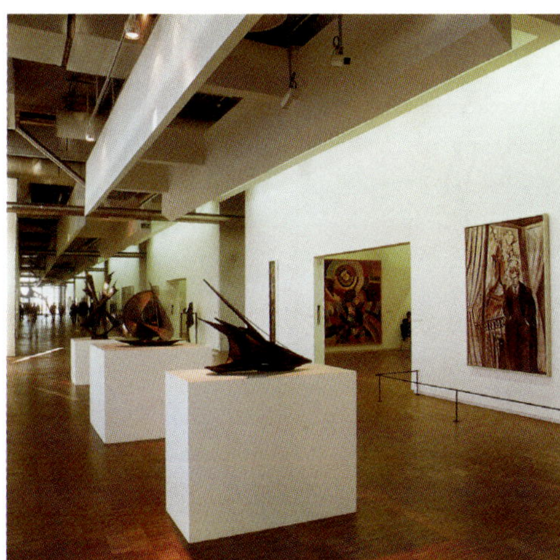

i

Zugang, Öffnungszeiten, Eintrittskarten und -preise, Einzel- und Gruppenführungen etc. s. S. 154 ff.

www.newmedia-arts.org

Als ›Enzyklopädie Neue Medien‹ finden Sie hier den ersten Katalog dieser Art, der sich in drei Sprachen (Französisch, Englisch, Deutsch) an Interessenten in ganz Europa wendet.

www.centrepompidou.fr

Auf der Homepage finden Sie nähere Informationen zur aktuellen Präsentation der ständigen Ausstellung und Neuerwerbungen sowie Dossiers zu bestimmten Themen.
Sie können dort unter anderem folgende Links anwählen:

- **Catalogue** – den Katalog des Dokumenationszentrums
- **Netart** – virtuelle Ausstellungen für das Internet konzipierter Kunstwerke, in Zusammenarbeit mit internationalen Institutionen.

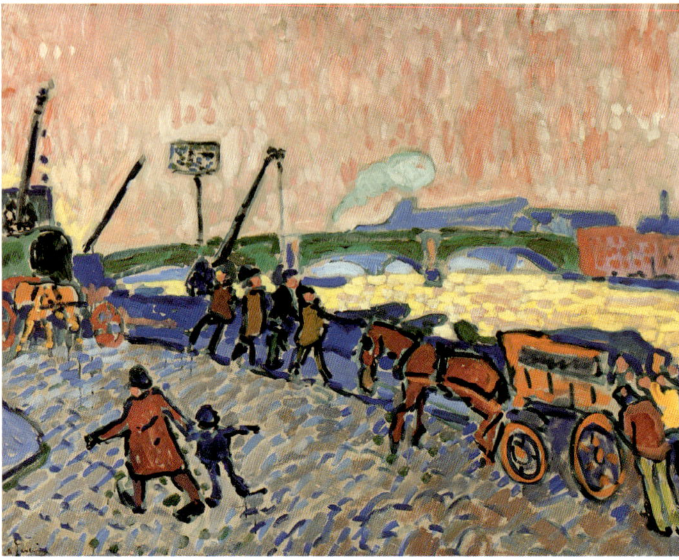

André Derain
1880 Chatou – 1954 Garches

Les Bords de la Tamise
(Am Ufer der Themse), 1905/1906
Öl auf Leinwand, 81 x 100 cm
Schenkung Marcelle Bourdon 1990
AM 1990-202

Zunächst ab 1899 stark von Matisse, später von Picasso beeinflusst, gilt Derain als große Mittlerfigur zwischen diesen beiden Meistern. Als er während einer Italienreise die Kunst der klassischen Antike für sich entdeckte, vollzog sich in seiner Malerei ein entscheidender Umschwung von avantgardistischen zu tradionelleren Ausdrucksformen. Bei der Kritik fiel er in Ungnade und zog sich nach 1945 in die Einsamkeit zurück.

Dieses Bild ist eine Art Momentaufnahme, deren zarte, von Turner inspirierte Farben »Formen jenseits realer Gegenständlichkeit« schaffen (Derain). Das dynamische Zentrum der diagonal angelegten Komposition bilden rasch hingeworfene menschliche Gestalten, die die Szene durchqueren.

Georges Rouault ➤
1871 Paris – 1958 Paris

Fille au miroir
(Junge Frau im Spiegel), 1906
Aquarell auf Karton, 70 x 55,5 cm
Erworben 1952
AM 1795 D

Prostituierte waren von 1903 bis 1914 ein häufiges Motiv Rouaults – für ihn als Moralisten und gläubigen Christen ein Sinnbild menschlichen Niedergangs. Er präsentiert sie als bedauernswerte Wesen mit tragischem Schicksal, im Gegensatz etwa zu den fast heiteren Bordellszenen eines Henri Toulouse-Lautrec.

Besonders dieses äußerst subtile Aquarell mit seiner an ein Kirchenfenster erinnernden Transparenz zeigt sein Sujet bar jeglicher Vulgarität, erfüllt von regelrechter Anmut – eine keusche Erscheinung, die sich dem Betrachter nur über den Umweg ihres Spiegelbilds darbietet.

Georges Braque

1882 Argenteuil – 1963 Paris

Petite baie de La Ciotat (Kleine Bucht von La Ciotat), 1907

Öl auf Leinwand, 36 x 48 cm
Schenkung Mme. Georges Braque 1965
AM 4298 P

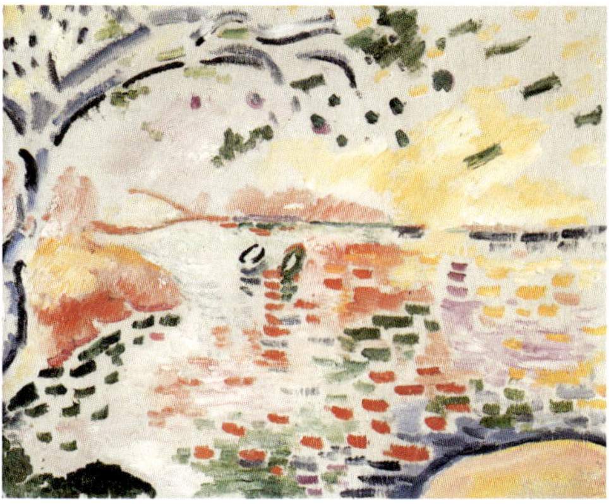

1907 schwankte Braque, später als Kubist Parteigänger Picassos, noch zwischen dem Einfluss der Fauves und Paul Cézannes. Wie jener setzte er sich intensiv mit dem Licht des Südens auseinander und bannte es in starken, wie sonnenverbrannt wirkenden Farben auf die Leinwand. Den Sommer dieses Jahres verbrachte er in La Ciotat an der Côte d'Azur in Gesellschaft seines Malerkollegen Othon Friesz und fand dort schließlich zu seinem eigenen Stil.

Diese Ansicht der Bucht, die zu seinen letzten fauvistischen Bildern zählt, ist zugleich das gelungenste und anspruchvollste jener Schaffensperiode – aufgrund des ganz unterschiedlichen Pinselstrichs, weit auseinander und in dünnen Tupfern aufgetragen, wie abgesprengt, um den feinen weißen Malgrund der Leinwand durchscheinen zu lassen.

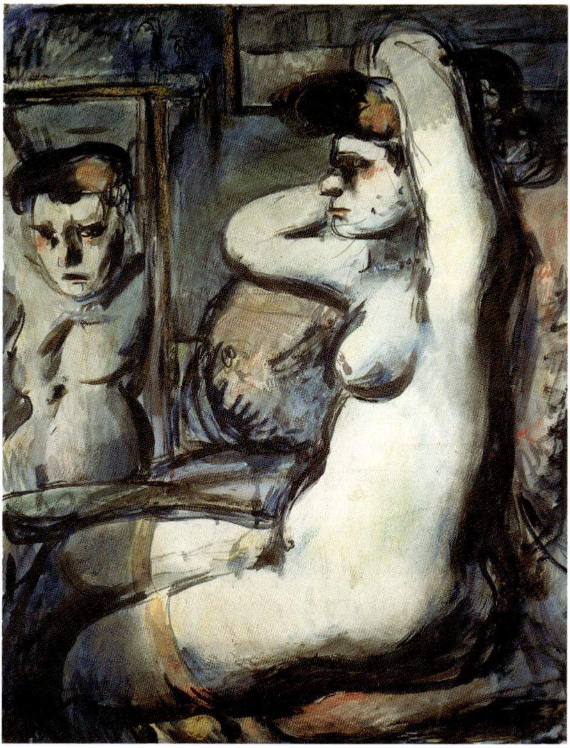

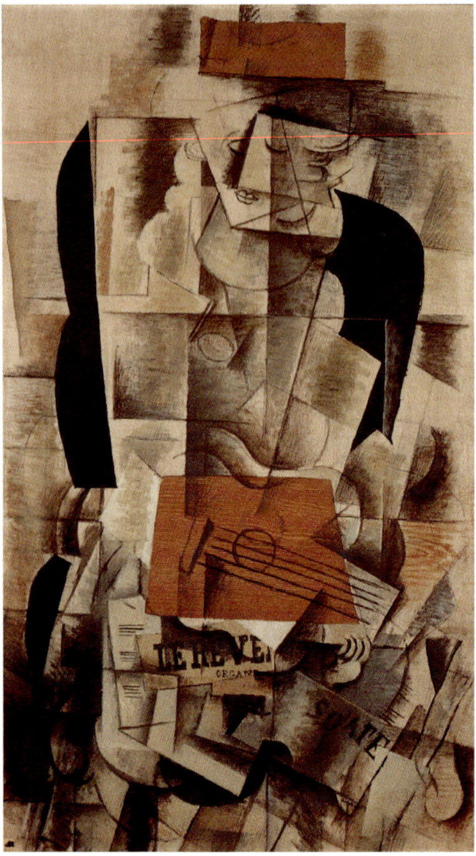

Pablo Picasso ➤

1881 Málaga – 1973 Mougins

Femme assise dans un fauteuil (Sitzende Frau in einem Sessel), 1910

Öl auf Leinwand, 100 x 73 cm
Vermächtnis Georges Salles 1967
AM 4391 P

Pablo Ruiz Picasso, Gigant des 20. Jahrhunderts, war gleichermaßen genialer Schöpfer wie Beobachter, der die Kunst seiner Zeit revolutionierte, indem er so zu sagen dem Menschen unverblümt ins Auge blickte. Wie Braque ein Meister des Kubismus, verstand er es, dessen Fundus bis zur Neige auszuschöpfen, und drang in diesem Porträt

Georges Braque

1882 Argenteuil – 1963 Paris

Femme à la guitare (Frau mit Gitarre), 1913

Öl und Kohle auf Leinwand, 130 x 73 cm
Schenkung Raoul La Roche 1957
AM 3487 P

Dekonstruktion des Bildgegenstands, Multiperspektivik, Spiel mit Form und Licht sind die Charakteristika der kubistischen Malerei Georges Braques am Vorabend des 1. Weltkriegs. In jener Schaffensphase beschäftigte er sich wie Picasso mit Collagen, und man merkt auch diesem Bild die Absicht an, Eigenart und Effekt bestimmter Materialien zu erproben. Die integrierten Druckbuchstaben aus der Zeitung scheinen seine Vision einer zersplitterten Welt mit Versatzstücken der Realität aufzuladen.

Juan Gris ➤

1887 Madrid – 1927 Boulogne-Billancourt

Le Petit Déjeuner (Das Frühstück), 1915

Öl und Kohle auf Leinwand, 92 x 73 cm
Erworben 1947
AM 2678 P

Ab 1911 verschrieb sich der als José Victoriano González Pérez geborene Spanier dem analytischen Kubismus, zu dessen ›Grammatiker‹ er avancierte.

Auf diesem Bild sind alle Charakteristika des Stils vereint: Geometrisierung der Objekte, Vervielfältigung der Perspektive, Integration typographischer Elemente. Hinzu tritt ein für Gris typisches Bildmotiv: das Fenster. Das dort einfallende Licht bringt die Ordnung des Stilllebens ins Wanken: Die Schatten spalten die seiner damaligen Lebensgefährtin Fernande, dem letzten einer ganzen Serie, zu einer Darstellung von unvergleichlicher Dichte vor.

Obwohl räumlich in Facetten aufgespalten, wirkt die Person in ihrer Gesamtheit kohärent – es scheint, als sträube sich die Summe ihrer Teile dynamisch bewegt gegen das Verhaftetsein auf der Fläche: wie eine Skulptur – gebannt auf Leinwand.

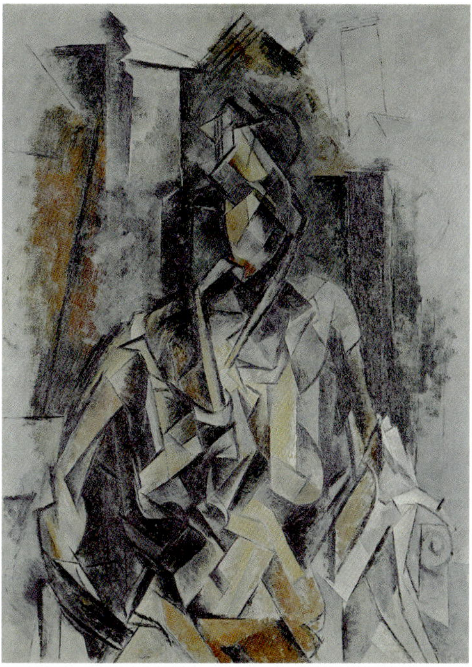

Oberflächen auf, das Grün der Zeitung und der umliegenden Gegenstände kontrastiert, wie das Braun des Holzes, mit dem Himmelsblau. Der Frühstückstisch wird virtuos in einen künstlichen Raum verwandelt – »konkret und konzis«, wie der Maler selbst bemerkte.

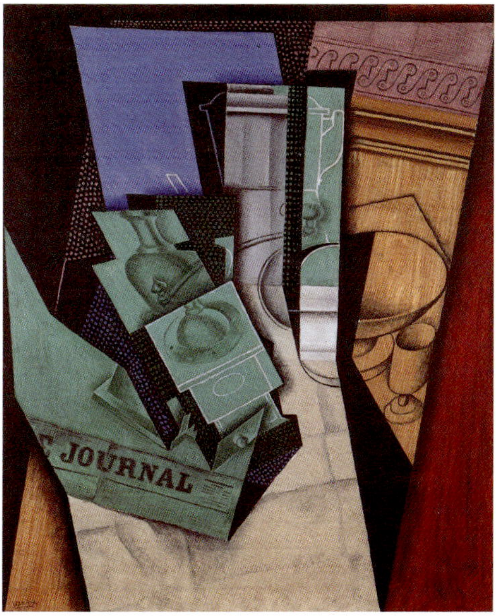

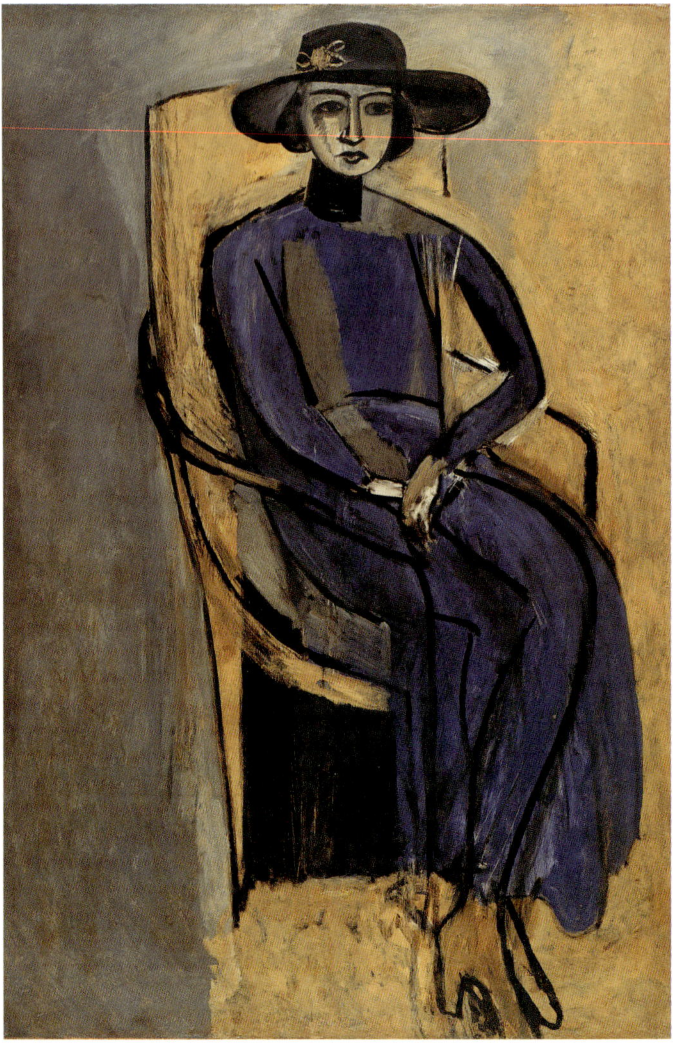

Henri Matisse

1869 Le Cateau-Cambrésis – 1954 Nizza

Portrait de Greta Prozor, 1916

Öl auf Leinwand, 146 x 96 cm
Schenkung der Scaler Foundation 1982
AM 1982-426

Neben Picasso war Matisse die dominierende Figur in der Kunst der ersten Hälfte des 20. Jahrhunderts. Zu seinem künstlerischen Selbstverständnis fand er erst 1905 als 35-Jähriger, bei einem gemeinsamen Sommeraufenhalt in Collioure mit André Derain. Als die beiden Fauvisten wenige Monate später ihre Werke im Pariser Herbstsalon ausstellten, verursachten diese einen Skandal. 1910 schuf Matisse mit *Der Tanz* und *Die Musik* zwei großartige Gemälde, beispielhaft in ihrer Reduktion auf drei Grundfarben.

Um 1912/1913 verloren seine Bilder an Spannung, während des Krieges trat Schwarz als Farbe hinzu. Damals fertigte Matisse eine größere Serie von Porträts, darunter auch dieses der Schauspielerin Greta Prozor: düster und leuchtend, hoch und schmal wie eine Ikone auf Goldgrund.

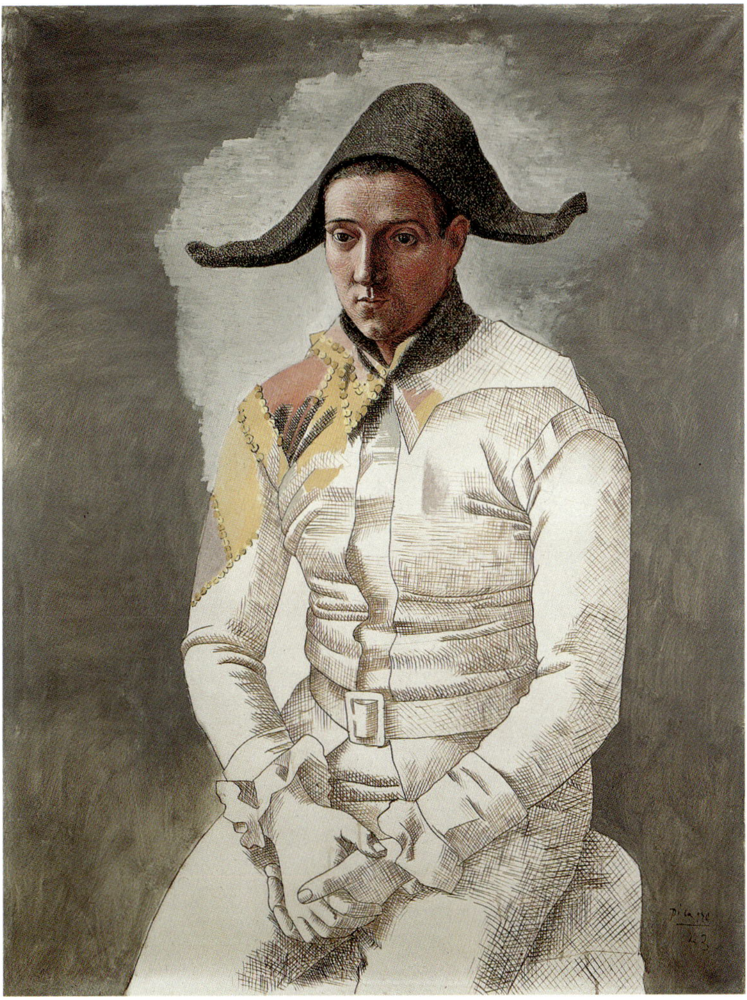

Pablo Picasso

1881 Málaga – 1973 Mougins

Arlequin (Harlekin/Der Maler Jacinto Salvado), 1923

Öl auf Leinwand, 130 x 97 cm
Vermächtnis Baronin Eva Gourgaud 1965
AM 4313 P

Pablo Ruiz Picasso, fasziniert von der Welt des Zirkus und der Commedia dell'arte, porträtierte seinen katalanischen Malerfreund Jacinto Salvado hier in einem von Jean Cocteau entworfenen Harlekinkostüm. Wie zahlreiche andere seiner Werke nach dem 1. Weltkrieg ist auch dies in klassischer Manier gehalten und präsentiert sein Modell nachdenklich, beinahe traurig und zutiefst erschöpft. Die nur partiell ausgeführte Kolorierung der Kleidung lässt den Eindruck entstehen, als rufe er sich die Erscheinung der Person erst allmählich ins Gedächtnis.

Angesichts seiner kurz vorhergehenden Experimente mit dem Kubismus wirkt das Bildnis wie eine Rückbesinnung auf die klassische Maltradition.

Henri Matisse

1869 Le Cateau-Cambrésis – 1954 Nizza

Figure décorative sur fond ornemental (Dekorative Figur vor ornamentalem Hintergrund), 1925/1926

Öl auf Leinwand, 130 x 98 cm
Erworben 1938
AM 2149 P

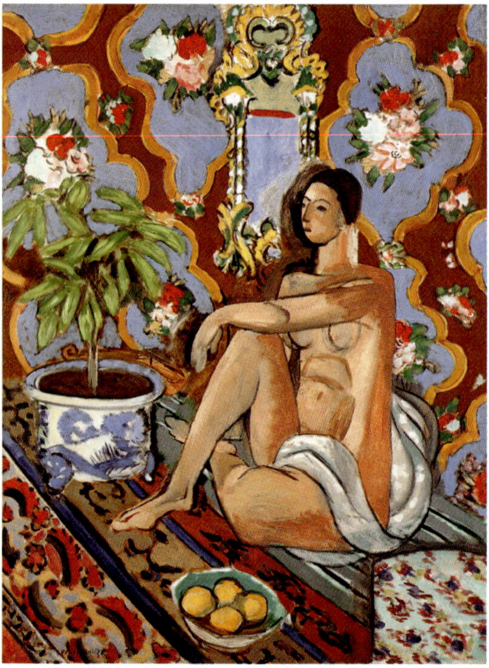

Dieses seinerzeit von der Kritik sogleich einhellig gelobte Bild zeigt eine bei Matisse häufige Konfrontation von Figur und Hintergrund, von dreidimensionaler Tiefe und flächigem Dekor.

Ein weiblicher Akt, dem Typus der gleichzeitig entstandenen Skulpturen des Künstlers entsprechend, ist vor einem Wandbehang auf einem Teppich platziert, deren Bildmotive die Perspektive definieren: Teile des Interieurs wie Topfpflanze, Spiegel und das Körbchen mit Zitronen erscheinen wie in ein und derselben Bildebene angeordnet. Einzig die Figur, mit kontrastreich herausgearbeiteteten Formen und modelliert durch eine schwarze Konturierung, verleiht der Komposition plastische Präsenz.

Matisse, damals auf der Suche nach neuen Lösungen für Kolorit und Akt, griff hier Tendenzen vereinfachender Darstellung seiner Schaffensperiode von 1914 bis 1917 wieder auf.

Constantin Brancusi ▼

1876 Pestisani (Rumänien) – 1957 Paris

Muse endormie (Schlafende Muse), 1910

Bronze, poliert; 16 x 25 x 18 cm
Schenkung Baronin Renée Irana Frachon 1963
AM 1374 S

Angeregt von der schlichten Reduktion und Abstraktion afrikanischer Plastik, beschritt der aus Rumänien stammende Brancusi neue Wege in der Bildhauerei. Indem seine Werke,

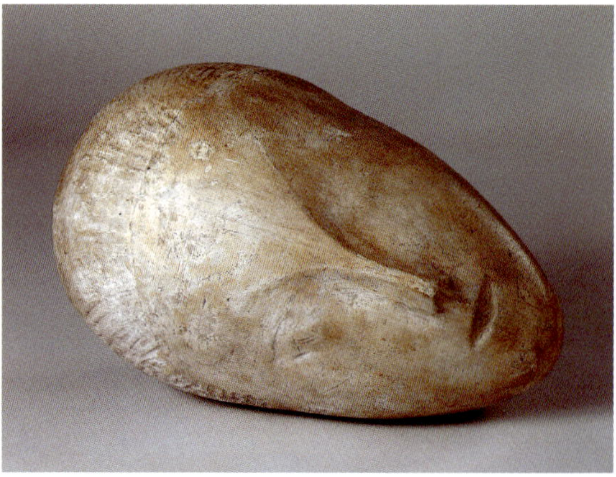

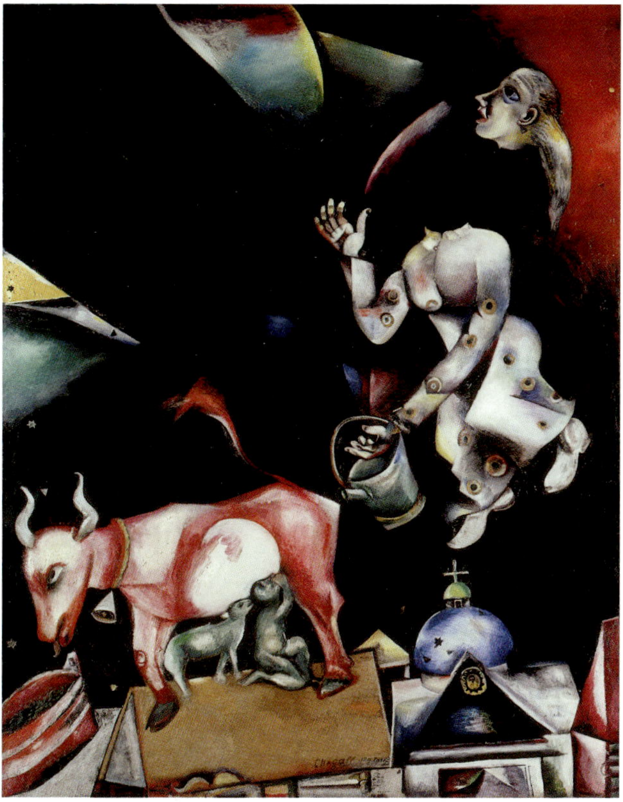

fern jedes intellektuellen Formalismus, um die kosmische ›Urform‹ kreisten, entfernte er sich weit von den damals aktuellen Strömungen, bezog insbesondere eine deutliche Gegenposition zum Kubismus.

1904 schuf er seine ersten typischen Skulpturen aus Metall, Stein, Marmor oder Holz – man hat, wie auch bei dieser *Schlafenden Muse*, das Gefühl, als wüchsen sie ganz und rein aus dem Material heraus. Bereits dem in Marmor gearbeiteten Original merkt man die Absicht an, auf physiognomische Details völlig zu verzichten zugunsten einer Art Essenz des Antlitzes: losgelöst vom Hals als letztem Bindeglied zum Körper. Von den fünf erhaltenen Bronzeabgüssen wirkt diese Version aufgrund der leichten Patinierung eher wie die sublimierte Wiedergabe eines wirklichen Modells denn wie die Darstellung einer bloßen Idee.

Marc Chagall

1887 Witebsk (Russland, heute Weißrussland) – 1985 Saint-Paul-de-Vence

À la Russie, aux ânes et aux autres (An Russland, die Esel und andere), 1911

Öl auf Leinwand, 157 x 122 cm
Schenkung des Künstlers 1953
AM 2925 P

Chagall, der 1910 in Paris eintraf, befreite sich allmählich vom Einfluss der Avantgarde und begann, aus dem Gedächtnis die Welt seiner russisch-chassidischen Heimat im Bild auferstehen zu lassen: Hier erscheinen in einem gleichermaßen irrealen wie konkret identifizierbaren Universum neben der Figur seines Vaters Bauern, Haustiere und eine Isba. Mit markanten Farbkontrasten, in der szenischen Darstellung Anregungen des Kubismus folgend, verwandelte er ein reales Motiv in eine Traumlandschaft.

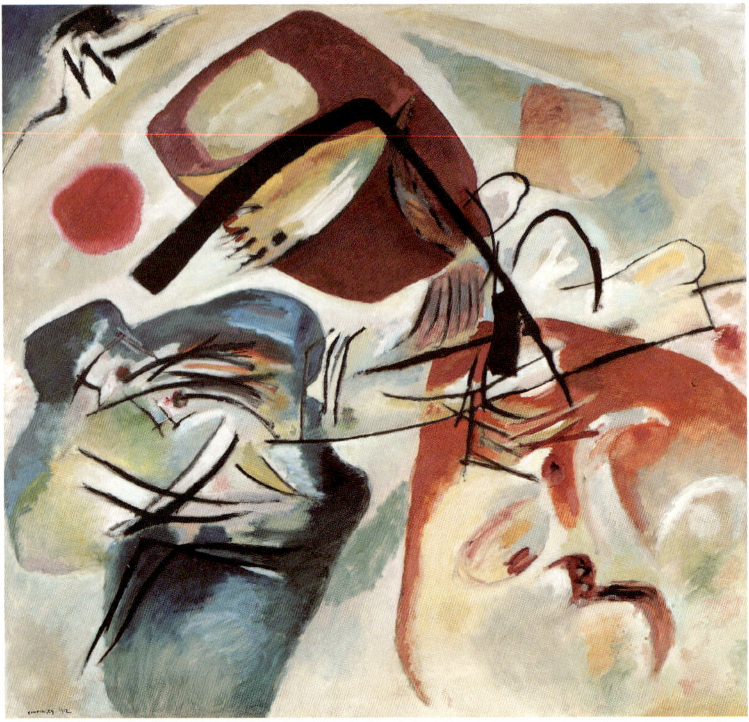

Wassily Kandinsky
1866 Moskau – 1944 Neuilly-sur-Seine

Mit dem schwarzen Bogen, 1912
Öl auf Leinwand, 189 x 198 cm
Schenkung Nina Kandinsky 1976
AM 1976-852

Der Russe Wassily Kandinsky, seit 1939 französischer Staatsbürger, revolutionierte die Malerei. Nach Studium der Rechte und Volkswirtschaft gelangte er mit fast dreißig Jahren erst spät zu seiner Berufung, um sich dann allmählich vom Zwang des Gegenständlichen zu befreien. Er ist zwar nicht unumstritten als Begründer der abstrakten Kunst, war aber sicherlich einer ihrer brillantesten Wegbereiter.

Unter den bedeutenden Werken, die das Museum von ihm besitzt, ist dies wiederum außergewöhnlich – als Synthese seiner bisherigen Arbeit und Überleitung zu seinem künftigen Schaffen. Dem Künstler galt es bald als völlig überholt, und es wurde erst nach seiner Präsentation auf einer Ausstellung in Paris 1937 einer größeren Öffentlichkeit bekannt. Der schwarze Bogen findet sich häufig auf Bildern Kandinskys, als Reminiszenz an das Joch der Troika, des typischen russischen Dreigespanns.

Wassily Kandinsky ➤
1866 Moskau – 1944 Neuilly-sur-Seine

Gelb-Rot-Blau, 1925
Öl auf Leinwand, 128 x 201,5 cm
Schenkung Nina Kandinsky 1976
AM 1976-856

Von 1922 bis 1933 kehrte Kandinsky noch einmal nach Deutschland zurück, wo er unter anderem als Dozent am Bauhaus wirkte. Um 1925, als die berühmte Lehranstalt von Weimar nach Dessau umzog, fanden seine Bilder verstärkt zu Bogenlinien und abgetönten Farben.

In *Gelb-Rot-Blau* stehen die geometrischen Gebilde links freien Formen auf der rechten Seite gegenüber, wobei der Künstler seinen Weg zu einer Ästhetik des Komplexen fort-

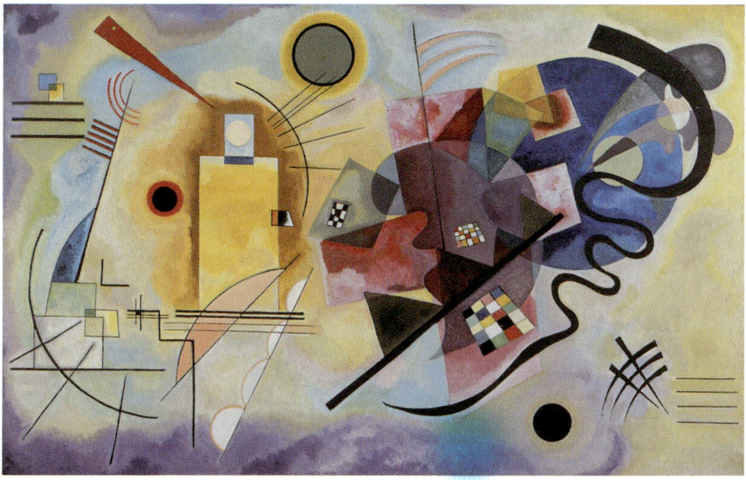

setzt und erneut seine Fähigkeit zu immer neuen Annäherungen an das Formale, doch Nicht-Figurative unter Beweis stellt. Im Gegensatz zu neoplastizistischen Betrebungen des Bauhauses, dem (beispielsweise von Kasimir Malewitsch repräsentierten) russischen Konstruktivismus oder Piet Mondrian propagierte er einen farbintensiven Malstil, bei dem aus einem lebendigen Chaos Formen erwachsen und sich wieder auflösen.

František Kupka

1871 Opočno (Österreich-Ungarn, heute Tschechische Republik) – 1957 Puteaux

Plans verticaux I (Vertikale Flächen I), 1912/1913

Öl auf Leinwand, 150 x 94 cm
Erworben 1936
JP 807 P

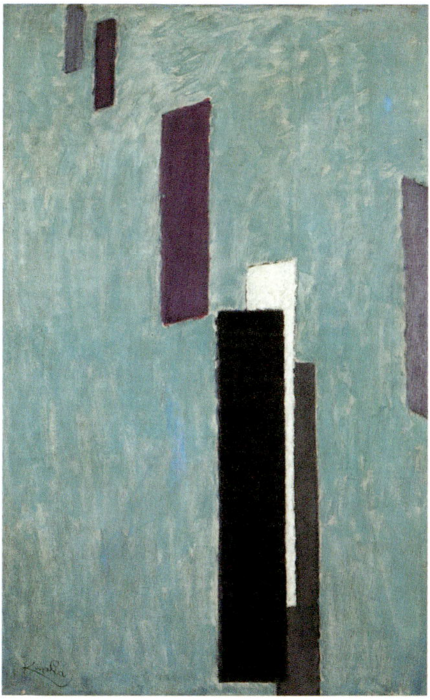

Kupka bildet hier vertikale Flächen ab, in traditioneller Manier, doch ohne jeden Bezug zur Natur. Sie erscheinen wie aufgehängt in einem ungewissen Raum und scheinen allmählich vom Betrachter fortzuschweben. Bei Kupka geht es durchweg um figurative Phantasien symbolistischer Art: »Die vertikale Linie ist wie eine aufrechte menschliche Figur.« Die Hochrechtecke gemahnen auch an die Tasten eines Klaviers, das Motiv seiner *Nocturnes* – der Künstler war gleichermaßen fasziniert von der Musik wie vom Ausdruck des rein Geistigen.

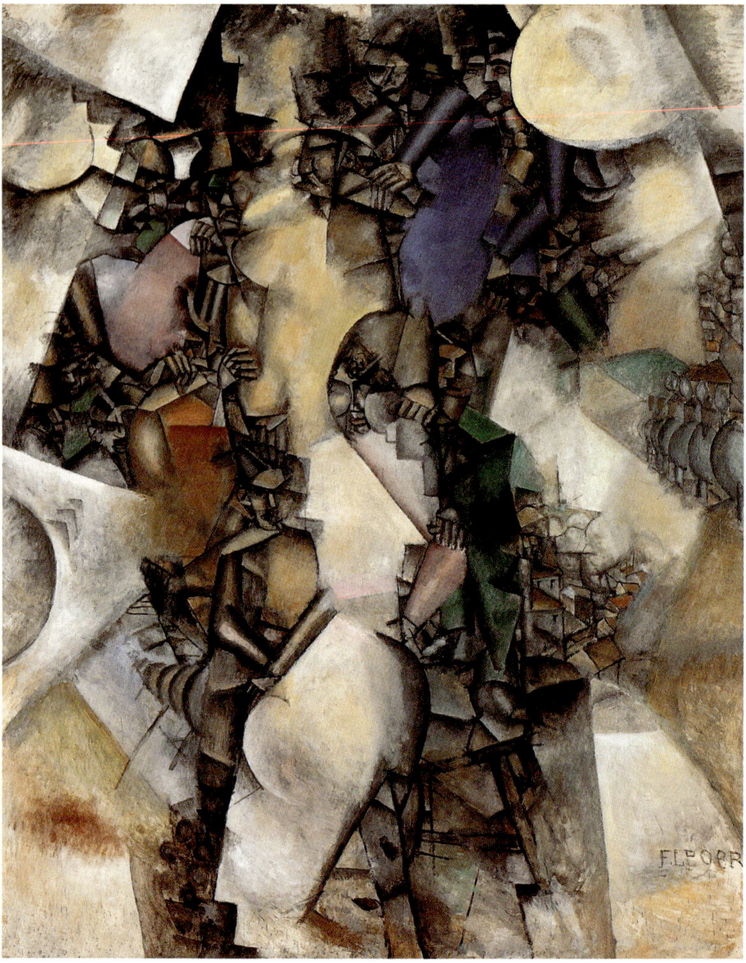

Fernand Léger

1881 Argentan – 1955 Gif-sur-Yvette

La Noce (Die Hochzeit), um 1911

Öl auf Leinwand, 257 x 206 cm
Schenkung Alfred Flechtheim 1937
AM 2146 P

Fernand Léger war einer der eigenwilligsten Künstler des 20. Jahrhunderts. Zu Beginn lehnte sich seine Malerei stark an das Vorbild seiner Kubistenfreunde an, unterschied sich davon jedoch durch Motivwahl, Lebendigkeit der Farben, Tiefenwirkung und die Dynamik seiner Kompositionen. Zu seinem persönlichen Markenzeichen wurden die später häufig verwendeten röhrenartigen Formen.

Die Hochzeit allerdings steht weniger Braque und Picasso nahe als Robert Delaunay, Albert Gleizes oder Henri Le Fauconnier, bei denen sich gleichfalls jene gerundeten, schwach kolorierten Formen finden, die hier die Szene rahmen. In lebhaftem Kolorit hingegen erscheint in der Bildmitte das Hochzeitspaar, umgeben von seinem Gefolge, Dorf und Landstraße – ein Ensemble, das durch die Simultaneität der Perspektiven besondere Dynamik gewinnt.

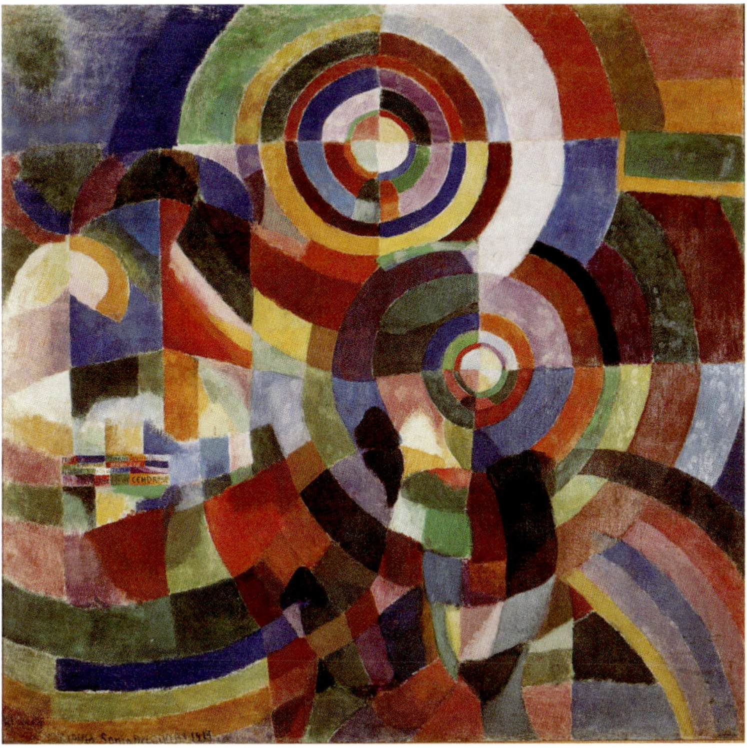

Sonia Delaunay

1885 Gradizhsk (Russland, heute Ukraine) – 1979 Paris

Prismes électriques (Elektrische Prismen), 1914
Öl auf Leinwand, 250 x 250 cm
Erworben 1958
AM 3606 P

Sonia Terk Delaunay, französische Künstlerin russischer Herkunft und eine Pionierin der angewandten Kunst und Abstraktion, wird meist in einem Atemzug mit ihrem Gatten Robert genannt. Sie war nicht nur eine Meisterin der Farbe und der Simultankontraste, sondern übertrug die Motive ihrer Bilder auch auf Kleider, Westen, Decken und Teppiche. Aufgrund einer großzügigen Schenkung der Künstlerin ist das Museum in der Lage, alle ihre Schaffensperioden zu dokumentieren.

Prismes électriques, von Jean Cassou erworben, ist ein Meisterwerk des sog. ›Orphismus‹, einer spezifischen koloristischen Ausprägung des Kubismus. Die Malerei wird hier selbst zum einzigen Gegenstand des Gemäldes, dessen Lichtschattierungen wie auf der Leinwand fixiert erscheinen. Das gesamte Prisma zerfällt in Formen und assoziative Partikel, die die unendliche Energie des Lichts geradezu zirkulieren lassen.

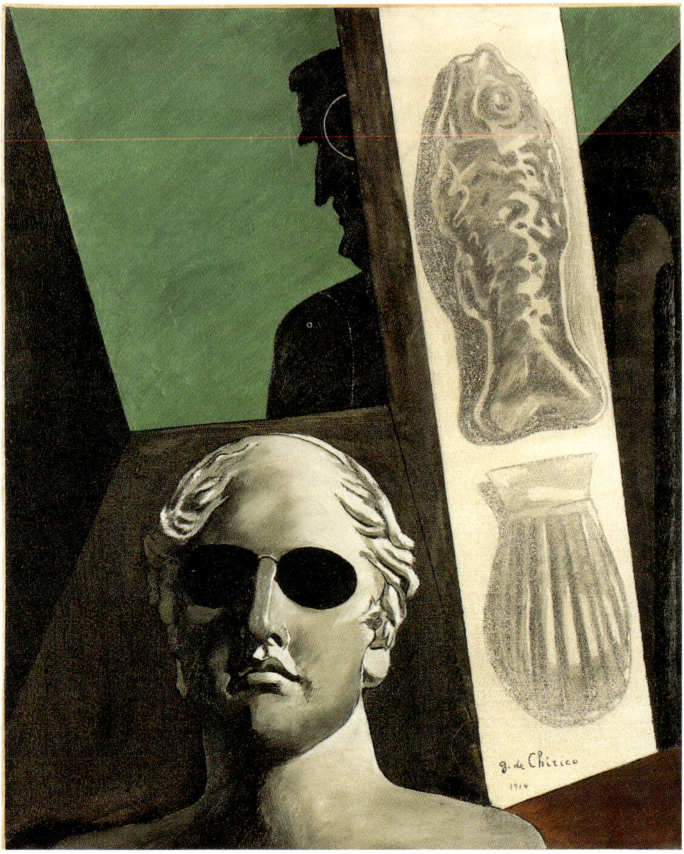

Giorgio de Chirico

1888 Volos (Griechenland) – 1978 Rom

Ritratto premonitore di Guillaume Apollinaire (Warnendes Bildnis Guillaume Apollinaires), 1914

Öl auf Leinwand, 81,5 x 65 cm
Erworben 1975
AM 1975-52

Eine antike Büste mit schwarzen Augengläsern, Backformen mit skurrilen Motiven, die Silhouette des Dichters Apollinaire vor einer Fläche in Veroneser Grün, eine Perspektivik, die das Innere eines Behältnisses simuliert, schließlich rechts die Andeutung eines Bogensegments bilden eine vertrackte Szene.

Verblüffender noch als der Titel erscheint das weiße Rund auf dem Kopf des Dichters: Es bezeichnet jene Stelle, an der er zwei Jahre später im 1. Weltkrieg verwundet werden sollte. Zwischen klassischem Malgestus und visionärem Avantgardismus verharrend, schuf der Künstler, geleitet von halluzinatorischer Phantasie, ein typisches Werk der ›pittura metafisica‹. Das Metaphysische wiederum wurde zu einem Schlüsselbegriff für den Surrealismus und die gesamte Malerei der ersten Jahrhunderthälfte.

Francis Picabia ➤

1879 Paris – 1953 Paris

Udnie, 1913

Öl auf Leinwand, 290 x 300 cm
Erworben 1948
AM 2874 P

Nach seiner Rückkehr aus New York im Jahre 1913 schuf der spanischstämmige Pariser Künstler mit *Udnie* eines seiner Meisterwerke. Das wohl vom italienischen Futurismus beeinflusste Gemälde mit dem rätselhaftem Titel – bezogen auf eine Tänzerin, die er bei der Ozeanpassage zurück nach Europa kennen lernte – demonstriert seine Außenseiterstellung innerhalb der Kubisten. Es wird beherrscht von kühlen Farben und harten Konturen, die sich in der Bildmitte zu einem kühnen Ensemble wärmeren Kolorits verdichten. Als Beleg, dass Picabia alles Deskriptive unmöglich erschien, gibt es in abstrakter Form ein Gefühl oder eine Erinnerung wieder.

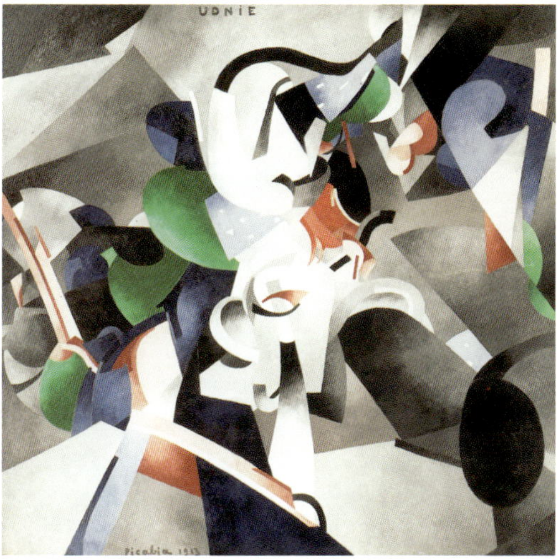

Francis Picabia

1879 Paris – 1953 Paris

Dresseur d'animaux (Tierbändiger), 1923

Lackfarbe auf Leinwand,
250 x 200 cm
Erworben 1998
AM 1998-174

Die Wirkung der einfachen, stark kontrastierenden Umrissfiguren in diesem Werk Picabias wird noch verstärkt, indem er anstelle der üblichen Ölfarbe Industrielack in leuchtenden Tönen verwandte – mit seiner reduzierten Farbpalette wirkt es eher wie ein Plakat. Ähnlich wie Duchamp 1917 in New York vollzog Picabia einen Bruch mit der Praxis der offiziellen Salons, auf denen die Pariser Künstler jedes Jahr ihre Bilder präsentierten: Der Tierbändiger erscheint hier als Sinnbild der Juroren, deren Reglement und Urteil sich die Maler – als dressierte Hunde – unterwerfen. Selbst ein fiktives Datum des Ereignisses ist auf dem Bild verzeichnet, das Picabia nach eigenem Bekunden in der Absicht schuf, Aufmerksamkeit zu erregen und zu provozieren.

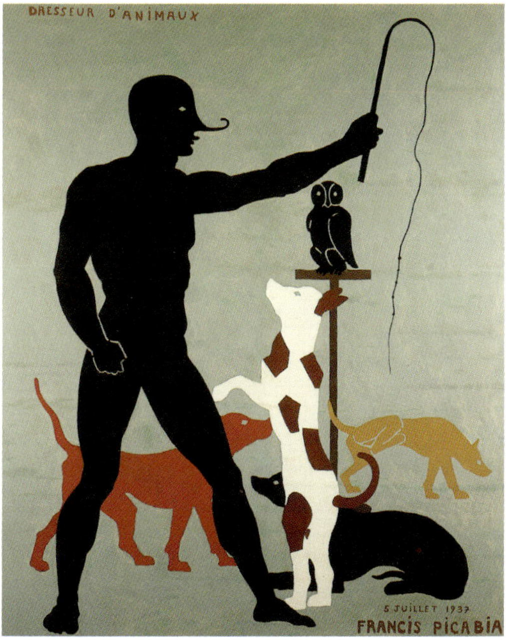

Kasimir Malewitsch ➤

1878 Kiew – 1935 Leningrad (St. Petersburg)

(Schwarzes) Kreuz
(Croix [noire]), 1915

Öl auf Leinwand
80 x 79,5 cm
Schenkung der Scaler Foundation und der Beaubourg Foundation 1980
AM 1980-1

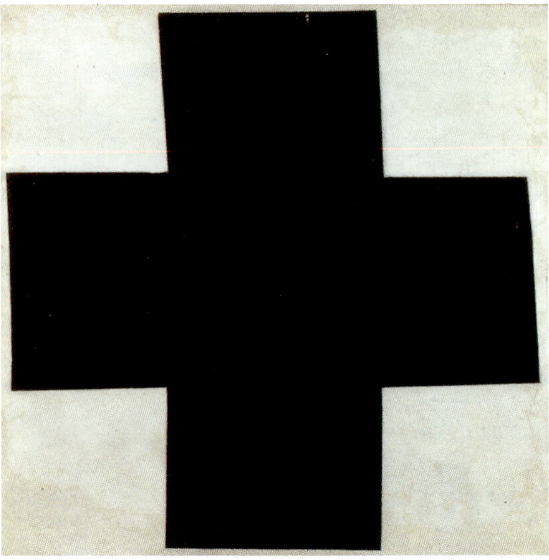

Malewitsch, Ukrainer polnischer Abstammung, setzte sich als Maler und Kunsttheoretiker fundamental mit dem Problem der Form auseinander. 1915 bemerkte er anlässlich seiner ersten abstrakten Bilder: »Ich bin bei einem Nullpunkt angelangt, bei der Schöpfung an sich, das heißt: beim Suprematismus.« Er schuf eine Serie minimalistischer Bilder mit schwarzen geometrischen Motiven auf weißem Grund – abgeleitet von seinem berühmten *Schwarzen Quadrat*. Die verschiedenen Versionen des *Schwarzen Kreuzes* (von denen diese hier die älteste ist) zeichnen sich durch eine besondere Spannung aus, wobei ihre leicht unregelmäßige Form die Strenge der Komposition etwas mildert.

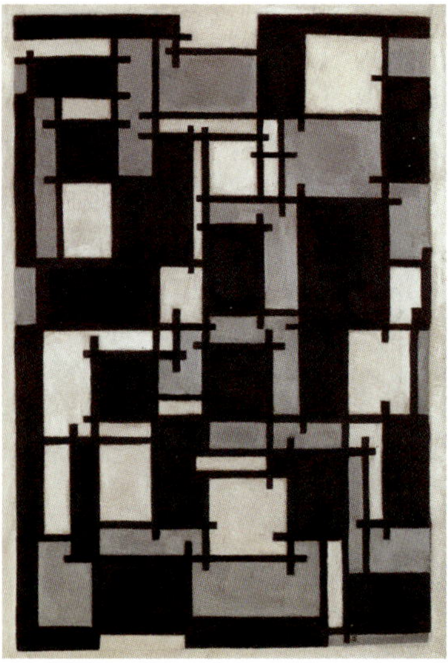

Theo van Doesburg

1883 Utrecht – 1931 Davos

Composition X
(Komposition X), 1918

Öl auf Leinwand, 64 x 43 cm
Erworben mit Unterstützung der Scaler Westbury Foundation, der Scaler Foundation und dem Fonds du Patrimoine 2001
AM 2001-44

Van Doesburg (eigtl. Christian Emil Marie Küpper), Architekt, Maler und Intellektueller, gründete, beeinflusst von Cézanne sowie den Schriften Kandinskys und Apollinaires, mit Piet Mondrian die Gruppe ›De Stijl‹, wurde in deren Umkreis wichtigster Theoretiker des Neoplastizismus und einer seiner bedeutendsten Repräsentanten. 1918 schuf er eine ganze Serie von ›Kompositionen‹, in denen er, wie auch auf anderen Bildern, den Prozess der systematischen Auflösung eines figürlichen Sujets in Szene setzte. In *Komposition X* legte er, als Nachhall einer Reihe von Porträts seines Mitstreiters Mondrian, die ultimative Version dieses Prinzips vor: Die Stilisierung geht so weit, jedes Bildelement in ein Rechteck zu verwandeln. So bleibt vom ursprünglichen Motiv nichts als die Dynamik schwarzer, grauer und weißer Flächen, orthogonal verteilt auf der Leinwand.

Marcel Duchamp

1887 Blainville-Crevon – 1968 Paris

Neuf Moules Mâlic (Neun männliche Formen), 1914/1915

Blei, Ölfarbe, lackierter Stahl auf Glas
66 x 101,2 cm
Schenkung 1997
AM 1997-95

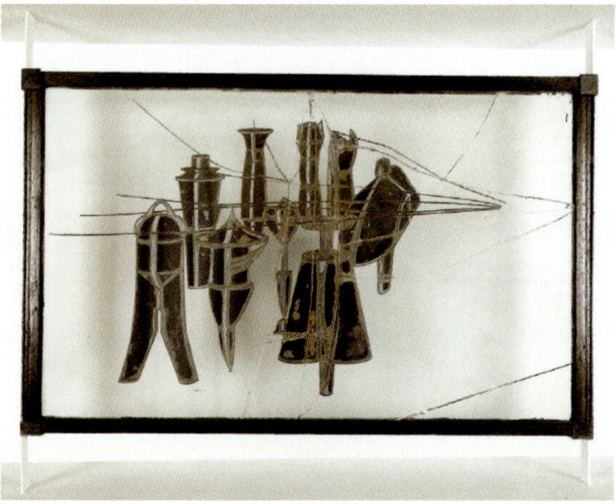

Dieses Werk gehört zu der großen Komposition *La Mariée mise à nu par ses célibataires* [Die Braut, selbst entkleidet von ihren Junggesellen], genauer gesagt handelt es sich um jenen Teil mit den Junggesellen – männliche Wesen, die der Braut den Hof machen und über ein Röhrensystem Gas verströmen, als Symbol ihrer Manneskraft. Duchamp ließ das ›Braut‹-Projekt 1923 unvollendet liegen, nachdem es bereits bis ins Detail sorgsam konzipiert war. Die ›Formen‹ sind nichts als ›Särge‹, »neun Behältnisse zur Formung verschiedener Uniformen und Livreen«, perspektivisch präzise positioniert: Jedes Model, mit Ausnahme eines einzigen, markiert eine bestimmte Sektion einer Ellipse – ein hochkomplexes Kunstwerk.

Marcel Duchamp

1887 Blainville-Crevon – 1968 Paris

Fontaine (Brunnen), 1917/1964

Weißes Porzellan, Farbe
63 x 48 x 35 cm
Erworben 1986
AM 1986-295

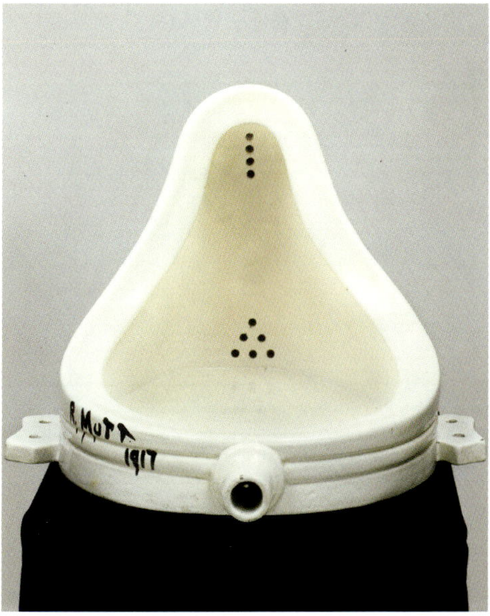

Dieses simple Urinoir, das Duchamp 1917 mit einem Pseudonym signierte und unter dem Titel *Brunnen* zum Kunstwerk erhob, sorgte ein ganzes Jahrhundert lang ebenso für kreative Anregung wie kontroverse Debatten. Er versah die Aktion zudem mit dem Kommentar, jedes Objekt, das ein Künstler ›auswähle‹, avanciere damit automatisch zum Kunstwerk – das Manifest des ›Ready-made‹. So gilt *Fontaine* allgemein als Geburtsstunde der modernen Kunst – Ausgangspunkt diverser künstlerischer Revolutionen und Grenzüberschreitungen.

Das Werk wurde nochmals im Jahre 1950 ausgestellt. Da das Original inzwischen verloren war, signierte Duchamp eine Replik, auf dass auch andere Exemplare Eingang in die Kunstsammlungen der Welt fänden.

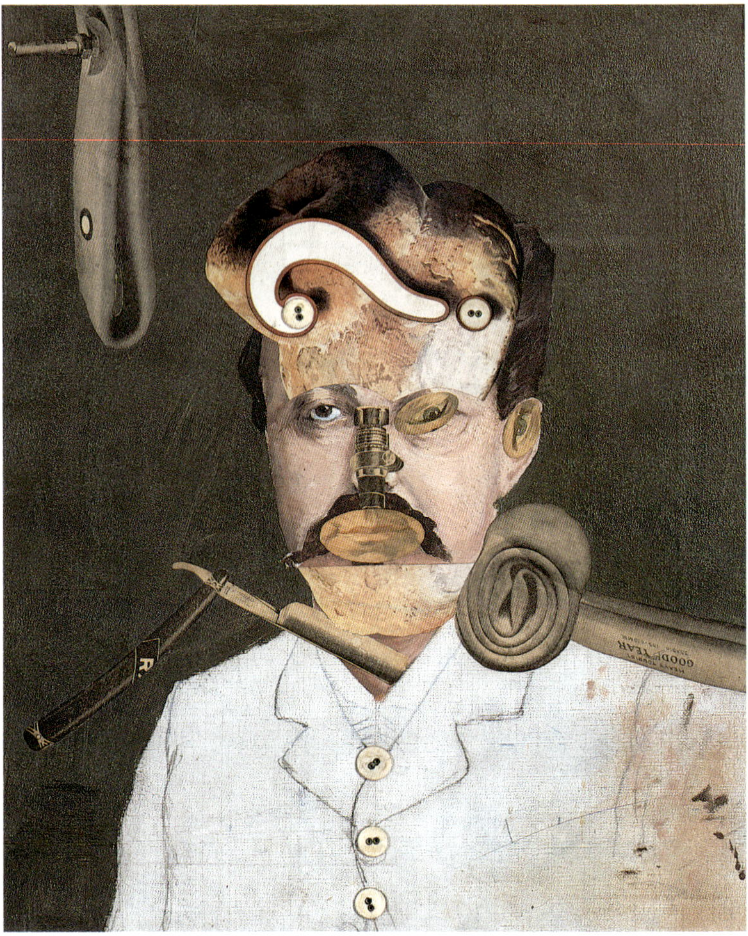

George Grosz
1893 Berlin – 1959 Berlin

Remember Uncle August, the unhappy Inventor (Denk an Onkel August, den unglückseligen Erfinder), 1919
Öl, Kreide, andere Materialien
49 x 39,5 cm
Erworben 1977
AM 1977-562

Der Berliner Maler und Graphiker, einer der führenden Vertreter der Dada-Bewegung und Protagonist antibürgerlicher Kritik, attackierte in bösartigen Collagen, Photomontagen und Gemälden die politischen, wirtschaftlichen, klerikalen und militärischen Stützen der Weimarer Republik. Unter den Nationalsozialisten wurden seine Werke als ›entartet‹ besonders diffamiert.

Dieses erstmals 1920 auf der internationalen Dada-Messe in Berlin ausgestellte Bild ist eine scheinbar zufällige Komposition disparater Elemente auf einer simpel bemalten oder lediglich grundierten Leinwand – für den Dadaisten Grosz ein Mittel der Kritik an traditioneller Malerei und einem Kunstbegriff, der ihm durchweg geprägt schien vom kulturellen Selbstverständnis der bürgerlichen Gesellschaft. Mit der Titelinschrift in englischer Sprache auf dem Rahmen verlieh er seiner Überzeugung Ausdruck, dass diese Gesellschaft daran gescheitert sei, den 1. Weltkrieg zu verhindern.

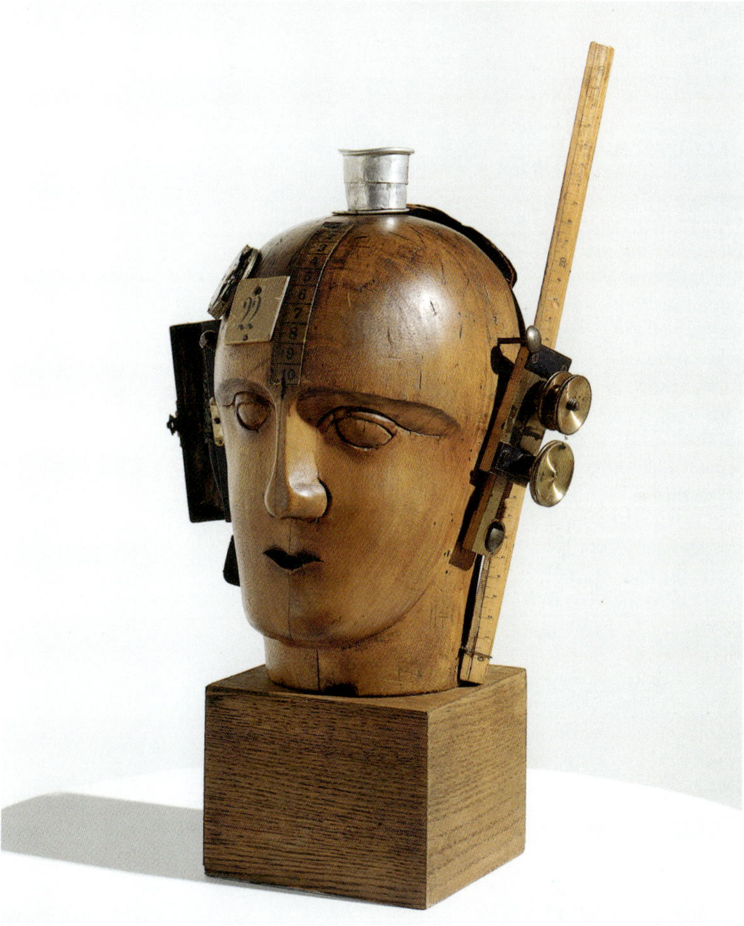

Raoul Hausmann

1886 Wien – 1971 Limoges

Der Geist unserer Zeit (Mechanischer Kopf), 1919

Hölzerne Friseurpuppe und diverse Materialien, 32,5 x 21 x 20 cm
Erworben 1974
AM 1974-6

Der gebürtige Österreicher und Allroundkünstler arbeitete für Herwarth Waldens Zeitschrift ›Der Sturm‹, bevor er zu einem der führenden Köpfe der Berliner Dada-Bewegung avancierte, von der er sich später wieder abwandte. Vor den Nationalsozialisten emigrierte er nach Frankreich, wo er später unter den Einfluss des Surrealismus geriet.

Der Puppenkopf symbolisiert mangelnde Individualität des Menschen mit einer wundersamen Applikation disparater Objekte: ein Portemonnaie, die Ziffer 22, eine kleine Schmuckschatulle, ein photographischer Zylinder, ein Rohrstück, ein Zollstock, ein Teil einer Kamera. »Gesichter sind nichts als Bilder, vom Friseur geschaffen«, erklärte Hausmann. Mit seiner satirischen Widerspiegelung von Kleingeisterei, seinem ambivalenten Verhältnis zur technischen Zivilisation (ebenso als anziehend wie abstoßend empfunden) und seiner Kritik an der Entmenschlichung der modernen Gesellschaft war der schwarze Humor der Dadaisten amüsant – und zugleich resignativ.

Max Ernst ➤

1891 Brühl – 1976 Paris

Ubu Imperator, 1923

Öl auf Leinwand
81 x 65 cm
Schenkung Fondation pour la Recherche Médicale 1984
AM 1984-281

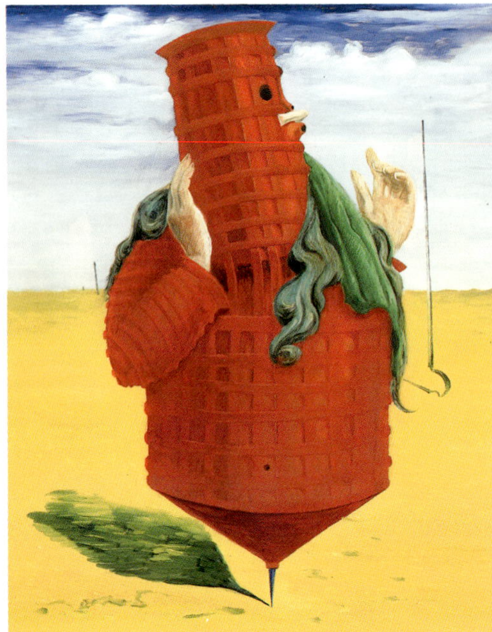

Dieses Frühwerk des Surrealismus verrät noch den Einfluss der kubistischen Collage: Die Kombination heterogener Elemente ergibt eine neue Realität. Das Zwitterwesen aus Mensch, Kreisel und dem schiefen Turm von Pisa symbolisiert eine groteske Form von Macht, wie sie typisch ist für Alfred Jarrys legendäre Bühnenfigur des ›König Ubu‹: Der (physikalischen) Trägheit seiner Masse steht lediglich die Drehung seines Schattens entgegen. Die merkwürdige Figur evoziert zugleich den Nimbus väterlicher Autorität, des Sexualaktes und des malerischen Schaffensprozesses – dies bleibt jedoch ›schwankendes‹ Blendwerk.

Max Ernst

1891 Brühl – 1976 Paris

Culture physique ou: la mort qu'il vous plaira (körperkultur oder: der tod so wie er euch gefällt), 1929

Collage aus Zeitungsausschnitten, 11,2 x 8,2 cm
Schenkung Carlo Perrone 1999
AM 1999-3(15)

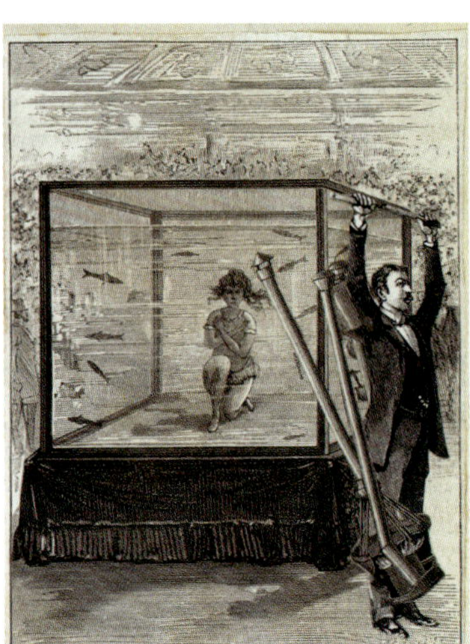

Während eines Aufenthaltes in Ardèche im Jahre 1928 schuf Ernst 150 Collagen aus Reproduktionen von Druckgraphiken und fasste sie zusammen zu dem Ende 1929 erschienenen Bildroman *La Femme 100 têtes*, aus dem dieses Blatt stammt. Vom Ensemble jener Bilder, das niemals komplett ausgestellt wurde und heute in alle Winde zerstreut ist, besitzt das Museum durch eine Schenkung 40 Blätter, die immerhin eine Vorstellung vom Gesamtkomplex des Collageromans vermitteln. Es handelte sich ursprünglich um eine Bilderfolge ohne Text (die Legenden wurden erst später auf Vorschlag André Bretons hinzugefügt) und ohne narrative Logik, deren Konsistenz einzig aus der Kraft der poetischen visuellen Imagination erwächst.

Joan Miró
1893 Barcelona – 1983 Palma de Mallorca

La Sieste (Siesta), 1925
Öl auf Leinwand
113 x 146 cm
Erworben 1977
AM 1977-20

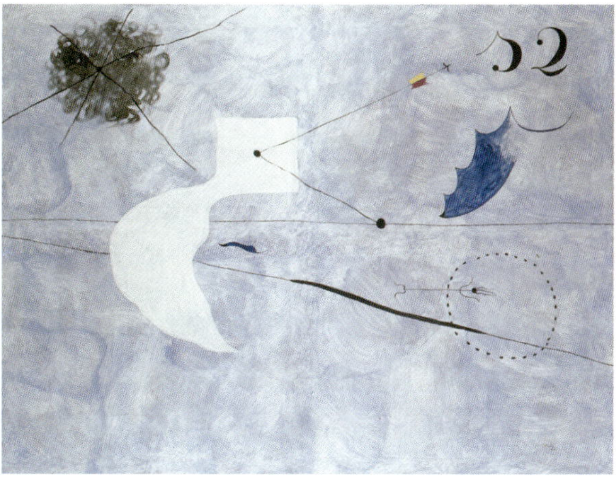

Wie die Surrealisten, denen er sich später anschloss, war Miró darum bemüht, durch die Malerei »zur Poesie zu gelangen«. Der Künstler, der seit 1920 in Paris lebte und nur während des Sommers nach Katalonien zurückkehrte, entwickelte, nach einer ersten Periode des ›Magischen Realismus‹, seine ›Traumbilder‹ (1925–1928). Hierzu zählt auch *Siesta*, ein komplexes Werk, das auf einfarbigem Untergrund (typisch für jene Schaffensphase) Motive der Landschaft um das Familiengut Montroig versammelt. Indem Miró jedoch die verschiedenen figürlichen Elemente (Frau, Sonne, Schwimmer, Sonnenuhr) abstrahiert, lässt er ein vibrierendes Blau die Leinwand dominieren und verwandelt die ländliche Szene in eine Traumvision.

Joan Miró
1893 Barcelona – 1983 Palma de Mallorca

[Collage], 1929
Papierschnipsel, Eisendraht, Lumpen, Tinte und Bleistift auf Masonit, 74,4 x 73,7 x 7 cm
Erworben 1996
AM 1996-394

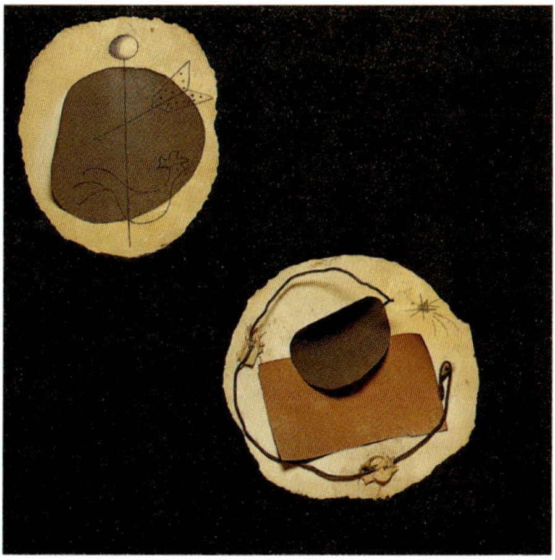

Nach seiner Ankunft in Paris 1920 entwickelte Miró zunächst kontinuierlich einen Stil, der bis zu seiner Rückkehr zu einer realistischen Malweise (1928/29) für ihn bestimmend blieb: große uniforme Flächen, durchsetzt von wenigen zeichenartigen Motiven. Dann wandte er sich der Collage und Assemblage unbearbeiteter Fundstücke zu, als einer Form der Anti-Malerei. Diese Collage mit der Kühnheit eines Kunstwerks jenseits alles Zeichnerischen exerziert zwei fundamentale Prinzipien seiner künstlerischen Arbeit: eine brutale, geradezu fühlbare Präsenz des Materials und wie zufällig wirkende abstrakte Formen.

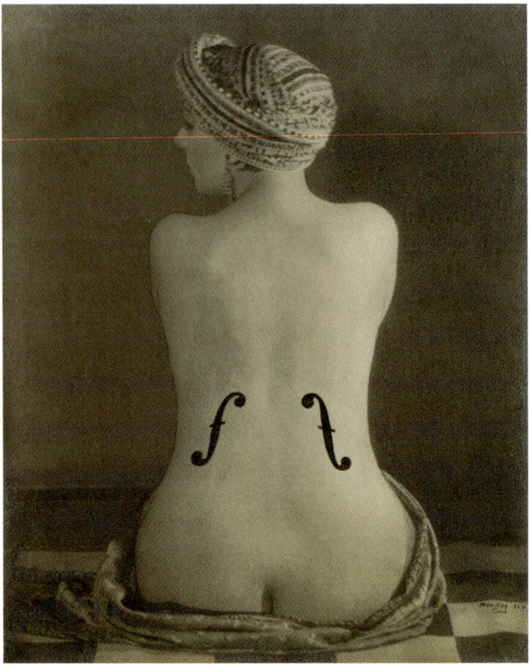

Man Ray

1890 Philadelphia – 1976 Paris

Le Violon d'Ingres
[Die Violine von Ingres], 1924
Silbergelatinepapier, Bleistift und Tusche, aufgezogen auf Papier, 31 x 24,7 cm
Erworben 1993
AM 1993-117

Man Rays (eigtl. Emanuel Radnitszkys) wohl berühmtestes Werk, angeregt durch Ingres' Gemälde *Die Badende von Valpinçon* (1808), birgt zugleich eine Reminiszenz daran, dass jener Maler auch passionierter Geiger war. Das Modell war Kiki de Montparnasse, auf deren Rückenansicht der Künstler mit Tusche zwei Violinlöcher aufbrachte – und damit ein Wortspiel inszenierte, als Hinweis auf seine leidenschaftliche erotische Neigung zu der jungen Frau. Man Ray schuf so eine Ikone der Moderne, auf dem Höhepunkt einer höchst fruchtbaren Liaison von Photographie und Avantgarde, der die Kunst wesentliche Impulse verdankte, wie die Infragestellung des »Prinzips der Realität« durch die Surrealisten.

Alexander Rodtschenko

1891 St. Petersburg – 1956 Moskau

Austausch von allen, 1924
Schutzumschlagentwurf für die Lyriksammlung ›Viste miena vsiekh‹
Photomontage, Silbergelatinepapier
23,5 x 16,5 cm
Schenkung Mouli Rodtschenko 1981
AM 1981-577

Nach seiner Ankündigung des Todes der »Malerei der Staffelei« wandte sich der sowjetische Konstruktivist mehr und mehr der Photographie zu, an der er die Möglichkeit der Vereinfachung besonders schätzte. Bevor er 1924 selbst in jenem Metier tätig wurde, spezialisierte er sich auf die Photomontage, wie bei diesem Buchumschlag für eine konstruktivistische Lyriksammlung.

Der Künstler verbindet aus Zeitschriften ausgeschnittene Fundstücke mit einer eigens für das Buch aufgenommenen Photographie: Der Schreitende unten ist der Dichter Ilja Tschitscherin. Diese ›Methode Rodtschenko‹ wurde sehr populär und sogar von den sowjetischen Staatsverlagen übernommen.

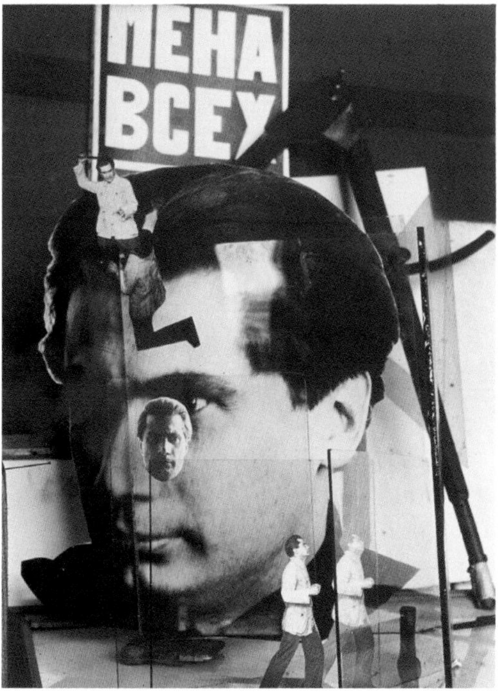

László Moholy-Nagy

1895 Bácsbarsod (Ungarn) – 1946 Chicago

Photogram (Selbstporträt), um 1926

Silbergelatineabzug
24 x 18 cm
Erworben 1988
AM 1988-1183

Als Begründer und Theoretiker der modernen Photographie avancierte der aus Ungarn gebürtige Moholy-Nagy zu einem der bedeutendsten Künstler des 20. Jahrhunderts. Während der 20er Jahre eine Zentralfigur der Berliner Avantgarde und von 1923 bis 1928 Professor am Bauhaus, emigrierte er 1937 in die USA. Er konzentrierte sich bald auf die Darstellung banaler Gegenstände, die ausschließlich aus Effekten der Mehrfachbelichtung und ungewöhnlicher Perspektivik ihre Originalität bezogen.

Seine so genannten Photogramme entstehen durch Belichtung von Objekten auf lichtempfindlichem Papier – ohne Hilfe einer Kamera. In jenem Verfahren lag seines Erachtens der »Schlüssel der Photographie«, wie auch bei diesem ästhetisierten Bild.

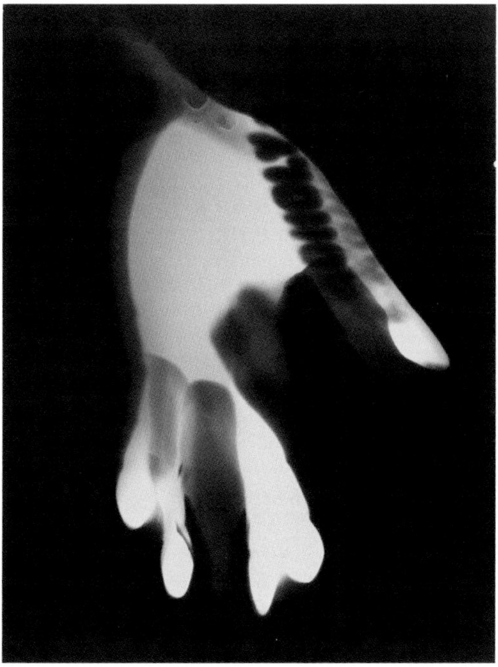

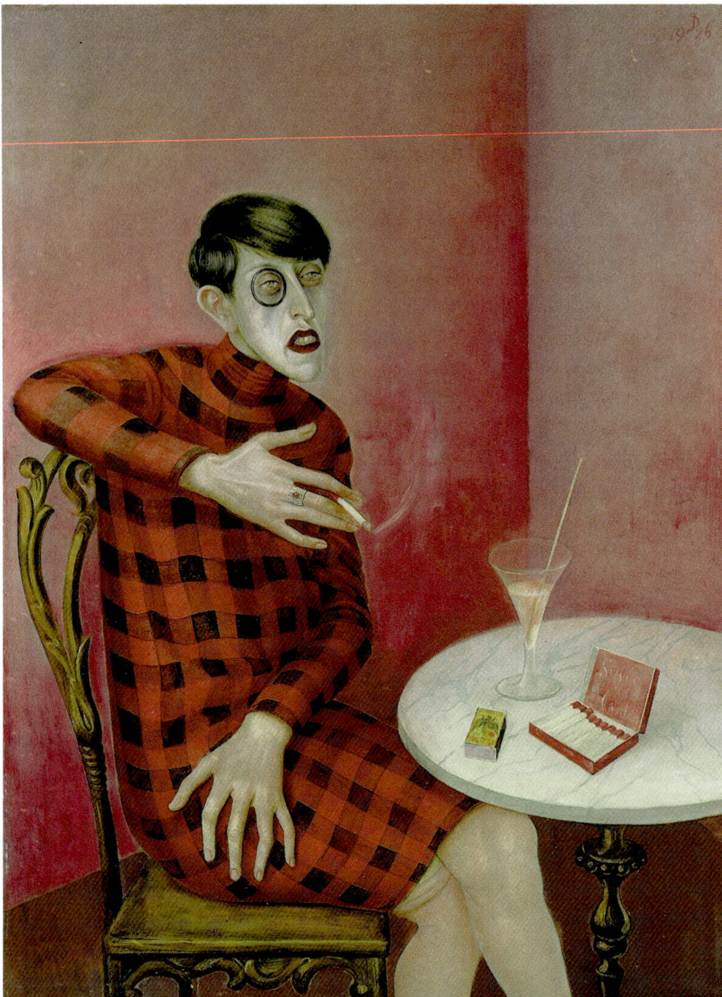

Otto Dix

1891 Untermhaus bei Gera – 1969 Singen

Bildnis der Journalistin Sylvia von Harden, 1926

Öl und Tempera auf Holz, 121 x 89 cm
Erworben 1961
AM 3899 P

Otto Dix verband meisterhaft Maltechniken der Renaissance mit einem aggressiv karikierenden Gestus und schuf so ein präzises, fein gesponnenes wie beklemmendes Porträt der Weimarer Republik – einer Epoche voller Widersprüche, erfüllt von fieberhafter Hektik und Genusssucht.

Eine typische Repräsentantin jener Welt als emanzipierte Intellektuelle war die Journalistin Sylvia von Harden, die Dix im ›Romanischen Café‹ in Berlin kennen gelernt hatte. Sie erscheint hier disproportioniert wie eine aus den Fugen geratene Marionette: Ihr Kopf ruht auf einem viel zu massiven Körper, ihre Hände mutieren zu Krallen, die die Welt gleichsam erfassen und erobern wollen: Stigmata der ›Roaring Twenties‹. Das Gemälde ist meisterhaft komponiert aus verschiedenen Dreiecksformen, denen das teilweise verdeckte Rund des Tischchens kontrastierend gegenübersteht.

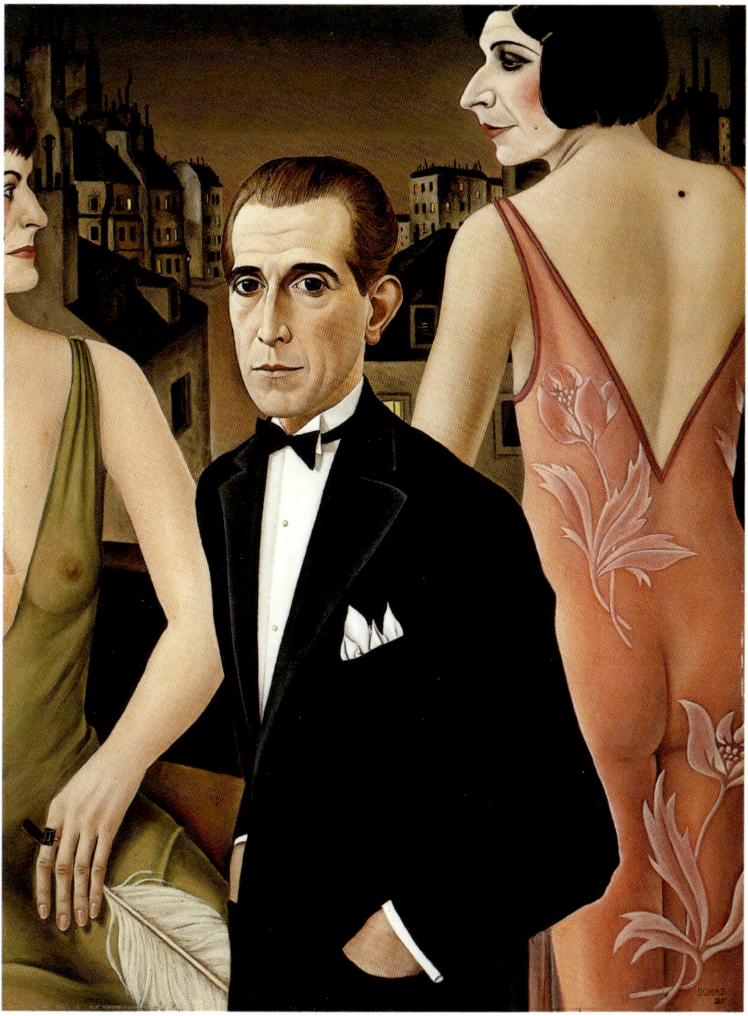

Christian Schad

1894 Miesbach – 1982 Stuttgart

Porträt des Grafen Saint-Genois d'Anneaucourt, 1927

Öl auf Holz, 103 x 80,5 cm
Erworben 2000
AM 2000-4

Als einzigartiges Meisterwerk der Neuen Sachlichkeit entfaltet dieses Bild das Panorama einer Welt am Abgrund: die der Aristokratie der 20er und 30er Jahre, die nach dem Verlust ihrer sozialen Funktion ihr Dasein als orientierungslos und voller Widersprüche empfindet. Ähnlich wie Dix fängt auch Schad den Geist seiner Epoche ein, vielleicht mit weniger brutalem, zumindest jedoch distanzierterem Gestus. Unmissverständlich stellt er den Grafen, eine Zelebrität des Nachtlebens, und seine Adlaten aus der Halbwelt als Symbolfiguren sozialer, politischer und sexueller Dekadenz dar – bei Schad ist die Erotik jener Zeit ein bevorzugtes Bildmotiv. Der schwarz Gekleidete erscheint wie eingeschlossen zwischen den in warmen und kühlen Farben dargestellten Begleitpersonen, die ihm offensichtlich völlig gleichgültig sind.

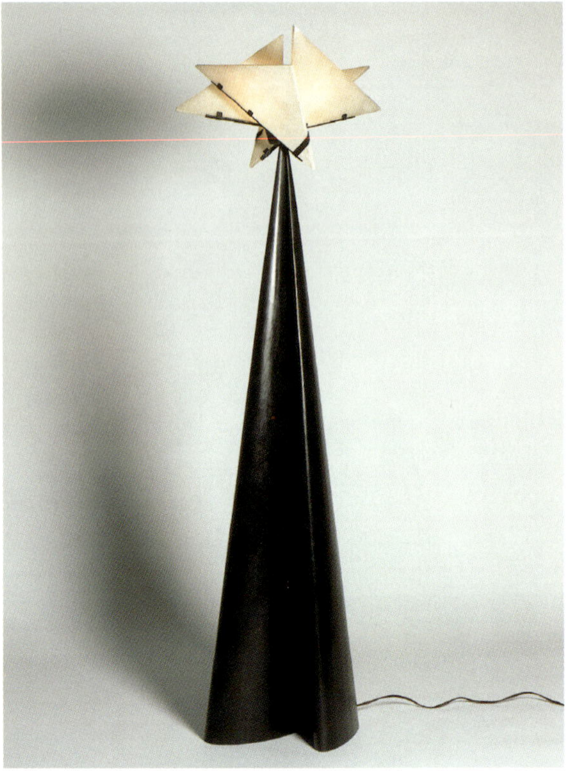

Pierre Chareau

1883 Bordeaux – 1950 East Hampton (New York)

La Religieuse (Die Nonne), 1923

Geschmiedetes, gehämmertes Eisen und Alabaster, 171 x 45 x 55 cm
Erworben mit Unterstützung der Scaler Foundation 1995
AM 1995-1-46

Der Architekt und Designer Pierre Chareau, Schöpfer der berühmten Maison de Verre in Paris, war stark vom Kubismus beeinflusst. Das belegt auch dieses 1923 entworfene Objekt, von dem es drei Ausführungen gab: als Steh-, Tisch- und Leselampe. Der Fuß, entweder aus Holz oder Schmiedeeisen, ist kombiniert mit einem Lampenschirm aus alabasternen Dreiecken – beides zusammen wirkt wie das stilisierte Abbild des Habits einer Nonne. Die Lampe wurde erstmals 1925 auf der ›Exposition Internationale des Arts Décoratifs‹ in Paris ausgestellt.

Charlotte Perriand

1903 Paris – 1999 Paris

Table extensible (Ausziehtisch), 1927

Aluminium, verchromter Stahl, Kautschuk
72 x 180 x 91 cm
Erworben 1994
AM 1994-1-302

Charlotte Perriand, Mitbegründerin der Union des Artistes Modernes, hatte auf dem Herbstsalon des Jahres 1927, wo sie diesen Tisch vorstellte, Le Corbusier und dessen Cousin Pierre Jeanneret kennen gelernt – der Beginn einer lang währenden Zusammenarbeit. Das in ihrer Werkstatt an der Place Saint-Sulpice gefertigte Möbel besteht aus einer mit schwarzem Kautschuk bezogenen Tischplatte und einem herausziehbaren Aluminiumrahmen, die auf einer Seite auf einem Kasten ruhen, in dessen Innerem sich ein Kugellager befindet, mit dem man den

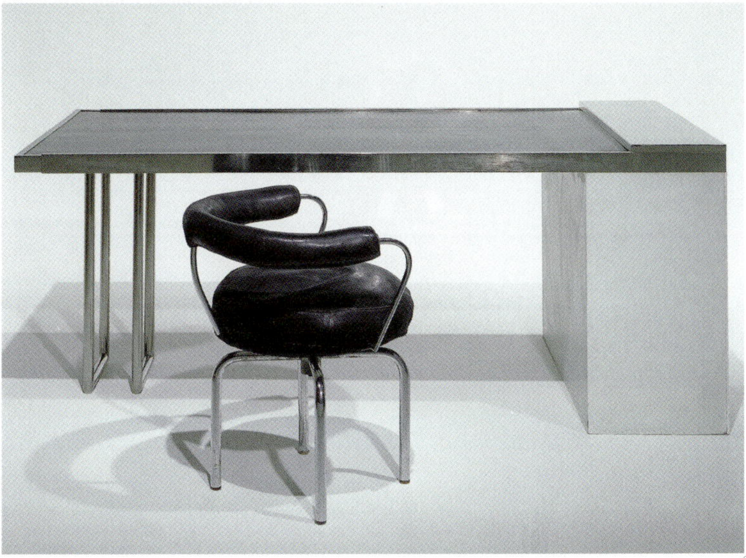

Ausziehmechanismus betätigt. Die andere Seite stützen zwei Füße aus Stahlrohr. Von diesem Modell, das nie in Serie ging, existieren nur zwei Exemplare.

Eileen Grays: Die Türen des Schrankes lassen sich so weit öffnen, dass sie eine Art Paravant bilden, in dessen Schutz man ungestört ist.

Eileen Gray ➤
1878 Enniscorthy (Irland) – 1976 Paris

Badezimmerschrank, 1927–1929
Holzkonstruktion mit Aluminiumverkleidungen, Spiegel, Glas und Kork
164 x 56 x 18 cm
Erworben 1992
AM 1992-1-6

Das von der Designerin inklusive Mobiliar eigenhändig entworfene Domizil an der Côte d'Azur belegt ihre ungewöhnliche Kreativität. Dieser Badezimmerschrank ist gleichermaßen funktional wie komfortabel. Hinter den beiden asymmetrischen Türen verbergen sich ein Spiegel sowie eine Vielfalt von Regalen und Schubladen. Während die festen Teile aus Glas und Holz bestehen, sind die beweglichen mit einer Korkauflage versehen, die einen reizvollen Gegensatz zu den anderen Materialien bildet.

Das Möbel reflektiert auf seine Weise eine persönliche Eigenart

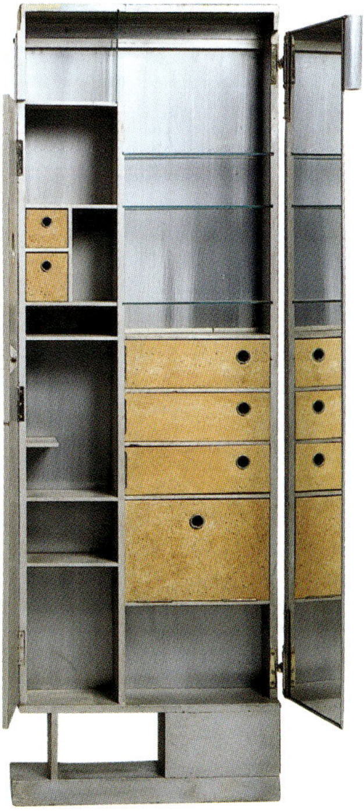

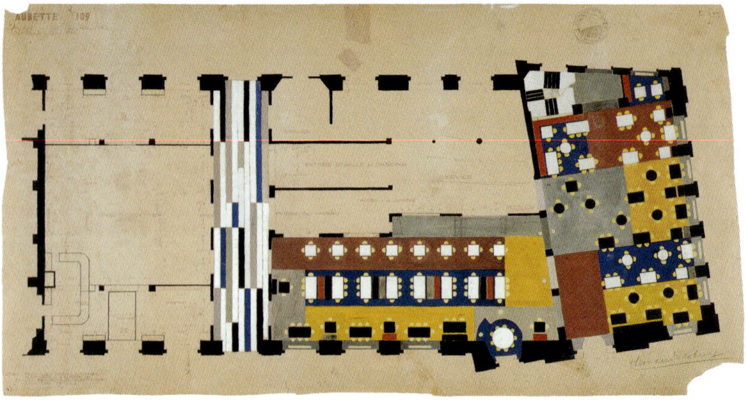

Theo van Doesburg
1883 Utrecht – 1931 Davos

Projet pour l'Aubette
(L'Aubette-Projekt), 1927
Tusche, Gouache, Reißblei auf Architekturzeichnung (Grundriss des Erdgeschosses)
52,9 x 98,7 cm
Schenkung des niederländischen Staates 1986
AM 1987-1067

Die Aubette, ein ehemaliges Gardequartier in Straßburg, wurde 1922 in ein Ensemble aus Restaurant, Kino und Tanzsaal umgebaut. Als 1926 Einrichtung und Ausgestaltung anstanden, wandten sich die Eigentümer an Jean (Hans) und Sophie Taeuber Arp, die wiederum den Avantgardearchitekten Theo van Doesburg hinzuzogen.

Da das Gebäude bereits zehn Jahre später abgerissen wurde, haben wir von diesem ehrgeizigen Projekt heute nur noch durch die Entwurfszeichnungen Kenntnis. Aber selbst daran ist ersichtlich, wie sehr van Doesburg darum bemüht war, sämtlichen Schmuck- und Funktionselementen ein homogenes, organisches Gepräge zu verleihen.

Jakow Georgiewitsch Tschernikow
1889 Pawlograd (Russland, heute Ukraine) – 1951 Moskau

Kompozitsiia 3
(Komposition Nr. 3), 1933
Tinte und Gouache auf Karton, 24 x 30 cm
Schenkung der Andrej und Jakow Tschernikow International Foundation 1996
AM 1997-2-11

Nach Erlangen seines Diploms als Architekt im Jahre 1925 gründete der Künstler in Leningrad ein Atelier für Architektur-Modelle und experimentelle Graphik im wissenschaftlich-technischen Bereich. Als Entwerfer von Industriebauten näherte er sich stark dem Sozialistischen Realismus an. Die zahlreichen Arbeiten aus seinem Nachlass belegen darüber hinaus seine Fähigkeit zur Synthese von Suprematismus, Konstruktivismus und Futurismus.

Charakteristisch hierfür ist auch dieses Beispiel aus den *Architektur-Phantasien*, einem Ensemble von 101 visionären Plänen ganzer Städte, Wolkenkratzer, oder, wie in diesem Fall, einer Fabrik: Die Gebäude erscheinen gleichsam schwerelos und von einem nie gekannten Leben erfüllt.

Paul Klee

1879 Münchenbuchsee
bei Bern – 1940 Locarno

Rhythmisches, 1930
Öl auf Leinwand
69,6 x 50,5 cm
Erworben 1984
AM 1984-356

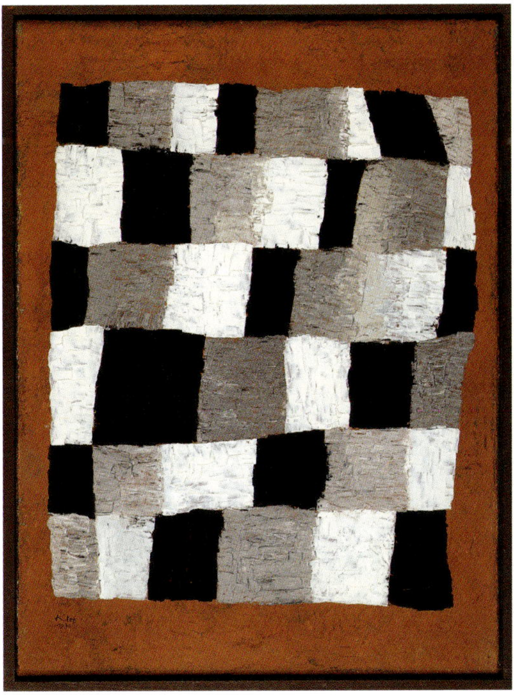

Klee führte seine Auseinandersetzung mit dem Problem der Form auch als Dozent am Bauhaus fort, dem er seit 1921 angehörte. In jener Zeit entsteht ein komplexes System graphischer Zeichen mit stark symbolischem Gehalt, wie auch bei diesem Werk: Unregelmäßig geformte Quadrate, deren Kolorit von Weiß bis Schwarz changiert, bilden hier eine rhythmische Komposition, die sich zu einer Art Schachbrettmuster fügt.

Der Rhythmus wechselt, ähnlich einer Synkope beim Jazz, in der vierten Reihe von oben. Der Künstler überträgt so eine dynamische Spannung, die er anderswo vorfindet, in die ›Akkorde‹ dreier Nicht-Farben, deren Wertigkeit und Gewichtigkeit er vibrierend auf dem ockerfarbenen Grund ausbreitet.

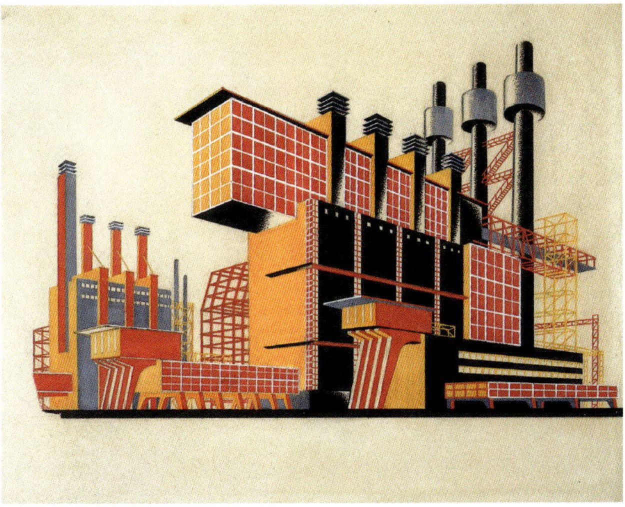

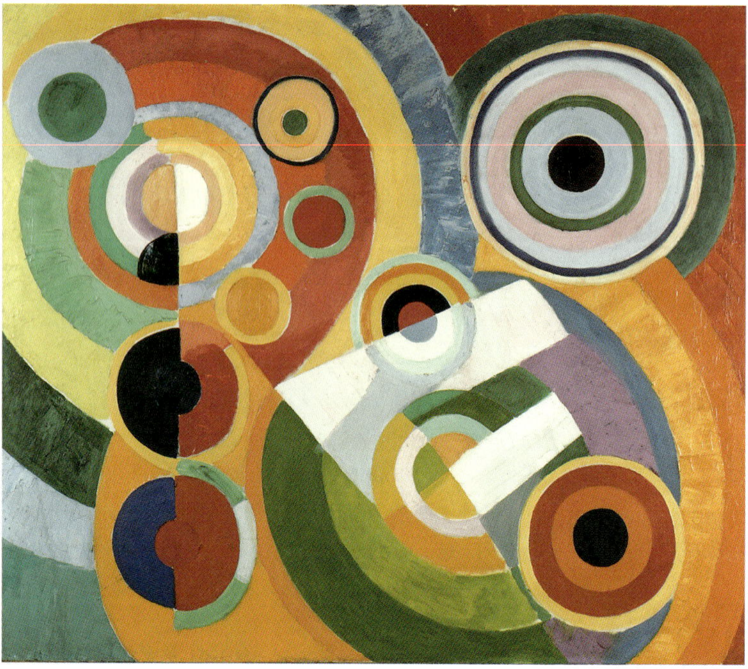

Robert Delaunay
1885 Paris – 1941 Montpellier

Joie de vivre (Lebensfreude), 1930
Öl auf Leinwand, 200 x 228 cm
Schenkung Sonia und Charles Delaunay 1964
AM 4083 P

Im Gegensatz zu anderen abstrakten Malern, etwa denen der Gruppe ›De Stijl‹, an deren Ausstellungen er sich damals beteiligte, verlieh Delaunay hier pulsierender *Lebensfreude* Ausdruck in freier poetischer Form. Das Werk kennzeichnet seine Rückkehr zum Abstrakten nach einer Periode figürlicher Malerei und ist zugleich ein herausragendes Beispiel jener neuen Schaffensphase.

Wie in seinen vor dem 1. Weltkrieg entstandenen Bildern setzte Delaunay Kreise aus den vier letzten Farben des Regenbogens (Grün, Gelb, Orange und Rot) zusammen. Nirgends mischen sie sich, es treten lediglich mitunter zwei Schattierungen einer Farbe neben einander – ein Prinzip, das bereits seine Gattin Sonia mehrmals praktiziert hatte. Die Komposition des Bildes ist nur auf den ersten Blick unausgewogen: Die beiden Kreise mit schwarzem Zentrum korrespondieren harmonisch mit der vertikalen Achse auf der linken Seite.

Salvador Dalí ▲
1904 Figueras – 1989 Cadaquès

Hallucination (partielle). Six images de Lénine sur un piano ([Partielle] Halluzination. Sechs Bilder Lenins auf einem Klavier), 1931
Öl auf Leinwand, 114 x 146 cm
Erworben 1938
AM 2909 P

Dalí, die schillerndste Gestalt im Kreis der Surrealisten, entwickelte in seiner Malerei einen starken Bezug zu inneren Bildern – teils tabuisierten Regungen des Unbewussten.

Hier stellt er eine im Halbschlaf erfahrene Vision dar: das Porträt Lenins, bekränzt von einer Aureole aus gelben Flammen. Dieses Motiv setzt der Künstler in Bezug zu einigen seiner bevorzugten Symbole – wie das serviettenartige Cape auf dem Rücken der anonymen Figur oder die transparenten roten Kirschen auf ihrer Armbinde. Und natürlich das Klavier, mit einer von Ameisen zerfressenen Partitur. Durch die offene Tür im Hintergrund erblickt man einen in seltsam übernatürlichen Licht erstrahlenden Berg, dessen Formen an die rätselhaften Kultfiguren der Osterinseln gemahnen.

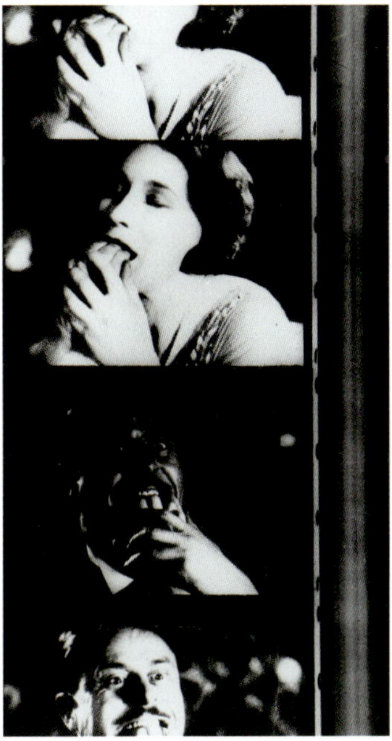

Luis Buñuel ➤

1900 Calanda (Spanien) – 1983 Mexico City

L'Âge d'or (Das Goldene Zeitalter), 1930

Schwarzweißfilm, 35 mm, mit Ton
Länge: 63 Minuten
Schenkung 1989
AM 1989-F1128

Nach dem Erfolg ihres ersten (Kurz-) Films *Un chien andalou* (*Ein andalusischer Hund*, 1929) erwirkten Buñuel und Salvador Dalí von dem befreundeten Vicomte Charles de Noailles die finanziellen Mittel für die Realisierung eines Tonfilms in Spielfilmlänge.

Hierbei griffen sie auf das Thema ihres Debüts zurück: den Sexualtrieb und seine unablässige Frustration, dargestellt an der Problematik des ›Amour fou‹, eines bevorzugten Sujets der Surrealisten während der 30er Jahre. Ihr Werk markierte einen Wendepunkt des surrealistischen Films: Es basiert nicht mehr auf ästhetisch glatten Traumsequenzen, sondern auf Überblendungseffekten, erzielt mit der Technik des Filmschnitts.

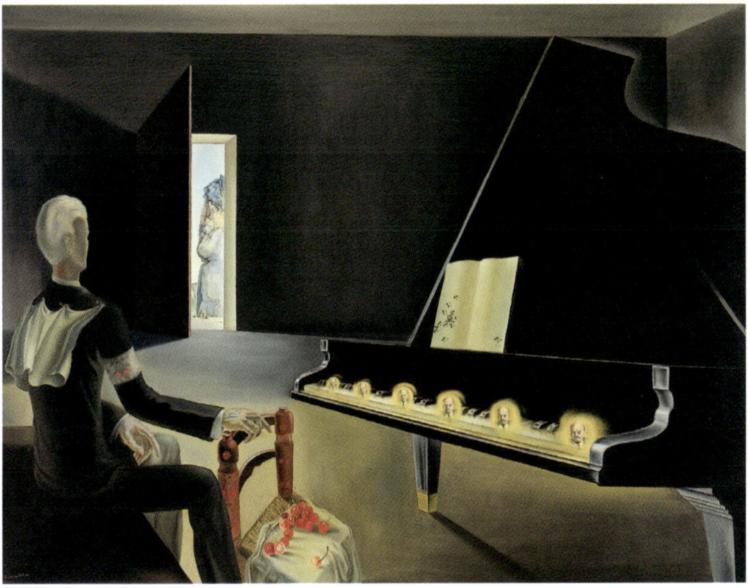

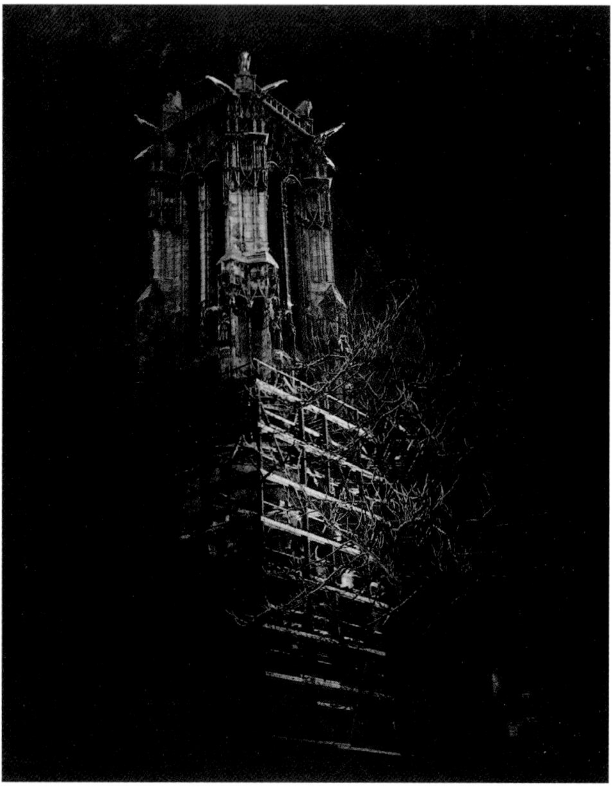

Brassaï

1899 Brassó (Ungarn) – 1984 Paris

La Tour Saint-Jacques, um 1932/1933

Silbergelatineabzug, 29 x 22 cm
Erworben mit Unterstützung der Commission Nationale de la Photographie 1994
AM 1994-36

Der Ungar Brassaï (eigtl. Gyula Halász) übersiedelte 1924 nach Paris, wo er bereits einen Teil seiner Kindheit verbrachte hatte. Auf nächtlichen Streifzügen begann seine Laufbahn als Photograph – nach eigenem Verständnis »ein Sammler von Bildern und zugleich bewegenden Augenblicken seines Lebens«. In nahezu vier Jahrzehnten entlockte er als Beobachter der Stadt Paris die unterschiedlichsten Visionen, blieb dabei jedoch stets der wirklichen Welt verhaftet, denn »nichts ist surrealer als die Realität«, wie er zu sagen pflegte.

Die *Tour Saint-Jacques* wächst auf diesem Bild über einem Baugerüst in den Nachthimmel, wie ein stummer Wächter der schlafenden Stadt.

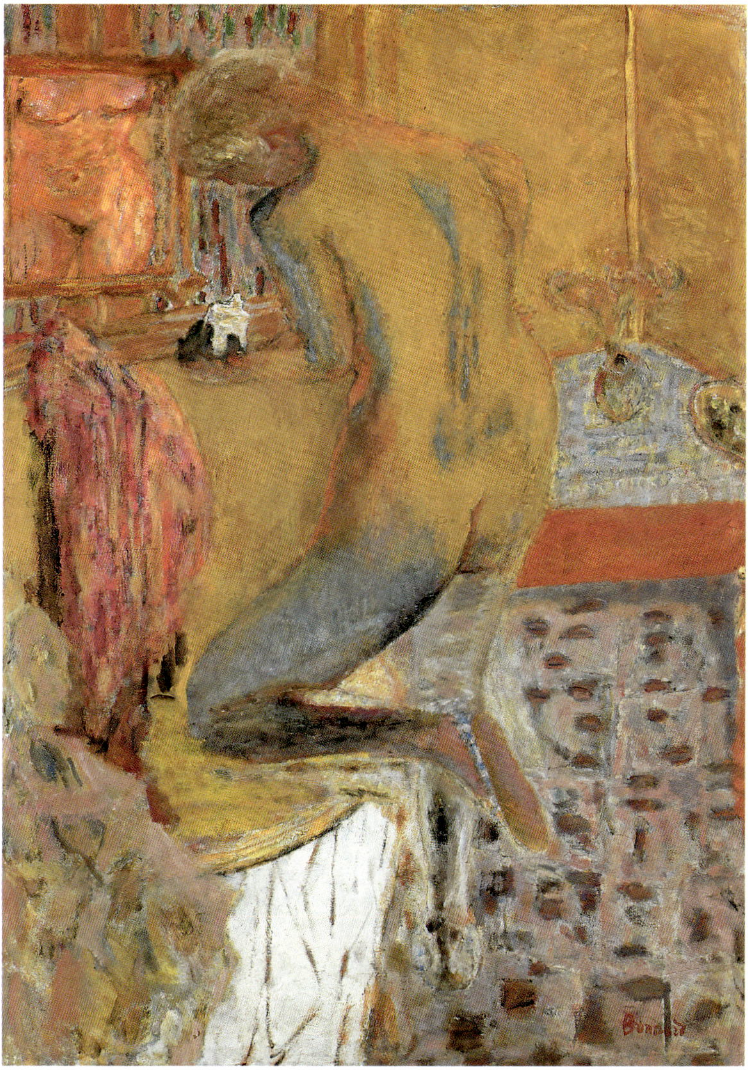

Pierre Bonnard

1867 Fontenay-aux-Roses – 1947 Le Cannet

Nu de dos à la toilette
(Rückenakt bei der Toilette), 1934

Öl auf Leinwand, 107,3 x 74 cm
Schenkung 1989
AM 1989-561

Bonnard zeigte sich in erster Linie an der Darstellung des menschlichen Körpers interessiert. Als Modell diente ihm seine Gattin Marthe, in unterschiedlichsten Haltungen und Situationen.

Die Wiedergabe dieser intimen Szene zeigt sämtliche Charakteristika der Malweise des Künstlers. Der im Spiegel nochmals reflektierte weibliche Akt scheint mitten in der Bewegung eingefangen und von aller physischen Schwere befreit, wie auch die Farbskala – vor allem das wie Safranpulver wirkende Gelb – die Dinge gleichsam dematerialisiert. Der Körper des Modells ist förmlich hineingegossen in die Umgebung, bis auf seinen in goldenes Licht getauchten Rücken.

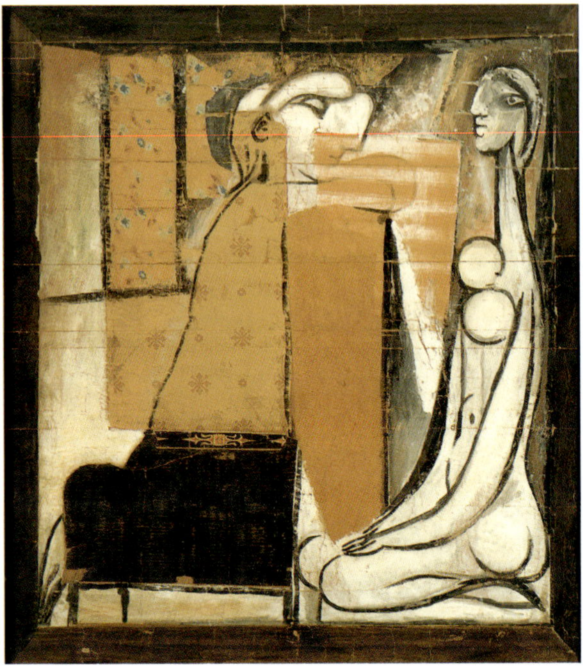

Pablo Picasso ⮝

1881 Málaga – 1973 Mougins

Confidences (Mitteilungen), 1934
Ölfarbe, Gouache und Papiers collés
auf Leinwand, 194 x 170 cm
Schenkung Marie Cuttoli 1963
AM 4210 P

Dieser Entwurf für einen noch im selben Jahr in Aubusson gefertigten Wandteppich vereint die Techniken der Collage, Ölmalerei und Gouache. Angesicht zu Angesicht sind hier zwei völlig unterschiedliche weibliche Wesen dargestellt. Die linke Figur nimmt mit ihrem massigen Körper fast den gesamten Bildraum ein, erdrückend überladen mit verschiedenen Materialien, wie eine Gefangene. Der unsichere Blick, ihre Gesichtszüge und die bittende Haltung der Arme evozieren zudem einen Eindruck von Krankheit. An die äußerste rechte Seite des Bildes gedrängt kniet eine in Weiß gehaltene junge Frau, mit simplem schwarzen Strich konturiert – schön und nackt, scheint sie sich ihrem Gegenüber zu unterwerfen, wohl ganz im Banne eines vertraulichen Miteinanders.

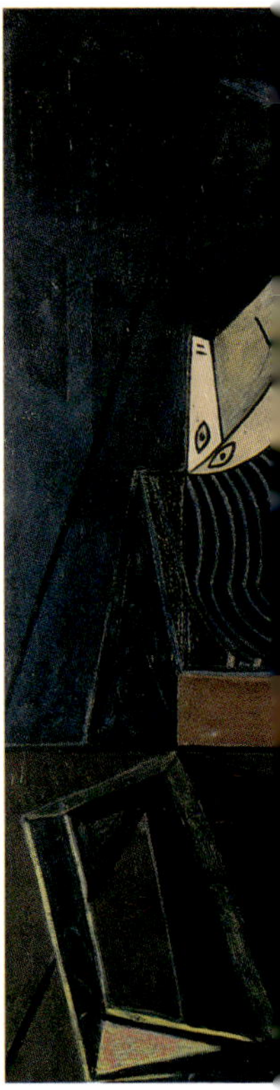

Pablo Picasso

1881 Málaga – 1973 Mougins

L'Aubade (Das Morgenständchen), 1942

Öl auf Leinwand, 195 x 265 cm
Schenkung des Künstlers 1947
AM 2730 P

Dieses Meisterwerk Pablo Ruiz Picassos aus seiner Schaffensperiode während der deutschen Besatzung Frankreichs greift konterkarierend zwei traditionelle Sujets der Malerei auf: Ständchen und Odaliske.

Dabei ging es dem Künstler nicht um die laszive Darstellung zweier Frauen, sondern darum, eine Situation von Krankheit und Unterdrückung zu vermitteln. Die Streifen von Parkett und Bettüberwurf sowie die Perspektive verstärken das Klaustrophobische-Kerkerhafte der Szene, und die auf dem Lager hingestreckte weibliche Figur erscheint weniger verführerisch als leblos auf einer Folterbank. Die ihr gegenüber Sitzende, mit ihren wie mit dem Messer ausgeschnittenen Konturen, hält die Mandoline wie einen Knüttel. Der scharfe Kontrast dunkler und greller Farben unterstreicht die Atmospäre des Morbiden.

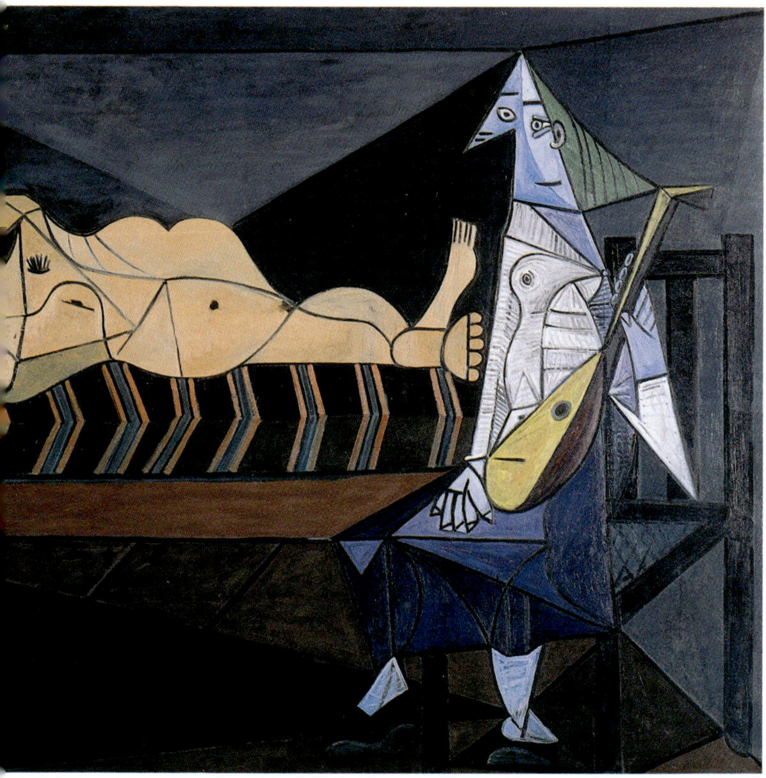

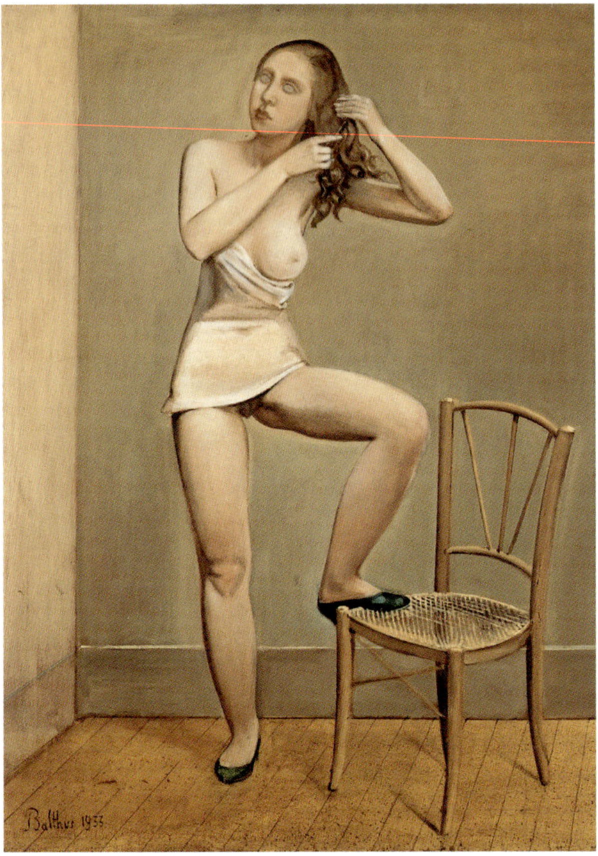

Balthus

1908 Paris – 2001 Rossinière (Schweiz)

Alice, 1933

Öl auf Leinwand, 162,3 x 112 cm
Erworben mit Unterstützung des Fonds du Patrimoine 1995
AM 1995-205

Balthazar Klossowski de Rola gen. Balthus fand früh zu einem freien figürlichen Stil, der sich hinsichtlich Kolorit und Pinselduktus an die Malerei der Renaissance anlehnt, während der traumhafte Charakter seiner stark der Thematik von Kindheit und Adoleszenz verhafteten Bildmotive ihn in die Nähe des Surrealismus rückt.

Alice ist eines seiner typischen emblematischen Werke, deren provokanter Charakter häufig durch die Opposition der zarten Sinnlichkeit eines jungen Mädchens und der kargen Umgebung unterstrichen wird: Mit weit geöffneten Augen präsentiert es sich hier, Brust und Scham entblößt, in unschuldig-aufreizender Pose vor dem Betrachter und vollzieht streichelnd den Gestus des Kämmens.

Julio González

1876 Barcelona – 1942 Arcueil

Femme se coiffant I *(Sich kämmende Frau I)*, um 1931

Geschmiedetes Eisen, 168,5 x 54 x 27 cm
Schenkung Roberta González 1953
AM 951 S

Der heute kaum bekannte Julio González gilt als Pionier der Eisenplastik, dessen Technik und bildhauerisches Credo die Kunst des 20. Jahrhunderts revolutionierten. Seit 1900 in Paris ansässig, entwickelte er 1918 die Technik des autogenen Schweißens, die für sein künftiges Werk bestimmend wurde. Während der Zusammenarbeit mit Picasso von 1928 bis 1931 fand er zudem zu größerer formaler Freiheit. Hier offenbarte sich erstmals seine eigentliche Originalität: Jeder einzelne Teil der Skulptur reflektiert ein konstitutives Element der Figur – eine Neuinterpretation des Motivs im Gewand geschmiedeten Eisens.

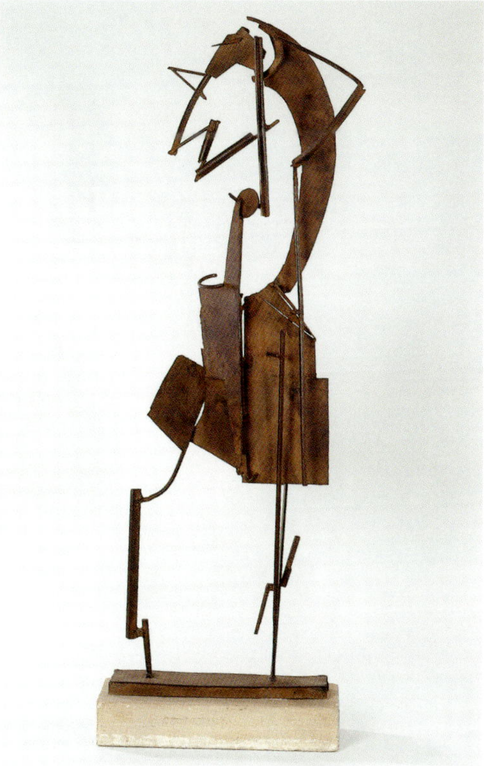

Victor Brauner ▼

1903 Piatra Neamt (Rumänien) – 1966 Paris

Force de concentration de Monsieur K. (Herrn K.s Konzentrationsvermögen), 1934
Öl auf Leinwand, Zelluloid, Papier, Eisendraht, 148,5 x 295 cm
Erworben 1991
AM 1991-47

Das Museum besitzt einige bedeutende Werke dieses leider meist verkannten Weggefährten der Surrealisten, dessen Œuvre weniger von Stilwillen als von großer Imagination geprägt wurde.

Der gebürtige Rumäne verwandte auf seinen Bildern die Gestalt des Monsieur K. immer wieder als Personifikation menschlicher Dummheit und Anfälligkeit für faschistische Ideologie. In diesem Diptychon, das eigentlich gar keines ist, fungieren der Protagonist und sein (negativartiges) Double als Ausdruck eines archetypischen Dualismus.

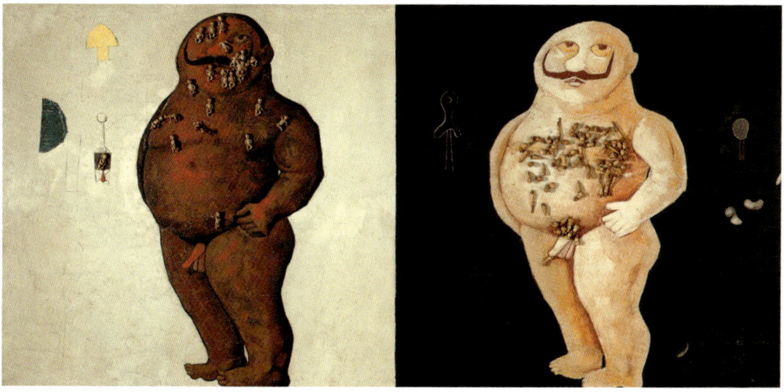

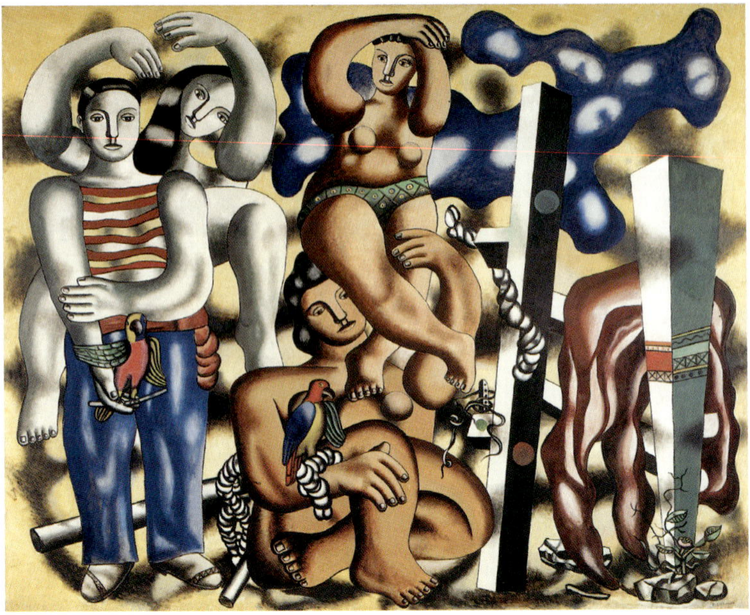

Fernand Léger
1881 Argentan – 1955 Gif-sur-Yvette

Composition aux deux perroquets (Komposition mit zwei Papageien), 1935–1939
Öl auf Leinwand, 400 x 480 cm
Schenkung des Künstlers 1953
AM 3026 P

Die Welt der Industrie, der Arbeit und Freizeitbeschäftigungen sind die im Werk Légers omnipräsenten Themen nach seiner Rückkehr aus den USA 1945. Entsprechende Motive finden sich bei ihm jedoch schon seit den 30er Jahren, meist auf Bildern monumentalen Formats mit ebenso dimensionierten menschlichen Figuren.

Auch hier nehmen sie mit kompakten, weich modellierten Körpern fast die gesamte Fläche ein, korrespondierend zu den umgebenden Pfeilern und Wolken. Als Wesen von hieratischer Anmutung fügen sie sich, in arabesken Posen, mit den restlichen Elementen zu einem beinahe ornamentalen Ganzen. Dieses Bild wurde zum Ausgangspunkt zahlreicher ähnlicher Studien des Künstlers, der ihm eine Schlüsselposition innerhalb seines Werkes zuerkannte.

René Magritte ➤
1898 Lessines (Belgien) – 1967 Brüssel

Les Marches de l'été (Die Fährten des Sommers), 1938
Öl auf Leinwand, 60 x 73 cm
Erworben 1991
AM 1991-138

Ungeachtet seiner engen Kontakte zur Gruppe um André Breton entwickelte Magritte einen ganz eigenen surrealistischen Stil. Ab 1938 zeigte er sich zusehends fasziniert von der poetischen Ausstrahlung bestimmter Gegenstände, wie dem Glas oder dem Regenschirm.

Dieses Bild wiederum stellt eine Art Reflexion über den Zusammenhang von Kunst und Ebenmaß dar: Die griechische Antike definierte ihr Schönheitsideal mit Hilfe mathematischer Prinzipien, später führte die italienische Renaissance die Zentralperspektive in der Malerei ein. Der Belgier interpretierte diese Gründungsmythen neu, indem er sie auf den Kopf stellte – die menschliche Anatomie ist bestimmt von disparaten Elementen, die Perspektive aufgehoben in der Begegnung von Wolken und Kuben am Himmel.

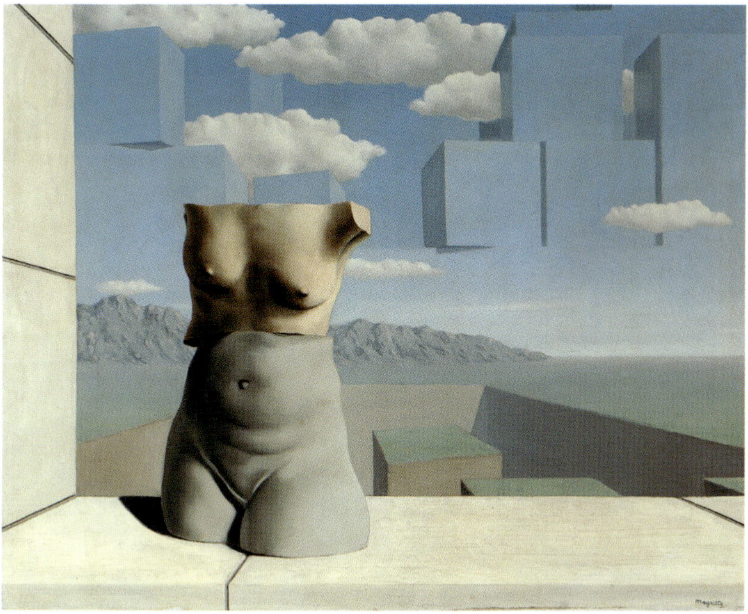

Henri Cartier-Bresson ◄
geb. 1908 in Chanteloup-en-Brie

Dans la calle Cuauhtemoctzin à Mexico (Calle Cuauhtemoctzin in Mexico City), 1934
Silbergelatineabzug, 39,7 x 29,4 cm
Erworben 1990
AM 1990-140

Nachdem er 1927/28 bei André Lhote Malerei studiert hatte, erwarb Henri Cartier-Bresson 1931 eine Leica, von der er sich nie wieder trennen sollte. Künftig durchstreifte er die Welt auf der Suche nach dem ›entscheidenden Augenblick‹, den er jeweils mit seiner Kamera einfangen wollte – Photographien, bei denen sein Ethos es ihm verbot, den Abzug zu manipulieren. 1947 zählte Cartier-Bresson zu den Gründungsmitgliedern der legendären Agentur Magnum Photos Inc. Damals war sein Name bereits mythenumwoben, richtete ihm doch das Museum of Modern Art in New York, in der Meinung, er sei verstorben, im selben Jahr eine ›posthume‹ Retrospektive aus!

Auf diesem Bild lehnt eine mexikanische Prostituierte in der Luke ihres Fensterladens, als durchbräche sie die Mauer. Der Meister der photographischen Komposition demonstrierte hier, wie unentbehrlich es ist, »die Kamera in exakte räumliche Position zum Motiv zu bringen«.

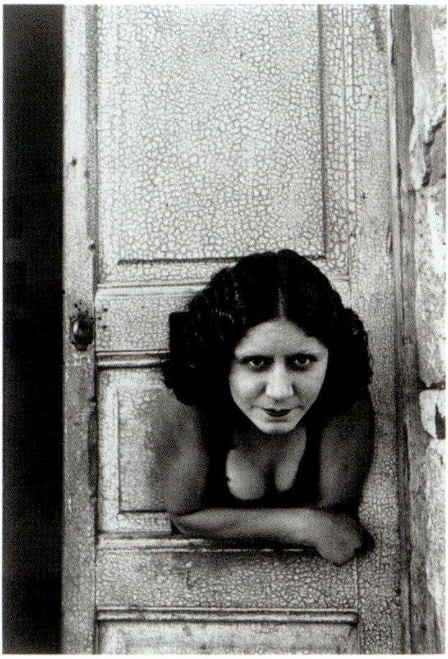

André Masson

1896 Balagny – 1987 Paris

Titelblatt der Zeitschrift ›Minotaure‹, 1939

6. Jg., Mai 1939, Nr. 12/13
Verlag Albert Skira, Paris
Direktor: Albert Skira;
Redaktion: André Breton, Maurice Heine, Pierre Mabille
32 x 32 cm
Dokumentationszentrum

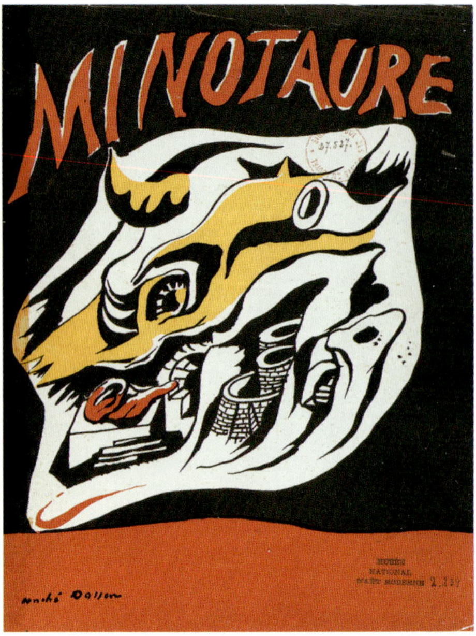

Die von Albert Skira gegründete Zeitschrift *Minotaure* für Kunst und Literatur erschien von Juni 1933 bis Mai 1939 (13 Nummern in 11 Heften). Ihre Titelblätter wurden nacheinander von Picasso, Gaston-Louis Roux, Derain, Borès, Duchamp, Miró, Dalí, Matisse, Magritte, Ernst und Masson entworfen. Die Beiträge befassten sich mit Poesie, bildender Kunst, Musik, Architektur, Ethnographie, Mythologie und Theater sowie Themen der Psychoanalyse. Durch die Mitarbeit von André Breton und (ab Heft 3/4) Paul Eluard avancierte die Zeitschrift zu einem zentralen Publikationsorgan des Surrealismus.

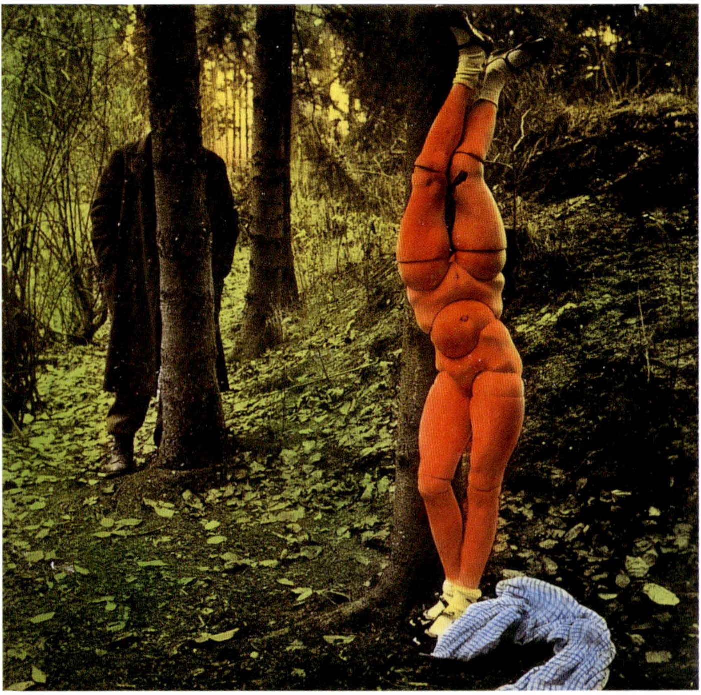

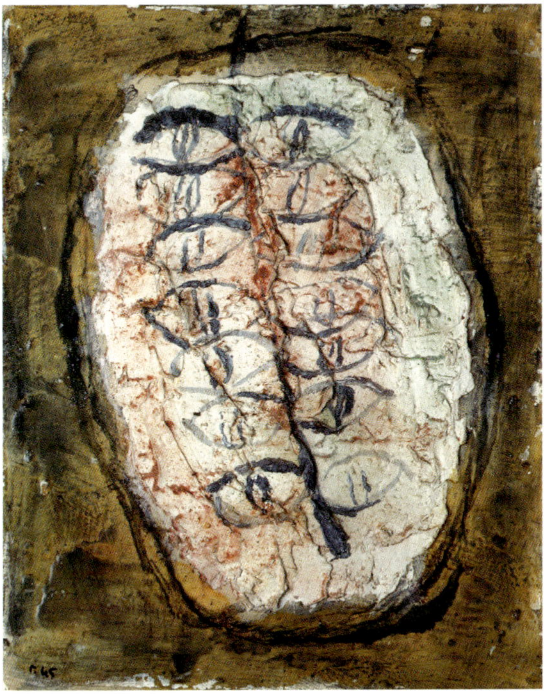

▶ **Hans Bellmer**

1902 Kattowitz (Kattowice, Polen) – 1975 Paris

Die Puppe, 1949

Kolorierter Silbergelatineabzug, 101 x 101 cm
Schenkung Daniel Cordier 1989
AM 1989-221

Der gebürtige Schlesier schloss sich der Berliner Bohème der 20er Jahre an und emigrierte 1938 nach Paris, nachdem er mit den Surrealisten um Paul Eluard und André Breton Kontakt aufgenommen hatte. Um »bloß nichts zu tun, was dem Staat irgendwie von Nutzen sein könnte«, schuf er diese fetischartige Puppe. Seine irrealen, verstörenden Assemblagen – häufig obsessive Darstellungen der weiblichen Anatomie – photographierte er anfangs, um seine Arbeit als Bildhauer zu dokumentieren, später erlangten diese Bilder den Status eigenständiger Werke.

Bei dieser Puppe vereinen sich zwei Beinpaare mit einem kugelförmigen Bauch – als Objekt heimlicher Schau eines hinter einem Baum verborgenen männlichen Voyeurs.

Jean Fautrier

1898 Paris – 1964 Châtenay-Malabry

Tête d'otage (Kopf einer Geisel), 1945

Öl auf Leimpapier auf Leinwand, 35 x 27 cm
Erworben 2001
AM 2001-35

Das Bild gehört zu einem Ensemble von 50 Werken, die Fautrier 1945 in Paris unter dem Titel *Les Otages* (›Die Geiseln‹) ausstellte. Es ist eine Reflexion des Krieges: Hommage an seine Märtyrer und zugleich ein Schrei der Anklage gegen die seinerzeit praktizierten Massenhinrichtungen. Der Einsatz unterschiedlichster malerischer Mittel – Deckweiß, Öl- und Aquarellfarbe, Tusche, Zeichenkohle und Pigmente – unterstreicht den Ausdruck des Schreckens, der von diesem geschundenen Haupt ausgeht. Sein Anblick wirkt, auch bedingt durch den Gegensatz fragiler Gesichtszüge und einer brutalen Gesamterscheinung, verstörend auf den Betrachter – ein zeitloses Menetekel, emporgetaucht aus einer Nacht des Schreckens.

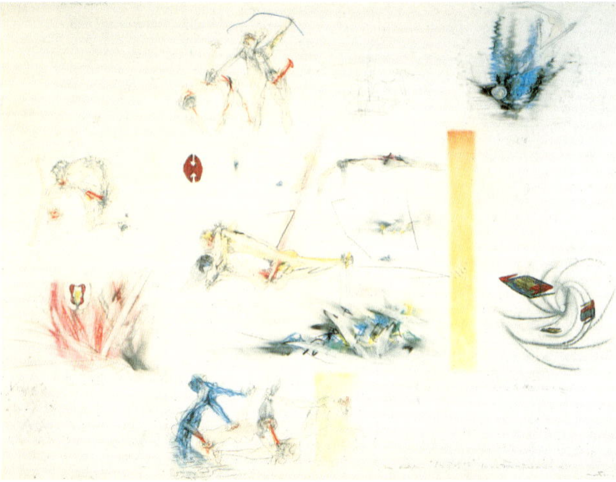

Roberto Matta
geb. 1911 in Santiago de Chile

Les Délits (Die Verbrechen),
um 1941/1942
Bleistift und Wachsmalkreiden auf Papier
57,2 x 72,7 cm
Erworben 1985
AM 1985-44

Das Werk des in Frankreich lebenden Chilenen Roberto (Sebastián Antonio) Matta (Echaurren) bildet eine Art Bindeglied zwischen dem Surrealismus französischer Prägung und der abstrakten amerikanischen Malerei. 1938 konzedierte ihm Marcel Duchamp, er sei »in Bezirke der Fläche vorgedrungen, die der Kunst zuvor unbekannt waren«. Dieses Bild gehört zu einer 1940 bis 1944 entstandenen Serie, die wegweisend für das künftige Schaffen des Künstlers wurde. Auf den entsprechenden Gemälden und Zeichnungen bilden die in einem Wandlungsprozess befindlichen Körper und Flächen eine Art visionäres Schlachtfeld, auf dem sich Lust und sexuelle Gewalt, Leben und Tod begegnen.

Antonin Artaud ▼
1896 Marseille – 1948 Ivry-sur-Seine

Portrait de Jany de Ruy
(Bildnis Jany de Ruy), 1947
Bleistift und farbige Kreide auf Papier
65 x 50 cm
Erworben 1987
AM 1987-554

Das Museum besitzt einen Großteil des zeichnerischen Werks von Antonin (eigtl. Antoine Marie-Joseph)

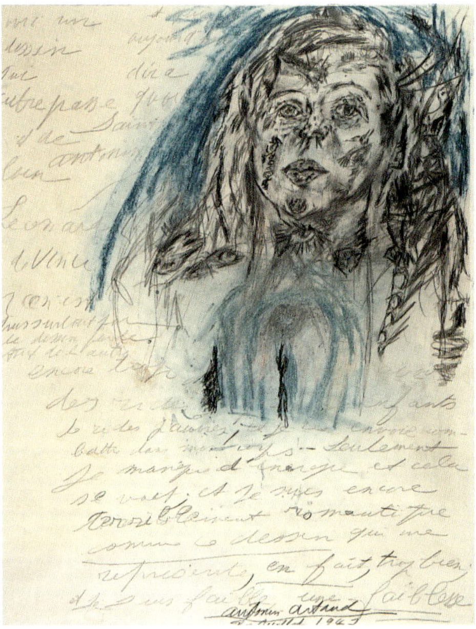

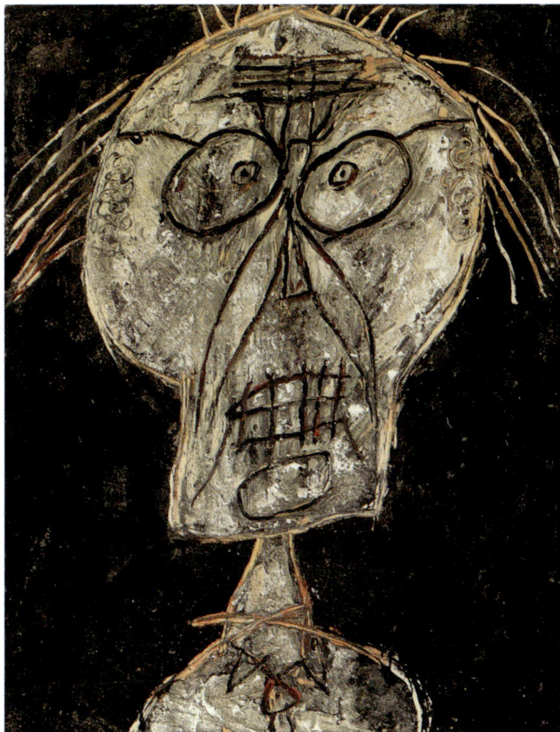

Artaud – eines Künstlers, der sich lange in stationärer psychiatrischer Behandlung befand. Es erinnert in mancher Hinsicht an das Henri Michauxs, Jean Dubuffets oder Alberto Giacomettis: In seiner überwältigenden Kraft scheint es einem nahezu zwanghaften Schaffensprozess entrungen, als Revolte gegen die Selbstentfremdung von Geist und Körper und Versuch der Wiedergewinnung zerstörter Identität.

In diesem eigenwilligen Porträt wirken Schrift und Zeichnung zusammen: Eine ununterbrochene Folge von Schriftzeichen füllt die Fläche wie eine beschwörende Zauberformel für das aus ihr emportauchende Gesicht, gänzlich mit Knoten und symbolischen Motiven übersät und mit blauer Kreide gehöht – es ist schwer auszumachen, ob hier der Kopf der jungen Frau die Schrift absorbiert hat oder seinerseits von ihr aufgesogen wird.

Jean Dubuffet

1901 Le Havre – 1985 Paris

Dhôtel nuancé d'abricot
(Dhôtel, apricotfarben), 1947

Öl auf Leinwand, 116 x 89 cm
Erworben mit Unterstützung der Scaler Foundation 1981
AM 1981-501

Es handelt sich hier um eines der letzten Exemplare einer Porträtserie befreundeter Maler und Schriftsteller, die Dubuffet 1946/1947 schuf. In Ablehnung aller kulturellen Systeme fühlte er sich dem ›Primitivismus‹ verbunden und versuchte bei Porträts jeglichen psychologischen oder individuellen Gehalt zu vermeiden. Dieses hier ist gleichermaßen erschreckend wie empfindlich – was wie das Gesicht eines Kindes erscheint, entpuppt sich auf den zweiten Blick als fleischloser Kopf eines Kadavers. Der Farbauftrag evoziert den Eindruck einer gewaltsam mit Messerschnitten traktierten Haut.

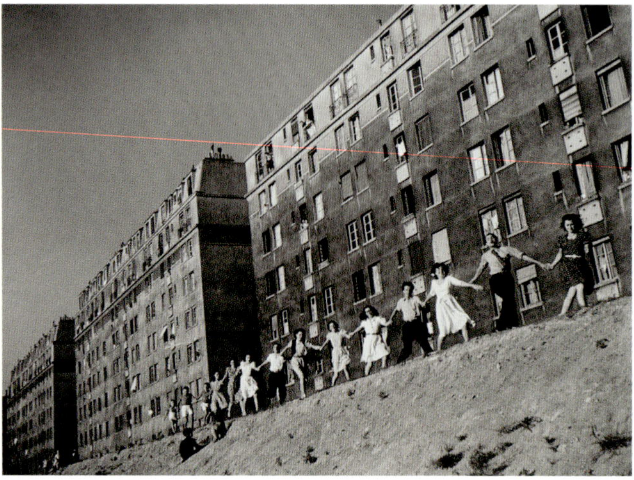

Robert Doisneau

1912 Gentilly – 1994 Paris

Danse pour les vingt ans de Josette (Tanz zum Zwanzigsten von Josette), 1945

Silbergelatineabzug, 29,7 x 39,1 cm
Erworben 1989
AM 1989-40

Doisneau hatte stets den Menschen im Visier, bevorzugt das Leben der kleinen Leute, das er zuweilen in eigens inszenierten Situationen festhielt. Schon als Zwanzigjähriger trat er als Photograph an die Öffentlichkeit, und 1948 dominierten seine Bilder eine Ausstellung über französische Photographie im Museum of Modern Art, New York. Der bedeutendste Teil seines Werkes entstand zwar zwischen 1945 und 1960, doch erwies sich der Künstler auch noch mit über Sechzig als aufmerksamer und feinfühliger Beobachter seiner Mitmenschen.

Auch bei diesem Motiv erwies Doisneau sich als unbestechlicher Schilderer eines sozialen Milieus: Die Farandole, ein ausgelassener provenzalischer Paartanz, vollzieht sich an einem Bahndamm, vor der Kulisse einer lang gestreckten Front von Mietskasernen.

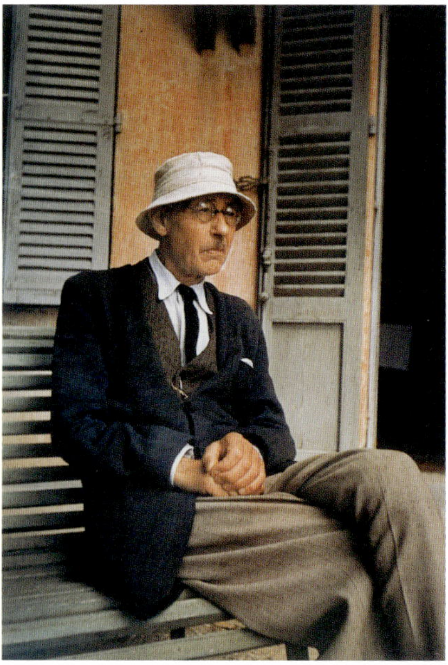

Gisèle Freund

1912 Berlin – 2000 Paris

Pierre Bonnard, Le Cannet, 1946

Farbabzug auf Kodakpapier, 36 x 27 cm
Schenkung der Künstlerin 1992
AM 1992-196

Gisèle Freund ging 1933 nach Paris ins Exil, wo sie die Farbphotographie für sich entdeckte und zwischen 1938 und 1940 zahlreiche Porträtaufnahmen schuf. Im selben Jahr floh sie vor

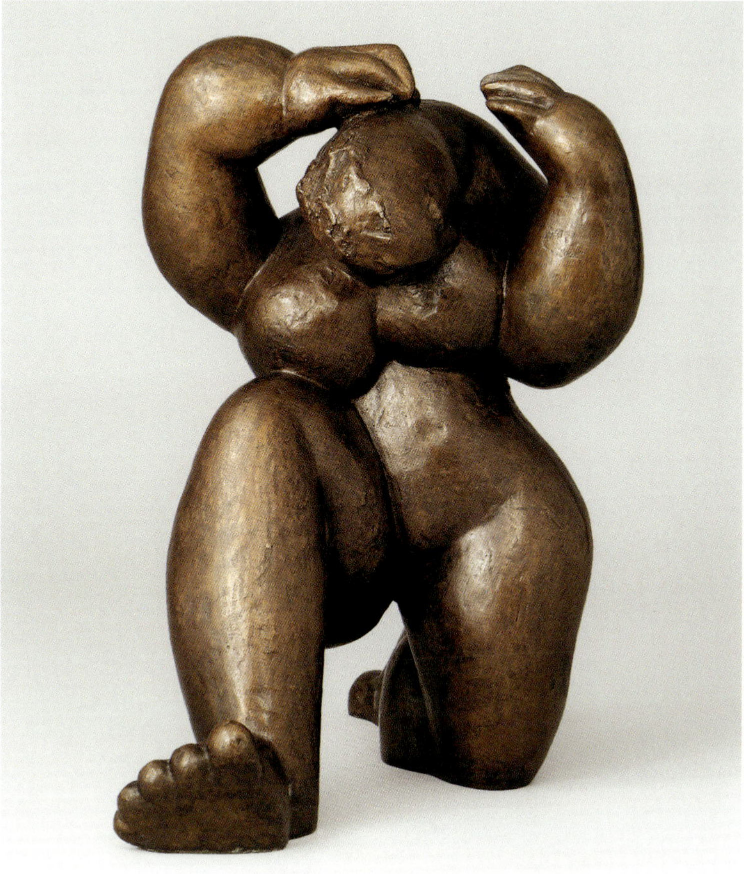

der deutschen Besatzung Frankreichs nach Südamerika, wo diverse Bildreportagen für europäische und amerikanische Zeitschriften entstanden.

Ihr Modell für dieses Porträt war der greise Maler Pierre Bonnard. Es demonstriert in seiner auf jedwede Inszenierung verzichtenden Art das künstlerische Selbstverständnis der Photographin »als sensibles Instrument, mit dessen Hilfe sich eine Persönlichkeit [auf ihrem Bild] entfalte«.

Henri Laurens ▲

1885 Paris – 1954 Paris

Le Matin (Der Morgen), 1944
Bronze, 118 x 123 x 118 cm
Schenkung Claude Laurens 1967
AM 1618 S

Als Freund von Braque lernte der Künstler 1911 auch Picasso und Léger kennen und wurde zu einem überzeugten Anhänger des Kubismus, dessen Prinzipien er auf die Bildhauerei übertrug. Später ging er wieder zu einem realistischeren Stil über, mit einem an Maillol erinnernden Faible für Rundungen und der weiblichen Figur als beherrschendem Thema. Diese Entwicklung setzte sich nach 1939 fort: Die menschlichen Körperformen werden geradezu aufgebläht und frei interpretiert. Später wurden seine Skulpturen zusehends düsterer und verloren merklich an Dynamik. So wirkt auch die allegorische Frauenfigur des *Morgens,* eigentlich ein Motiv des Neubeginns, wie von Gewichten beschwert, die ihre Entfaltung behindern.

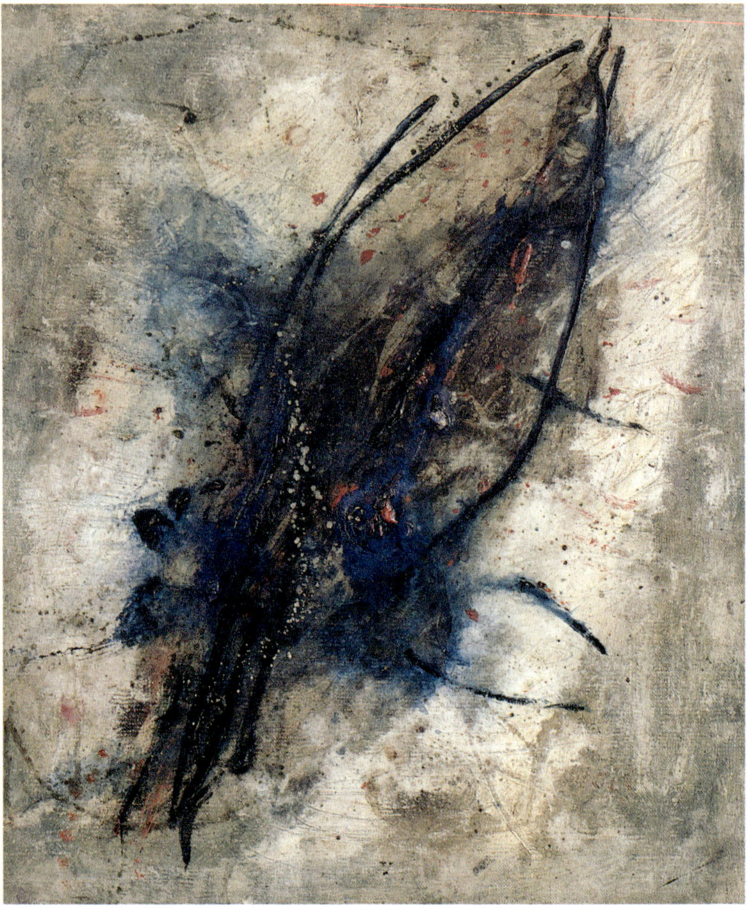

Wols

1913 Berlin – 1951 Paris

Aile de papillon (Schmetterlingsflügel), 1947
Öl auf Leinwand, 55 x 46 cm
Schenkung René de Montaigu 1979
AM 1979-255

Das Werk von Wols (eigtl. Wolfgang Schulze) bewegt sich in einer Zwischenwelt, wo Imaginäres und Realität keinen Widerspruch mehr bilden. So wirkt auch der *Schmetterlingsflügel*, Symbol des Zerbrechlichen und Flüchtigen, noch gewissermaßen unter der Lupe weich und zart: Dunkle Pinselstriche legen sich akzentuierend über feine Farbflächen und den delikaten Untergrund.

Der Vision haftet etwas Beklemmendes an, obwohl der Titel die Leichtigkeit des Fliegens suggeriert. Jener Dialog von Destruktion und Konstruktion der Bildoberfläche reflektiert exakt den inneren Zwiespalt des Künstlers. Wols erforschte »jene ganz kleine Welt (Schmetterling, Pferd, Motte, Violine etc.) im Innern der Dinge mit traumwandlerischem Gespür« (J.-P. Sartre).

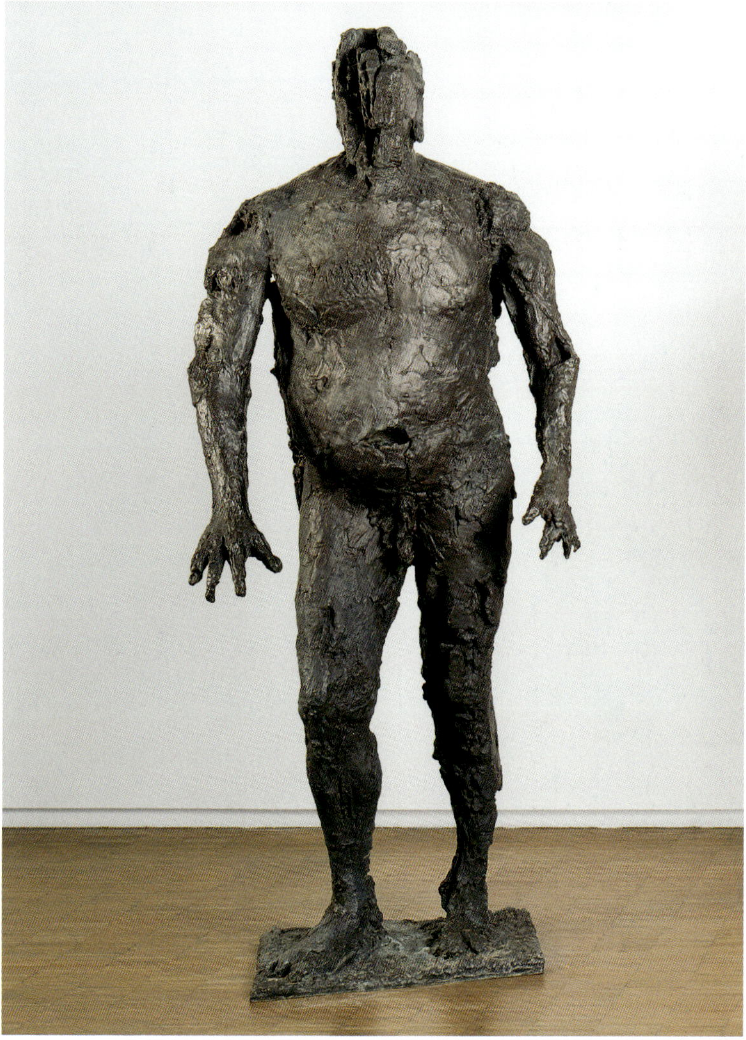

Germaine Richier

1904 Grans – 1959 Montpellier

L'Orage (Zorniger), 1947–1948

Bronze, 200 x 80 x 52 cm
Erworben 1949
AM 887 S

Das Werk dieser Künstlerin, einer der bedeutendsten französischen Bildhauerinnen nach dem 2. Weltkrieg, entstand in der kurzen Zeitspanne von 1945 bis 1959, nach einem langwierigen Reifeprozess, in dessen Verlauf sie zu einer geradezu expressionistischen Auffassung des menschlichen Körpers gelangte. So ist auch das Bildnis dieses *Zornigen* (von dem auch eine weibliche Variante existiert, *Die Zornige*) erfüllt von einer rohen, archaischen Kraft, ohne jegliche ästhetische Sublimierung. Dieser Art gelang es Richier, das Fleischliche in die Nähe von »Rinde, Fels, botanischen oder geographischen Gebilden zu rücken« (J. Dubuffet).

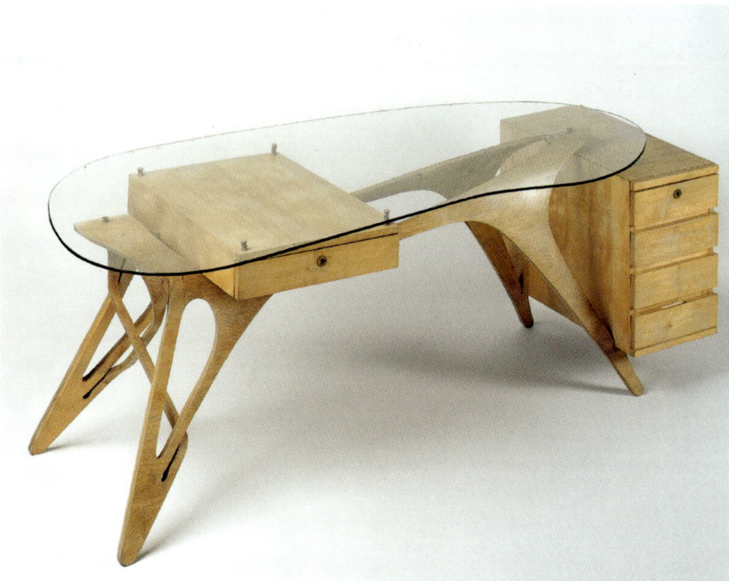

Carlo Mollino

1905 Turin – 1973 Turin

Schreibtisch (Bureau), 1950

Sperrholz, Glas und Holz, 78 x 205 x 94 cm
Erworben 1998
AM 1998-1-3

Der italienische Designer begann seine Laufbahn mit der Innenausstattung von Gebäuden, deren Mobiliar er entwarf, wobei er sich bemühte, biomorphe Elemente zu einen einheitlichen Ganzen zu integrieren. In den 50er Jahren verwandte er bei seinen Arbeiten zunehmend Sperrholz – ein Material, das ihm größtmögliche gestalterische Freiheit konzedierte und dem betreffenden Möbelstück zudem einen intendierten animalischen Aspekt verlieh.

Mit diesem gleichermaßen luftigen wie bodenständigen Schreibtisch gelang Mollino ein Meisterstück, das in extremer Weise eine schwungvolle Struktur in Balance hält: So scheint der aufgehängte Schubladenkasten, ungeachtet seiner Masse, förmlich im Leeren zu schweben. Die Tischplatte aus transparentem Glas erinnert in ihrer schlicht geschwungenen Kontur fast an einen weiblichen Rückenakt in der Art Léonor Finis.

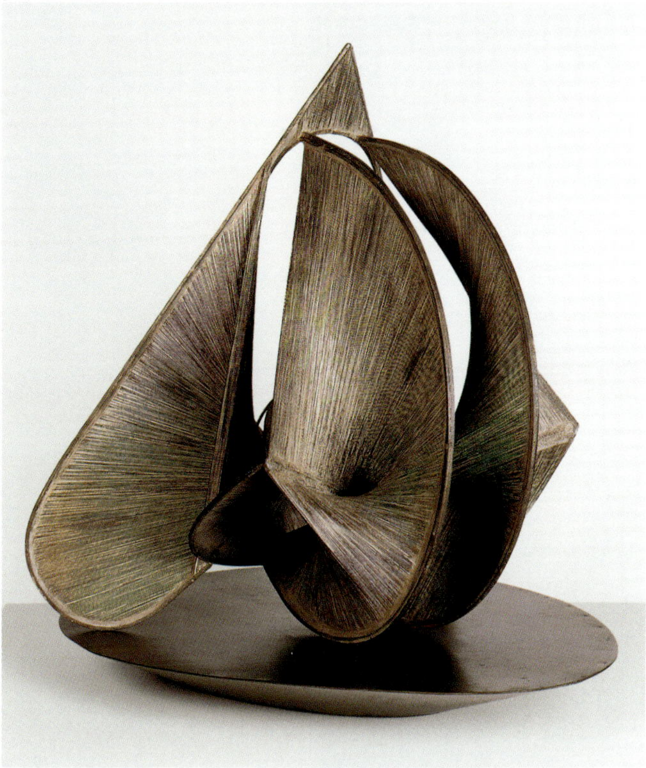

Antoine Pevsner

1884 Orel (Russland) – 1962 Paris

Monde (Welt), 1947

Messing, gelötet und patiniert
75 x 60 x 57 cm
Schenkung Mme. Pevsner 1964
AM 1422 S

Der aus Russland stammende Pevsner (eigtl. Nathan Abramowitsch) schuf Gemälde mit geometrischen Elementen, Konstruktionen aus transparenten Materialien, später auch Arbeiten aus dünnen, ineinander verschweißten Lamellen aus Metall – wie diese Skulptur, die einen besonderen Rang im Werk des Künstler einnimmt: Denn im Gegensatz zu seinen sonstigen Gepflogenheiten ließ er in diesem Fall Entwurfskizzen und ein Modell vorausgehen.

Zusammengelötete Metallfäden bilden hier große Flächen, die Pevsner anschließend miteinander verband, um einen Effekt der Kontinuität zu erzielen. Oxidiert und mit einem Überzug versehen, entfalten sich ihre Bögen in einem Spiel von Licht und Schatten. So entstand das Bild einer in sich und einem eigenen Universum ruhenden *Welt*.

Jesús Rafael Soto

geb. 1923 in Ciudad Bolívar (Venezuela)

Rotation, 1952

Öl auf Sperrholz, 100,5 x 100 x 7,5 cm
Erworben 1980
AM 1980-529

Als Soto 1950 nach Paris kam, wurde er ein entschiedener Anhänger der Bauhaus-Koryphäen Mondrian und Malewitsch. Bereits im folgenden Jahr stellte er seine Werke im ›Salon des réalités nouvelles‹ aus und lernte Jean Tinguely und Yaacov Agam kennen, mit denen er sich 1955 an der Ausstellung ›Le Mouvement‹ der Galerie Denise René beteiligte. Dies war die Geburtsstunde der kinetischen Kunst, mit Soto als einem der prominentesten Vertreter.

Rotation, eine der ersten Arbeiten des Künstlers, gehört zur Serie der *Répétitions (Wiederholungen)*, die maßgeblich für sein künftiges Schaffen werden sollte. Die Bildkomposition erscheint wie eine musikalische Zufallspartitur, deren alternierende Folge von Quadraten und Strichen die Illusion einer Kreisbewegung erzeugt.

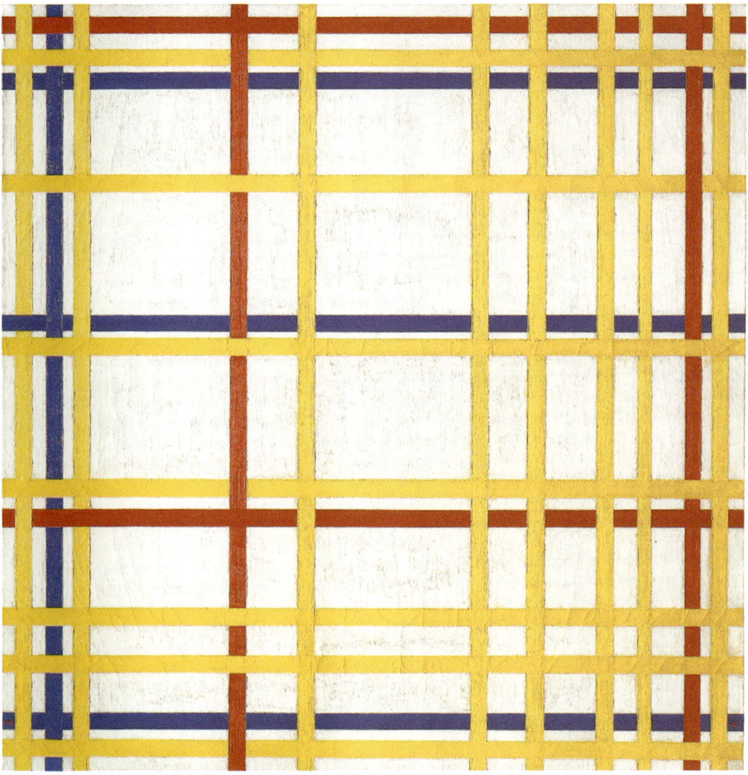

Piet Mondrian

1872 Amersfoort (Niederlande) – 1944 New York

New York City 1, 1942

Öl auf Leinwand, 119,3 x 114,2 cm
Erworben mit Unterstützung
der Scaler Foundation 1984
AM 1984-352

Weit entfernt von der Strenge seiner Pariser Jahre, schuf der Künstler (eigtl. Pieter Cornelis Mondriaan), Mitbegründer der Zeitschrift ›De Stijl‹, in New York Werke, die von den Kontrasten, der Lebendigkeit und der Atmosphäre der Jazzkultur Manhattans geprägt waren. Auf seine asketische neoplastizistische Schaffensphase folgten nun rhythmische Kompositionen aus leuchtend farbigen Streifen (gemalt oder aus Klebeband), deren Geometrie Ausdruck »purer Vitalität« war.

Mondrian war überzeugt, »dass die Kunst einst im selben Maße verschwinden wird, wie das Leben an Gleichgewicht gewinnt. [...] Gemälde und Skulpturen brauchen wir dann nicht mehr, denn wir werden inmitten einer Realität gewordenen Kunst leben.«

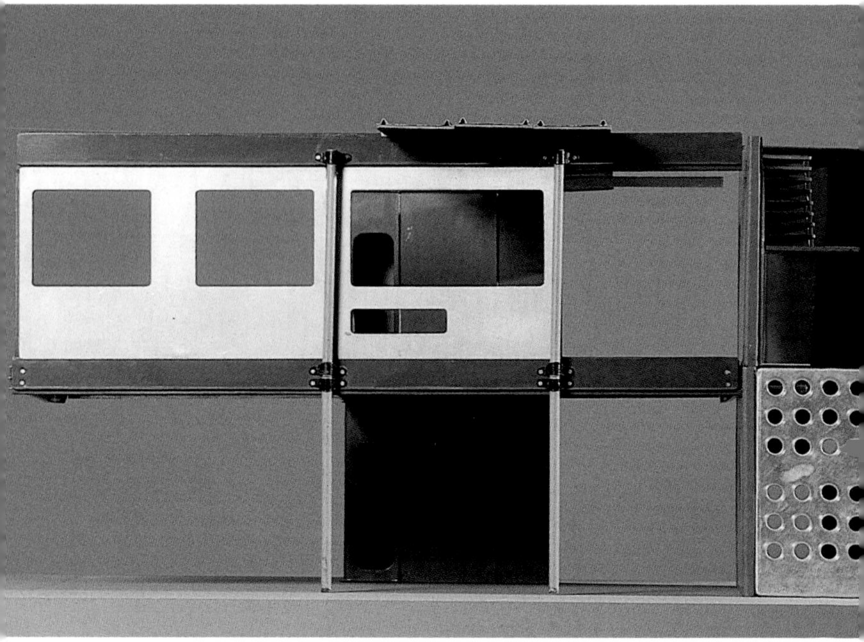

Jean Prouvé

1901 Paris – 1984 Nancy

Industriebau
(Immeuble industrialisé), 1951

Architekturmodell
Metall und Holz, 90 x 130 x 90 cm
Leihgabe der Familie Prouvé
AM 1992-1-dép(27)

Prouvé, der auch als Architekt und Bauberater tätig war, machte sich jedoch in erster Linie als Bauingenieur und Konstrukteur einen Namen, indem er Gebäude, Möbel und präfabrizierte Konstruktionen entwarf und realisierte. Entsprechende Techniken verwandte er bei der Errichtung eines Fliegerclubs in Buc, der Maison du peuple in Clichy sowie 800 Wohnungen für Ausgebombte in Lothringen und den Vogesen nach dem Krieg.

Als engagierter Verfechter industrieller Fertigbauweise ging er von der Prämisse aus, man müsse ein Gebäude aus möglichst wenigen Einzelelementen errichten, von denen jedem eine klar definierte strukturelle Aufgabe zufalle: So entstehe ein organisches Ganzes. Dieses Industriebauprojekt gelangte allerdings nie über die Planungsphase hinaus.

Le Corbusier

1887 La Chaux-de-Fonds (Schweiz) –
1965 Roquebrune-Cap-Martin (Frankreich)

Unité d'habitation (Wohneinheit), Berlin-Tiergarten, 1957/1958

Modell
Holz und andere Materialien
45 x 90 x 122 cm
Erworben 1994
AM 1994-1-1

Der Schweizer Charles-Édouard Jeanneret, der sich ›Le Corbusier‹ nannte, ist der berühmteste und zugleich verkannteste Architekt des 20. Jahrhunderts. 1917 ließ er sich, nach diversen Bildungsreisen, in Paris nieder, wo er – als entschiedener Anhänger einer technisierten Gesellschaft – bald seinen typischen funktionalistischen Stil entwickelte, in Einklang mit den seinerzeit gängigen künstlerischen Strömungen. Sein Wirkungskreis umfasste so unterschiedliche Projekte wie den Bau einer modernen Kirche im französischen Ronchamp oder ein Verwaltungszentrum in Chandigarh, Indien (beide 50er Jahre).

1956 erhielt er anlässlich der Internationalen Bauausstellung eine Einladung der Stadt Berlin, einen Wohnkomplex aus Stahlbeton zu entwerfen, der 400 Familien autarken Lebensraum bieten sollte. Ähnliche ›Wohnmaschinen‹ hatte er bereits in Marseille und Nantes verwirklicht, das Berliner Projekt fiel jedoch noch spektakulärer aus.

Bei der Ausführung setzte man sich allerdings über die Direktiven des Architekten hinweg, der darüber äußerst ungehalten war, so dass das Gebäude schließlich vorzeitigem Verfall geweiht war.

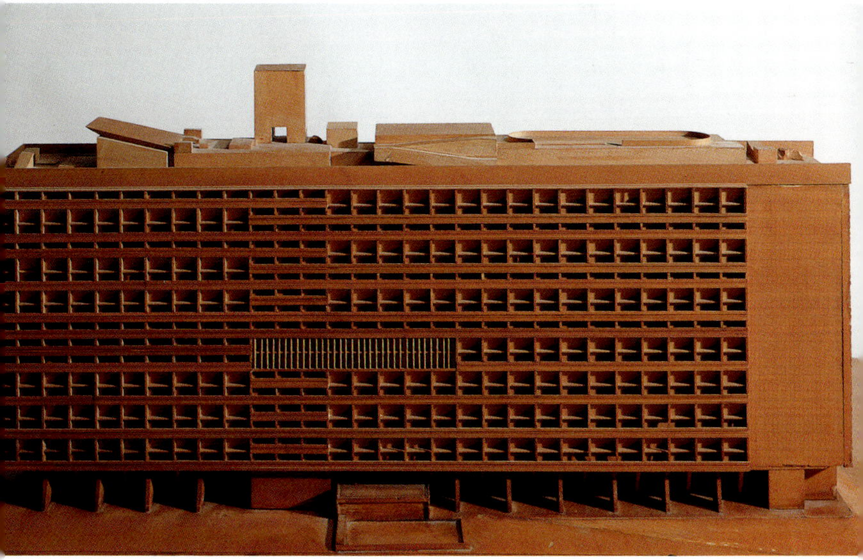

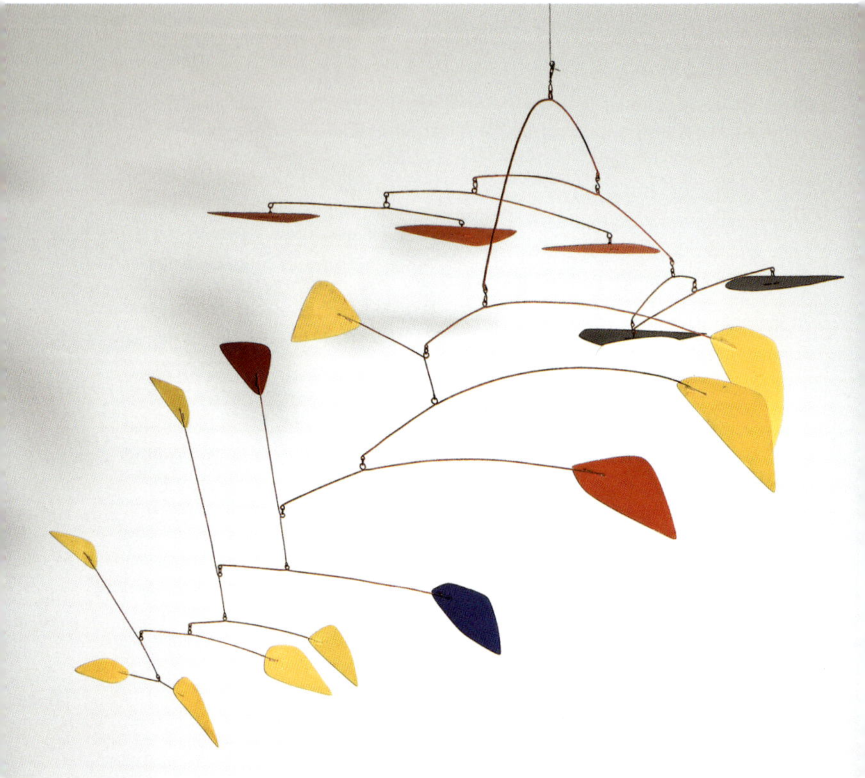

Alexander Calder

1898 Philadelphia – 1976 New York

Mobile auf zwei Ebenen
(Mobile sur deux plans), um 1955

Aluminiumblech und Eisendraht, bemalt
200 x 120 x 110 cm
Schenkung des Künstlers 1966
AM 1514 S

In meisterlicher Verknüpfung von Bewegung und Skulptur, Leichtheit und Starre schuf Calder ab Beginn der 50er Jahre eine Reihe von Mobiles, deren dreieckige Elemente an botanische Formen erinnern, während die verwendeten Primärfarben neben Schwarz und Weiß lediglich durch ihre ästhetische Funktion im Kunstwerk definiert sind. Die kinetischen Drahtskulpturen wirken wie ein Spiel mit der Balance, dem Raum impliziert, der zufälligen Bewegung überlassen, die der Luftwiderstand der bunten Metallplättchen in Gang setzt.

Das besondere Interesse des Künstlers an solchen Bewegungsphänomenen entsprang einer Begegnung mit Mondrian während der 30er Jahre. Als gelernter Bauingenieur war Calder zudem mit den Gesetzen der Mechanik genauestens vertraut und verwandte sie in genialer Weise bei kinetischen Experimenten mit allen möglichen Materialien.

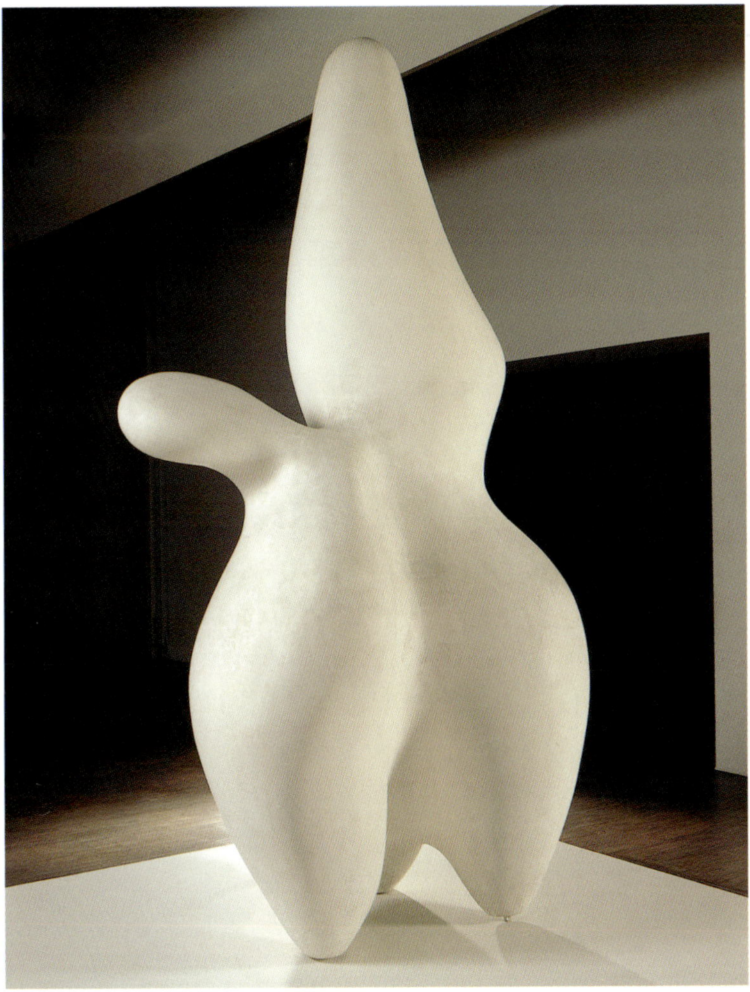

Jean (Hans) Arp

1886 Straßburg – 1966 Basel

Berger des nuages (Wolkenschäfer), 1953

Gips, 320 x 123 x 220 cm
Schenkung des Künstlers 1963
AM 1344 S

Der geborene Elsässer, der enge Kontakte etwa zu Tristan Tzara, Max Ernst und Kurt Schwitters pflegte, ist sowohl der Zürcher Dada-Bewegung wie der Pariser Avantgarde zuzurechnen. 1929 ließ er sich mit seiner Gattin, der Schweizer Künstlerin Sophie Taeuber, in Meudon bei Paris nieder. Seine abstrakten, im Unbewussst-Surrealistischen wurzelnden Arbeiten bezeichnete er selbst als ›Konkrete Kunst‹. Ab 1933 entstanden seine ersten Plastiken in Gips – Standbilder, im Gegensatz zu seinen Holzreliefs, die zum Aufhängen gedacht waren.

Auch bei diesem *Wolkenschäfer* ging es Arp um eine Überwindung der naturalistischen Bildhauerei: Das Ergebnis ist eine organische Form mit schwellenden Rundungen, ein anthropomorpher Gegenentwurf auch zur Strenge der abstrakten Arbeiten, der gleichzeitig an eine Knospe, eine Blume oder eine lebende Membran erinnert.

Henri Matisse

1869 Le Cateau-Cambrésis – 1954 Nizza

Jazz, 1947

Illustriertes Buch mit 20 (davon 5 ganzseitigen) Schablonendrucken nach Collagen (Papiers decoupés) von Henri Matisse
Verlag Éditions Tériade, Paris
164 Seiten, Blattgröße 42,2 x 32,5 cm
Auflage: 250 Exemplare
auf Vélin d'Arches
Dokumentationszentrum

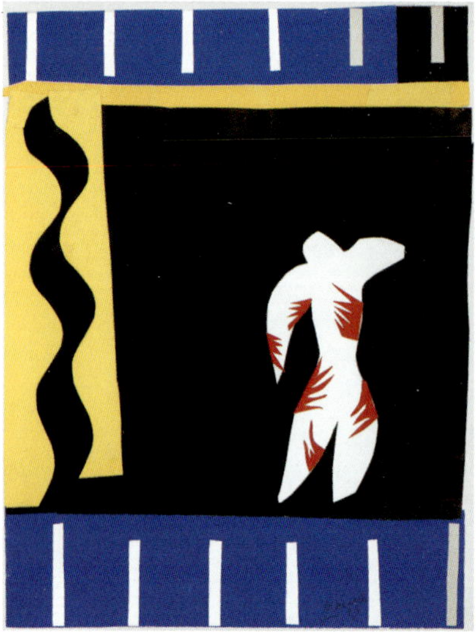

Das *Jazz*-Buch erschien, nach dreijähriger Vorarbeit des Künstlers, 1947 in einer bibliophilen Ausgabe des Pariser Verlegers Stratis Eleftheriades Tériade (1889–1983) – als erstes bedeutendes Werk von Matisse in einer neuen Technik, die er während seines gesamten letzten Lebensjahrzehnts verwenden sollte: der Collage aus mit der Schere ausgeschnittenen Teilen gouachierten Papiers (›Papiers découpés‹).

Matisse selbst betrachtete es als Meilenstein innerhalb seines künstlerischen Werdegangs, »anstatt Konturen zu zeichnen und dann die Farbe aufzubringen – wobei eines das andere modifiziert – direkt auf die Farbe zu zeichnen«. Die Idee, selbst einen Text zu verfassen und als Faksimile reproduzieren zu lassen, kam ihm indes erst 1946. Die mit Pinsel in großzügiger Schrift niedergeschriebenen Passagen sollten nach seiner eigenen Vorstellung die Bildseiten gleichmäßig strukturieren und so harmonischer zur Geltung bringen. Das Buch, das beim Erscheinen vom Publikum mit großer Begeisterung aufgenommen wurde, zählt heute zu den Höhepunkten der Buchkunst des 20. Jahrhunderts.

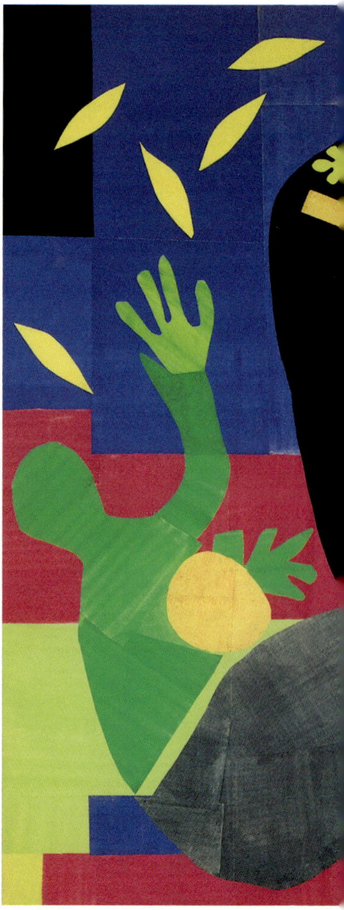

Henri Matisse

1869 Le Cateau-Cambrésis – 1954 Nizza

La Tristesse du roi
(Der traurige König), 1952

Gouchiertes Papier, ausgeschnitten
und auf Leinwand geklebt, 292 x 386 cm
Erworben 1954
AM 3279 P

Dieses möglicherweise von biblischen Motiven angeregte Bild ist der nostalgische Rückblick eines Greises auf Dinge des Lebens, die er liebte: Musik, Tanz und Poesie – Themen, die auch im Werk von Matisse allgegenwärtig sind.

Ein betagter König beugt sich über seine Gitarre, mit der er einer jungen, weiß gekleideten Frau zum Tanz aufspielt. Sie ist festgehalten in einer Bewegung, die sie aus dem Bild hinauszutragen scheint, zugleich wendet sie sich ihm jedoch in einer zärtlichen Geste zu.

Matisse gelangte hier zum Höhepunkt seiner Meisterschaft in der Decoupage, seiner spezifischen Technik der Collage: Hierbei schnitt er die Formen aus mit Gouachefarbe bemalten Blättern Papiers aus, arrangierte sie auf der Leinwand und fixierte sie mit Klebstoff.

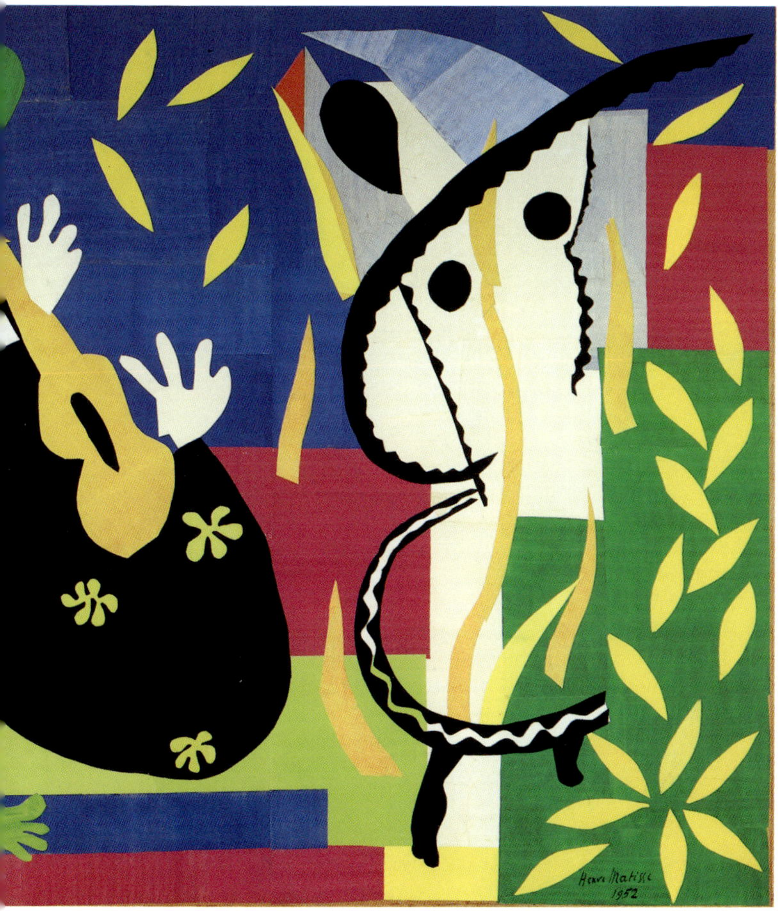

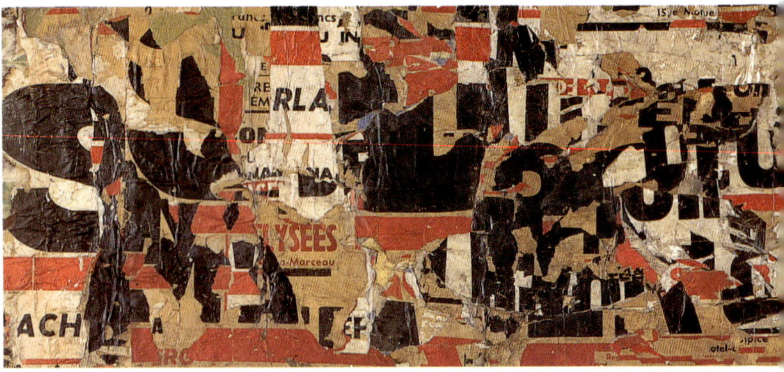

Raymond Hains
geb. 1926 in Saint-Brieuc

Jacques Mahé de la Villeglé
geb. 1926 in Quimper (Frankreich)

Ach Alma Manetro, 1949
Abgerissene Reklamezettel, auf Papier geklebt und auf Leinwand übertragen
58 x 256 cm
Erworben 1987
AM 1987-938

Die beiden Künstler lernten sich 1945 an der École des Beaux-Arts in Rennes kennen und arbeiteten ab 1950 immer enger zusammen bei der kunstvollen Aufbereitung abgerissener Reklamezettel sowie bei Photographie und Film. Ihre erste gemeinsame Ausstellung fand 1957 statt.

Ach Alma Manetro, dessen Titel aus zufälligen Resten von Buchstabenfolgen gebildet ist, ihr ›Teppich von Bayeux‹, stammt aus dem Jahre 1949. Das Bild ist vor allem Werk zahlloser anonymer Hände, dem die Künstler selbst kaum etwas hinzufügten: Hier zählt nicht mehr der eigentliche Schaffensakt, sondern die reine Bildidee. Nach Auffassung von Villeglé, 1960 Gründungsmitglied des ›Nouveau Réalisme‹, der dieses Verfahren der ›affiches lacérées‹ während seiner gesamten Laufbahn praktizierte, erweist sich der Künstler hierbei als reiner Sammler.

Willem de Kooning
1904 Rotterdam – 1997 East Hampton (New York)

Woman (Frau), um 1952
Reißkohle und Pastell auf zwei Papierbögen, zusammengeklebt auf einem dritten
74 x 50 cm
Erworben 1971
AM 1976-946

Für de Kooning, Amerikaner niederländischer Abstammung, dessen Kunst sich stark an Léger und Picasso orientierte, waren Zeichnung und Malerei eng miteinander verknüpft: »Ich zeichne malend und kenne keinen Unterschied zwischen Malen und Zeichnen.« Diese kolorierte Kohlezeichnung ist Teil eines berühmten Zyklus von Frauenbildnissen, den er Anfang der 50er Jahre begann – ›Idole‹ von eindringlicher Farbgebung, energischem, ausdrucksvollem Strich und einer ins Groteske verzerrten Anatomie.

Die Übermalung der großzügig hingeworfenen Linien und das Auseinanderschneiden des ursprünglichen Bildes demonstrieren, dass der destruktive Akt hier zugleich kreativ ist, indem er neue Formen gebiert. Das Aufspalten und erneute Zusammensetzen des Bildmotivs wird zum integralen Bestandteil des Kunstwerks und stellt die Gültigkeit traditioneller Darstellungsweise in Frage.

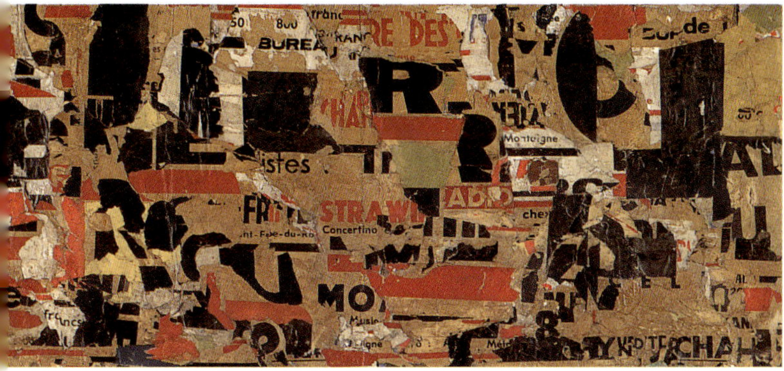
50
800
BUREA
istes
Concertino
Montaigne
chez

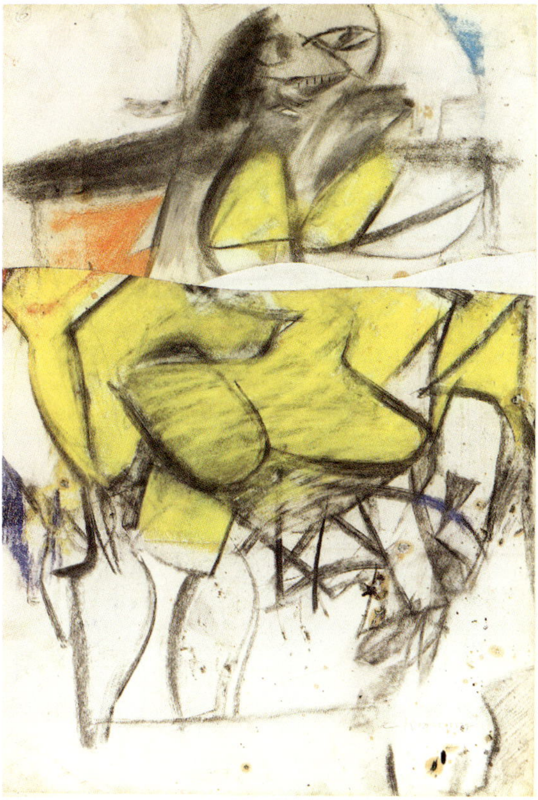

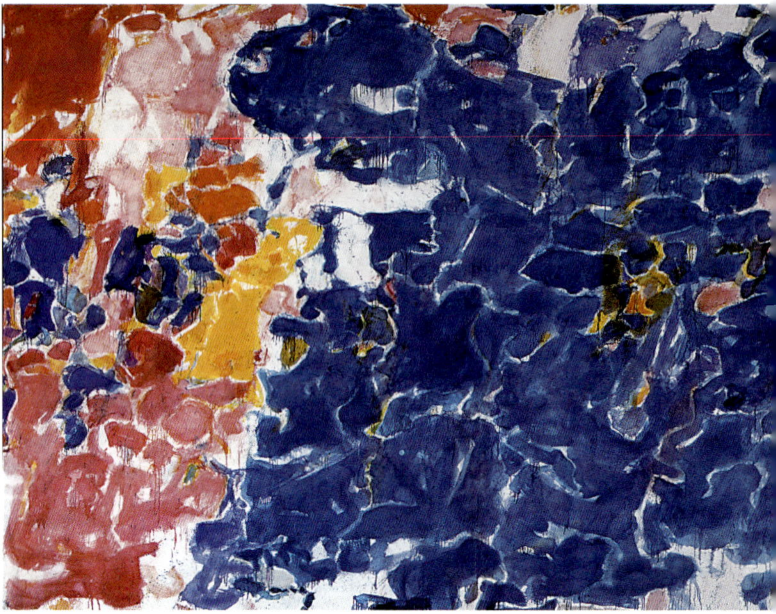

Sam Francis

1923 San Mateo (Kalifornien) –
1994 Santa Monica (Kalifornien)

In Lovely Blueness
(In lieblicher Bläue), 1955–1957

Öl auf Leinwand, 300 x 700 cm
Schenkung der Scaler Foundation
mit Unterstützung von Sylvie
und Éric Boissonnas 1977
AM 1977-207

Das Werk des Kaliforniers ist nicht nur hinsichtlich seines Titels interessant, sondern vor allem aufgrund seiner Dimensionen: als eines der größten Formate, die Francis, hierin von Monet und Matisse beeinflusst, während seines Aufenthaltes in Paris schuf. Zugleich markiert es einen Wendepunkt im Werdegang des Künstlers: Erstmals legte er hier pastose Farbflächen dachziegelartig übereinander, die sich zu wolkenförmigen Gebilden mit mehr oder minder präzisen Konturen entfalten.

Der Bildtitel ist dem gleichnamigen Lied von Friedrich Hölderlin entlehnt, in dem es heißt: »... So sehr einfältig aber die Bilder, / so sehr heilig sind die, dass man wirklich oft fürchtet, / die zu beschreiben ...«

Jackson Pollock ➤

1912 Cody (Wyoming) –
1956 Southampton (New York)

The Deep (Die Tiefe), 1953

Malerei auf Leinwand, 220,4 x 150,2 cm
Schenkung der Kinder von Jean de Menil
und der Menil Foundation 1976
AM 1976-1230

1951 unterbrach Pollock eine Zeit lang die Produktion seiner ›Drip Paintings‹ – abstrakter Gemälde, bei denen er die Farbe mittels eines Stocks auf die Leinwand tropfen ließ – und kehrte zu einer Technik zurück, die er bereits fünf Jahre zuvor praktiziert hatte.

Mit der Farbspritze trug er hier ein sehr flüssiges Schwarz auf Weiß auf, was Form und Untergrund in eine neue Beziehung zueinander setzte: Die dunkle Farbe öffnet gewissermaßen die helle Oberfläche und verleiht ihr ein räumliches Element. So entsteht eine Illusion von Tiefe inmitten der Leinwand – Widerschein der Zweifel am künstlerischen Schaffensprozess, denen Pollock bis zu seinem Lebensende unterworfen war.

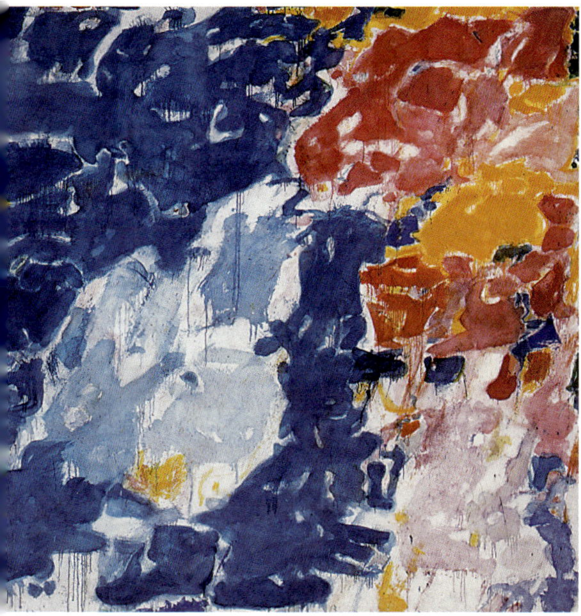

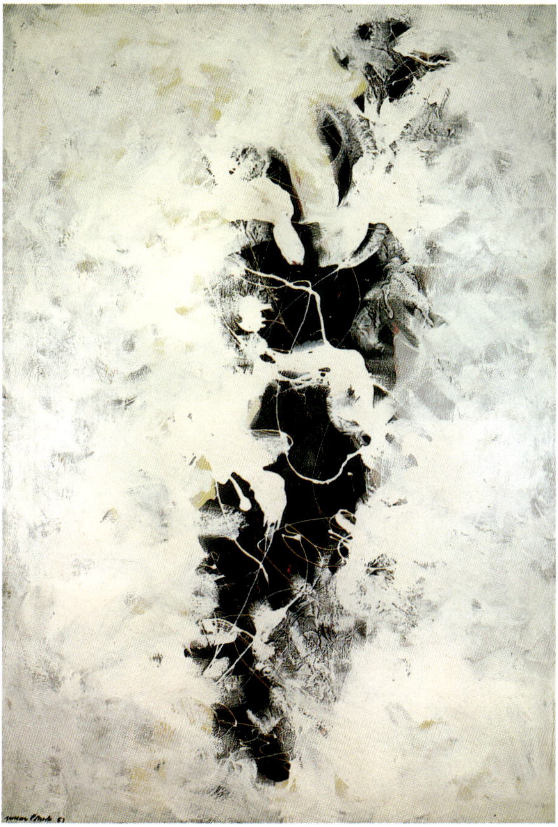

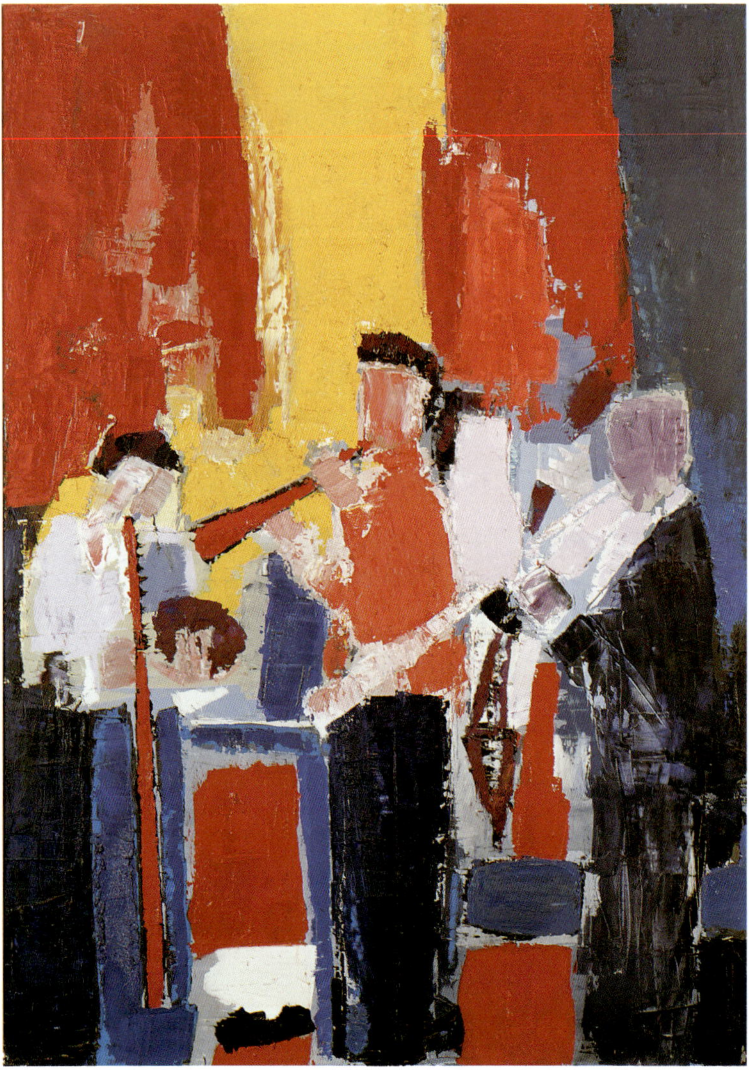

Nicolas de Staël

1914 St. Petersburg – 1955 Antibes

Les Musiciens, souvenir de Sidney Bechet (Die Musiker, Erinnerung an Sidney Bechet), 1953

Öl auf Leinwand, 161,9 x 114,2 cm
Schenkung 1982
AM 1982-263

Nach einer Periode abstrakter Malerei als intensiver Auseinandersetzung mit der Beziehung zwischen dem Bildgegenstand und dem Bild als autonomem Sujet wandte sich der Künstler zunehmend figürlichen Darstellungen zu. *Die Musiker*, Reminiszenz an ein Konzert des Jazzsaxophonisten Sidney Bechet (1897–1959), bildet mit seinen breiten vertikalen Farbbahnen, dem lebhaften Kolorit und den harten Pinselstrichen in der Bildmitte ein vages optisches Äquivalent zu dessen Musik mit ihrem nervösen Rhythmus.

Die Musik spielte eine wesentliche Rolle im Werk de Staëls, bis zu seinem letzten, unvollendeten Werk mit dem Titel *Le Concert (Das Konzert)*.

Alberto Giacometti

1901 Stampa (Schweiz) –
1966 Chur

Femme de Venise V
(Frau für Venedig V), 1956

Bronze, 110,5 x 31,3 x 14 cm
Schenkung 1991
AM 1991-301

Ab 1945 schuf Giacometti feingliedrige Statuetten, »erodiert vom umgebenden Raum und Licht«. Anfangs in kleinem Format gefertigt, erhalten sie später menschliche Dimensionen, wie auch die fünfzehn Frauenstatuen aus Gips in verschiedenen Größen und Zuständen, die anlässlich seiner Teilnahme an der Biennale in Venedig 1956 entstanden. Neun davon wurden später, in Bronze gegossen, im Französischen Pavillon ausgestellt, darunter auch die hier abgebildete Figur von etwa Dreiviertel der natürlichen Lebensgröße.

Diese weibliche Bronzeplastik markiert den Übergang zwischen zwei Darstellungsprinzipien: Während die ersten jener Frauenfiguren einen kompakten Korpus aufwiesen, ging Giacometti nun dazu über, Kopf und Arme separat herauszuarbeiten. Später längte er die Figuren immer stärker und hob manche Details (besonders den Haarschopf) als bestimmende Elemente hervor.

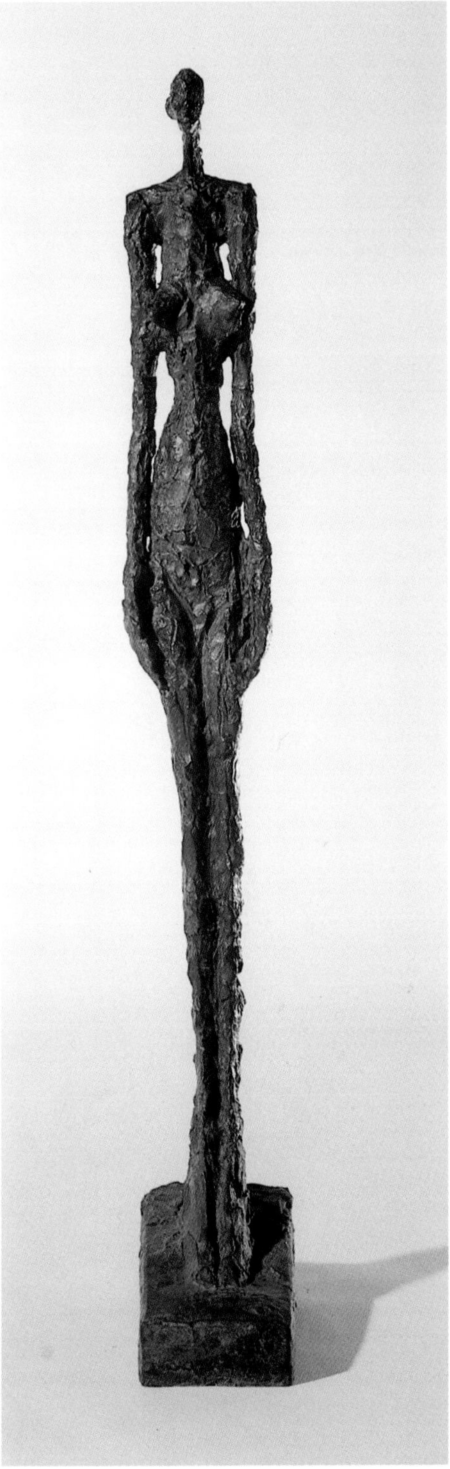

Dado

geb. 1933 in Cetinje
(Jugoslawien)

Triomphe de la mort
(Triumph des Todes), 1955

Tusche auf Papier, 40 x 29,2 cm
Schenkung Daniel Cordier 1983
AM 1983-149

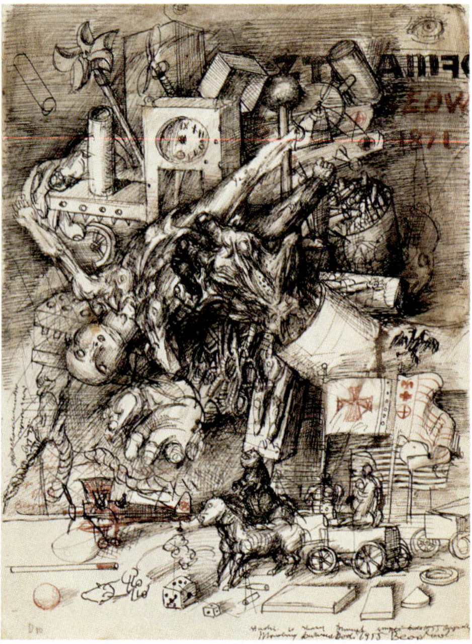

Nachdem der als Miodrac Djuric geborene Künstler 1956 nach Paris gekommen war, wurden zunächst Jean Dubuffet, später der Galerist und Sammler Daniel Cordier schnell auf ihn aufmerksam. Seine Werke sind gleichermaßen geprägt von der bitteren Erfahrung einer durch den Kalten Krieg zwiegespaltenen Welt wie der unbefangenen Frische seiner Jugend. Auf den ersten Bildern scheint eine Art kindliches Phantasieuniversum auf, in dem sich die Gewalt und das Wunderbare begegnen.

Triomphe de la mort, kurz vor Dados Übersiedlung nach Frankreich entstanden, präsentiert einen regelrechten Wirrwarr von Motiven: eine Art Flugzeugpropeller, einen Würfel als Zeugnis dafür, dass der Zufall das Schicksal der Welt bestimmt, eine zerrissene Puppe und diverses Kriegsspielzeug, als Hinweis auf die Kindern eigene natürliche Grausamkeit.

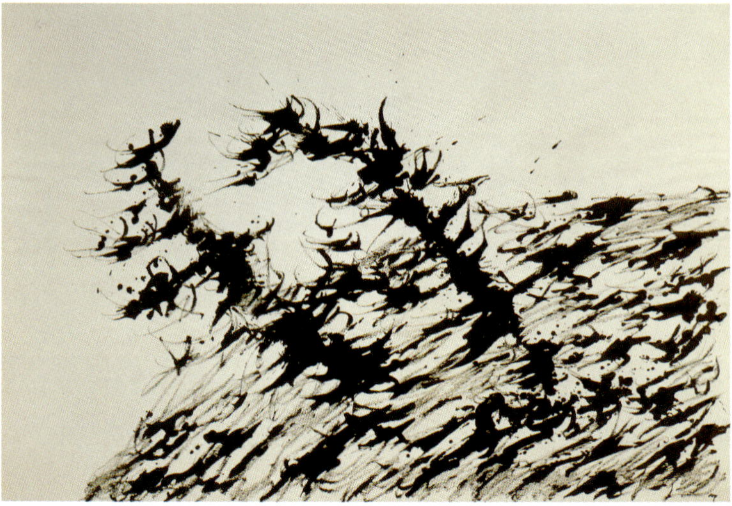

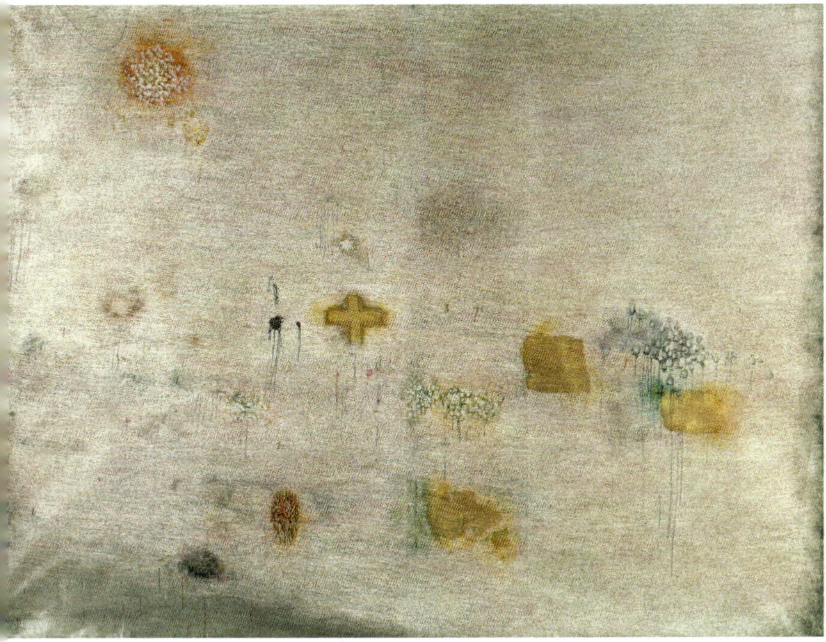

▶ **Henri Michaux**
1899 Namur (Belgien) – 1984 Paris

Ohne Titel, 1959
Tusche auf Papier, 74 x 105 cm
Schenkung Daniel Cordier 1976
AM 1976-1184

Ende der 50er Jahre betrieb der Dichter, Zeichner und Maler Michaux kreative Experimente mit halluzinogenen Drogen, darunter auch Meskalin. Diese Erfahrungen – gleichsam eine Forschungsreise in die grenzenlose, überwältigend facettenreiche ›terra incognita‹ des Gehirns – fanden in mehreren Büchern (wie *L'infini turbulent [Turbulenz im Unendlichen]*, 1957) und zahlreichen Zeichnungen Niederschlag.

In ungemein schnellem, tänzerischen Fluss fegte er die Tusche in Flecken und Strichen über die gesamte Fläche des Papiers – Wirbel und Explosionen, mitten in der Bewegung eingefroren, stets auf das Menschliche zurückdeutend, zugleich aber seltsame Geschichten erzählend und neue Geographien evozierend.

Simon Hantaï
geb. 1922 in Bia (Ungarn)

Peinture (Écriture rose) (Malerei [rosa Schrift]), 1958/1959
Farbige Tusche und Blattgold auf Leinwand
329,5 x 424,5 cm
Schenkung des Künstlers 1985
AM 1984-783

Hantaï, der 1949 von Budapest nach Paris übersiedelte, stand mit seiner experimentellen Kunst zunächst unter dem Einfluss des Surrealismus, dann des Abstrakten Expressionismus, bis er schließlich 1960 mit der Technik der ›pliages‹ (in gefaltetem Zustand bemalter Leinwände) zu einem eigenen Ausdrucksmittel fand.

Kurz vor jener entscheidenden Wende entstand dieses Schlüsselwerk: Durchsetzt von Zeichen und Chiffren, die sich bereits auf vorhergehenden Bildern des Künstlers fanden (wie Kreuz und Flecken), bedeckt eine Folge durchaus lesbarer Schriftzeichen die Fläche – Tageslosungen des Kirchenjahres und Exzerpte von Hantaïs philosophischer Lektüre.

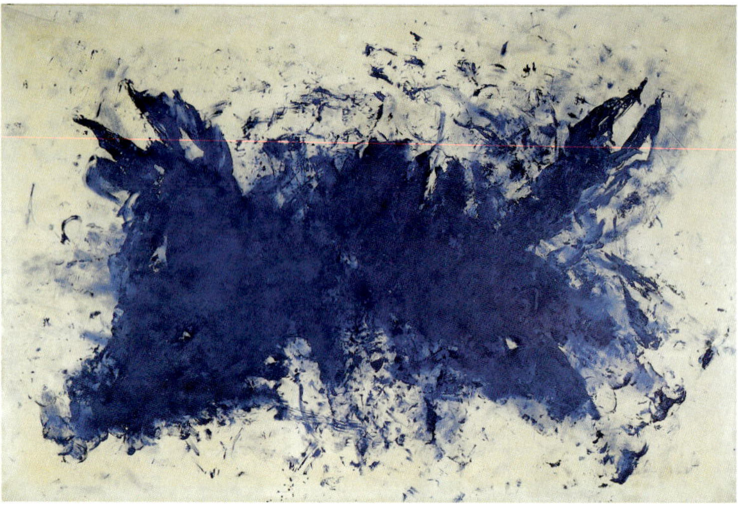

Yves Klein

1928 Nizza – 1962 Paris

Grande anthropophagie bleue [Große Anthropophagie in Blau]. Hommage à Tennessee Williams (ANT 76), 1960

Reine Pigmente und Kunstharz auf Papier, auf Leinwand aufgezogen, 275 x 407 cm
Erworben 2000
AM 2000-154

»Es ist, als malte ich mit lebenden Pinseln« – so erklärte Yves Klein, eine emblematische Figur im Reigen der ›Nouveaux Réalistes‹, 1961 den Entstehungsprozess seiner Anthropometrien. Bei diesem Verfahren, das er drei Jahre zuvor entwickelt hatte, hinterließen mit blauer Farbe bemalte Frauen ihren Abdruck auf der Leinwand. Bei manchen Bildern (in noch größerem Format) verwischten sich, in einer regelrechten Schlacht, die Silhouetten gleichfalls blau gefärbter Körper durch zufällige, manchmal mit Schieben und Ziehen erzeugte Bewegung.

Dynamische Wucht und beeindruckende Präsenz sprechen auch aus der dem Dramatiker Tennessee Williams gewidmeten *Großen Anthropophagie*, einem der letzten Bilder jener Serie.

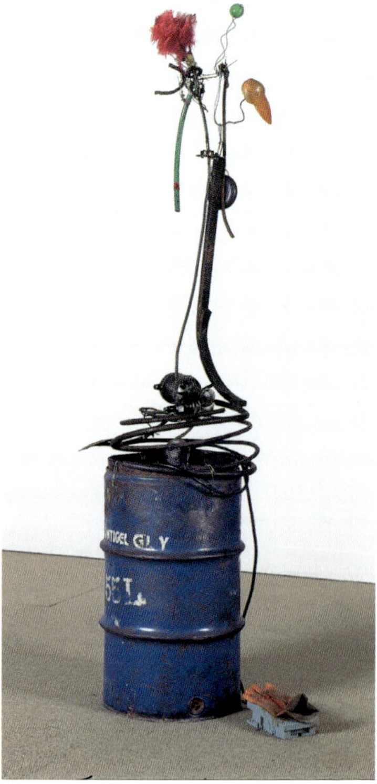

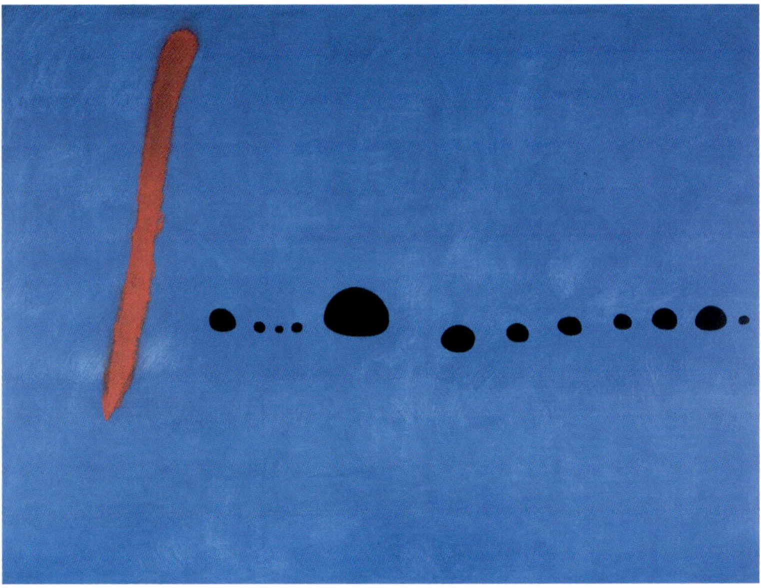

Jean Tinguely

1925 Fribourg (Schweiz) – 1991 Bern

Baluba, 1961/1962

Metall, Eisendraht, plastische Objekte, Feder, Tonne, Motor, 187 x 56,5 x 45 cm
Erworben 1982
AM 1981-851

Unter dem Einfluss von Surrealismus und Anarchismus fertigte Tinguely erstaunliche mechanische Skulpturen, darunter auch selbstzerstörende Maschinen. Anfangs mehr an der reinen Kinetik interessiert, schloss sich der Künstler später stärker den ›Nouveaux Réalistes‹ an und entwickelte Skulpturen aus Alteisen, die von einem Räderwerk angetrieben wurden. Diejenigen der Serie *Baluba* sind gleichfalls aus verschiedensten Materialien zusammengesetzt: Eisendraht, plastischen Objekten, Öltonne und Motor. Betätigt man das Pedal, so löst man damit ein heiteres, chaotisches Spektakel aus, das dem Werk seine eigentliche Bestimmung gibt.

Gemeinsam mit seiner Frau Niki de Saint-Phalle schuf Tinguely auch den Brunnen *Le sacre du printemps* an der Place Stravinsky als Hommage an den Komponisten Igor Strawinsky (Abb. S. 13).

Joan Miró

1893 Barcelona – 1983 Palma de Mallorca

Bleu II (Blau II), 1961

Öl auf Leinwand, 270 x 355 cm
Schenkung der Menil Foundation 1984
AM 1984-357

Das Bild gehört zu einem Ensemble dreier Werke, die Miró als Einheit verstanden wissen wollte. Ihre komplette Folge ist heute Bestandteil der Sammlung des Museums, das einen bedeutenden Teil des Œuvre dieses Künstlers besitzt. Nach langer konzeptioneller Vorarbeit vollendete Miró die riesigen Bilder innerhalb von nur drei Monaten.

Auf blauem Untergrund ziehen sich schwarze mineralische Elemente und Spuren roter Farbe quer über die Leinwand. Mirós ›Traumfarbe‹ Blau evoziert hierbei seine katalanische Heimat, lädt aber auch zur allgemeinen Meditation ein. Allein das Grundieren stellte für den Künstler einen Akt extremer Anspannung dar: »Das ›Aufbereiten‹ des Untergrundes versetzte mich in den rechten Zustand für die Vollendung des Gemäldes.« Das metaphysische *Blau* bildet, als Resultat veritabler Askese, einen Höhepunkt im Schaffen Mirós.

Arman

geb. 1928 in Nizza

Home, Sweet Home, 1960

Gasmasken in einer Kiste
unter Plexiglas
160 x 140,5 x 20,3 cm
Erworben mit Unterstützung
der Scaler Foundation 1986
AM 1986-52

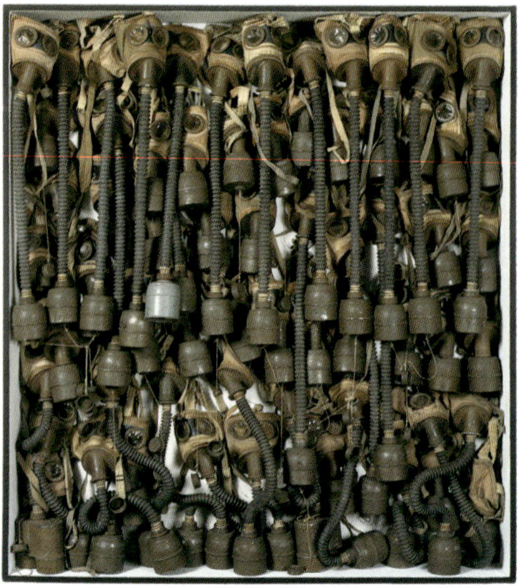

Seit den 60er Jahren formuliert der Künstler Arman (eigtl. Armand Fernández), zentraler Kopf der ›Nouveaux Réalistes‹, mit der Anhäufung beschädigter oder ausrangierter Objekte seine Kritik an der westlichen Konsumgesellschaft. Diese von ihm ›Akkumulationen‹ genannten Kunstwerke wurden zu seinem Markenzeichen und einem eigenständigen Beitrag zur modernen Skulptur.

Auch in *Home, Sweet Home* gilt ihm die reine Wiederholung ein und desselben Gegenstandes als Signum der Gewalt. Das Motiv der Gasmaske ironisiert obendrein den betulichen Titel und mutiert im Bewusstsein des Betrachters zum Objekt einer anderen Realität: derjenigen des Künstlers.

César ➤

1921 Marseille – 1998 Paris

Compression ›Ricard‹, 1962

›Compression dirigée‹ eines Autochassis
153 x 73 x 65 cm
Schenkung Pierre Restany 1968
AM 1698 S

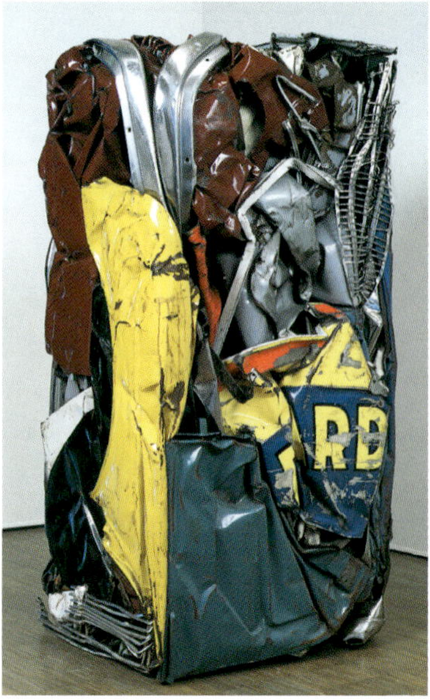

Anfangs inspirierte die Mangelwirtschaft nach dem 2. Weltkrieg den Künstler César (eigtl. César Baldaccini) zu Skulpturen aus banalen Objekten, die einer Zweitverwertung zugeführt und so zum Kunstwerk erhoben wurden. Teils anthropomorph, teils zoomorph, spiegelten sie luzid-humorvoll eine Gesellschaft im Wiederaufbau. Mit *Ricard* gewannen sie einen neuen Aspekt: Es handelt sich um bewusst gesteuerte Kompressionen (›compressions dirigées‹) in einer von sechseckigen Parallelogrammen begrenzten Form – der Künstler wählte jeweils (in Voraussicht der durch die Presse erzielten Effekte) Materialien, Farben und deren Position in der ›Skulptur‹.

Mit Hilfe einer anderen industriellen Technik schuf César später seine *Expansions*, arbeitete aber auch mit traditionellen Werkstoffen.

Étienne-Martin

1913 Loriol-sur-Drôme – 1995 Paris

Le Manteau (Demeure 5)
(Der Mantel [Wohnung 5]), 1962

Diverse Materialien, 250 x 230 x 75 cm
Erworben 1973
AM 1976-965

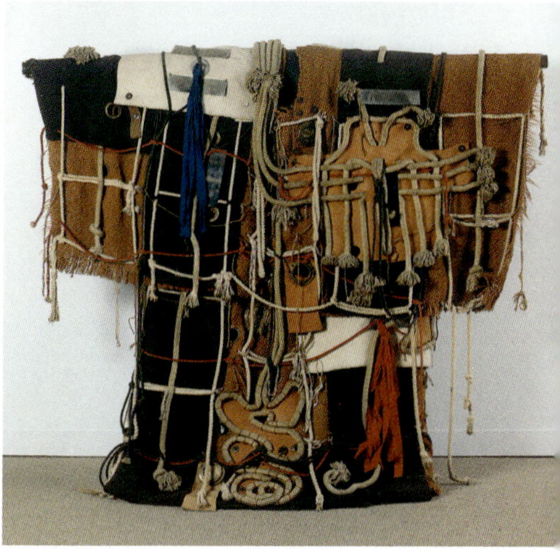

Étienne-Martin, der sich jeder Zuordnung zu einer bestimmten Gruppe entzieht, bewahrte sich Freiheit und Vielfalt seines Ausdrucksspektrums: figürlich und nicht figürlich, abstrakt und konkret. Seine skulpturalen Gebilde erwuchsen aus ganz persönlicher Erfahrung, wie die *Demeures* (›Wohnungen‹) genannte Serie, bei der er Erinnerungen an sein Elternhaus verarbeitete.

Le Manteau erscheint eher wie eine schützende Rüstung, eine ›totale Heimstatt‹, geschaffen nach der Vorstellung des Künstlers. Dass dieses Kunstwerk sich zusammensetzt aus diversen Fundstücken, erklärt vielleicht seine Wirkung auf den Betrachter: Es stößt ihn ab und lässt ihn zugleich ins Träumen geraten.

Niki de Saint-Phalle ◄

geb. 1930 in Neuilly-sur-Seine

La Mariée (Die Braut), 1963

Drahtgitter, Gips, gummierte Spitze, bemaltes Blech, 222 x 200 x 100 cm
Erworben 1967
AM 1976-1016

Geprägt von der Kunst der 50er Jahre – der Art brut, den italienischen und spanischen Primitivisten –, aber auch von Jean Tinguely und Yves Klein, verschrieb sich Niki (eigtl. Marie-Agnès Fal) de Saint-Phalle anfangs der Aktionskunst: Sie schuf mit flüssiger Farbe gefüllte Gipsfiguren, die sie mit dem Karabiner zerschoss. Danach entstanden ihre *Nanas*, bunte Frauenskulpturen mit ausladenden Formen, gewissermaßen als Exorzismen archaischer Traumata. Als eine ihrer Vorläuferinnen repräsentiert die ganz in Weiß gehaltene *Braut* nach Aussage der Künstlerin »den totalen Konkurs der Individualität, der Ignoranz der Männer gegenüber den wahren Verantwortlichkeiten geschuldet« – eine Situation, die zwangsläufig zum Matriarchat führe. Hoch aufgerichtet und wesenlos wie ein Gespenst, monumental und gewichtig wie eine riesige Puppe, tritt sie als eine Art öffentliche Anklägerin in der Sache der Frauen auf.

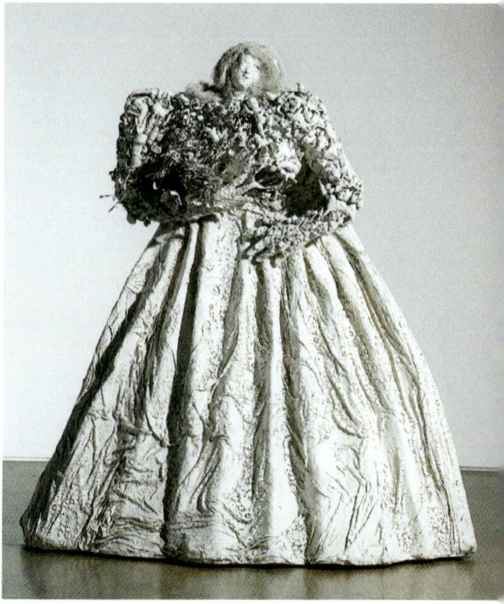

Martial Raysse

geb. 1936 in Vallauris

Made in Japan – La Grande Odalisque, 1964

Acrylfarbe, Glas und Gekritzel auf Photographie, aufgezogen auf Leinwand
130 x 97 cm
Schenkung der Scaler Foundation 1995
AM 1995-213

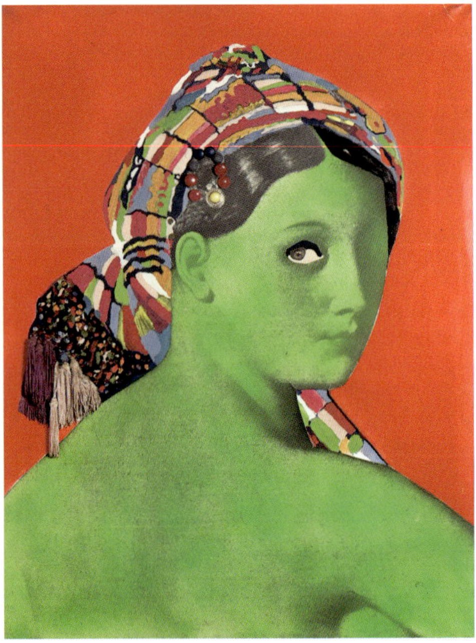

Raysse schloss sich früh den ›Nouveaux Réalistes‹ an und avancierte später zu einem der glänzendsten Repräsentanten der europäischen Pop Art.

Dieses Bild gehört zu einer ›Fälschungs‹-Serie von Meisterwerken der Malerei, hier der *Großen Odaliske* von Ingres. Der Zitatcharakter und die Verwendung billiger Materialien zielen, ebenso wie der erste Teil des Bildtitels, auf ein wesentliches Prinzip der Pop Art: die Erhebung banalen Kitsches zur Kunst. Im Widerstreit von Zeichnung und Farbe verbirgt sich hier obendrein eine Reminiszenz an einen klassischen Konfliktstoff: die Opposition von Verstand und Leidenschaft.

William Klein ➤

geb. 1928 in New York

Pistolet 1, New York, 1955

Silbergelatineabzug, 50,3 x 40,4 cm
Erworben 1984
AM 1986-215

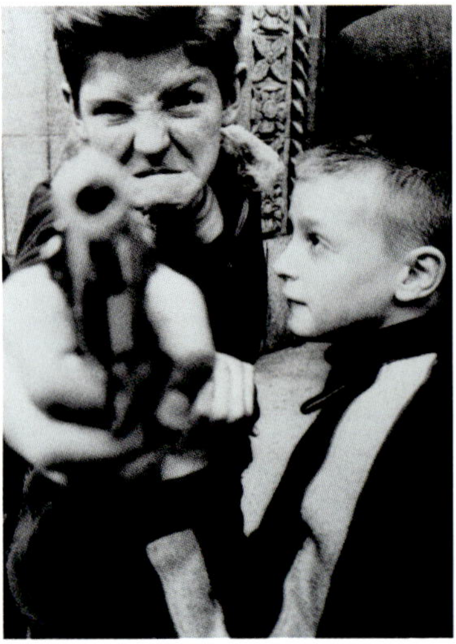

Das Werk des amerikanischen Photographen, verschiedensten Vorbildern verpflichtet, ist ebenso umfangreich wie ungewöhnlich. In Bildreportage und Mode-Photographie beheimatet, bewies Klein außerordentliches künstlerisches Feingefühl, indem er jede seine Arbeiten in eine Lichtbildkomposition mit starken Kontrasten verwandelte.

New York zählte neben Rom, Moskau und Tokio zu den Metropolen, die er mit wachem Blick durchstreifte, um dabei mit der Kamera stets die typische Wesensart ihrer Einwohner festzuhalten. Hier legt er die Obszönität der Gewalt in einer Situation offen: Drohend richtet ein Kind die Schusswaffe auf den Photographen (und damit den Betrachter), was die beinahe demütige Bewunderung des anderen Jungen hervorruft.

Yayoï Kusama

geb. 1929 in Matsumoto (Honshu, Japan)

My Flower Bed (Mein Blumenbett), 1962

Eiserne Sprungfedern und bemalte, ausgestopfte Baumwollhandschuhe
250 x 250 x 250 cm
Erworben 1994
AM 1994-292

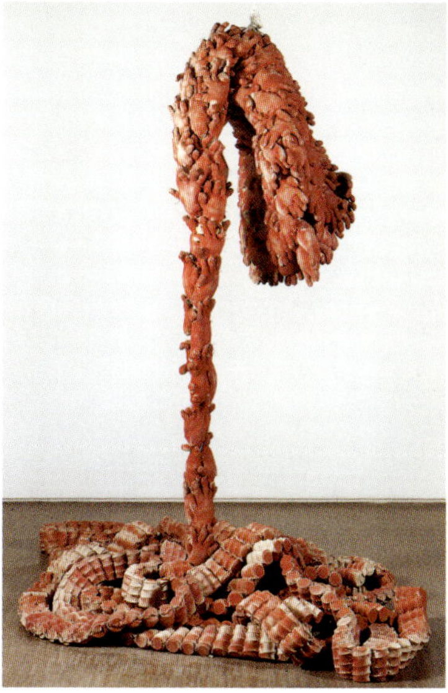

Besessen von den Bildern des Krieges und Opfer entsprechender Halluzinationen, versuchte die Japanerin in ihrem gesamten Werk, diese Dämonen auszutreiben: In Gouachen, Aquarellen und Acrylgemälden entfaltete sie ihr inneres Universum und hatte damit umgehend international Erfolg.

Ab 1959 entstanden Installationen aus netzartigen und punktförmigen Elementen. Mit *My Flower Bed* prägte sie einen neuen Typus traumversponner Environments: Es erinnert an eine rote Blume wie an die blutigen Gliedmaßen eines menschlichen Wesens. Um sich von ihren Obsessionen zu befreien, lebt Kusama seit 1977 in einer psychiatrischen Anstalt.

Robert Rauschenberg ▼

1925 Port Arthur (Texas)

Oracle (Weissagung), 1962–1965

Galvanisiertes Blech, Wasser und Ton
236 x 450 x 400 cm
Schenkung M. et Mme. Pierre Schlumberger 1976
AM 1976-591

In seiner Mischung von Malerei und Skulptur greift dieses Environment das Prinzip der ›Combine Paintings‹ auf. Im Innern jedes Elements befindet sich ein Empfänger für sämtliche europäischen Radiofrequenzen.

Der Amerikaner bereitet in seinen Werken Bilder der Massenkultur und Alltagsgegenstände neu auf und mokiert sich über deren Wert als Ikonen der modernen Gesellschaft. Obwohl er zu den Wegbereitern der Pop Art gehörte, verstand er es, sich außerhalb gängiger Strömungen zu behaupten.

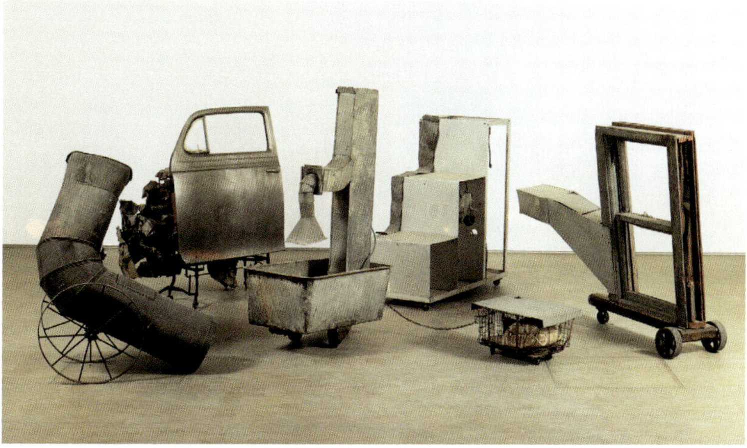

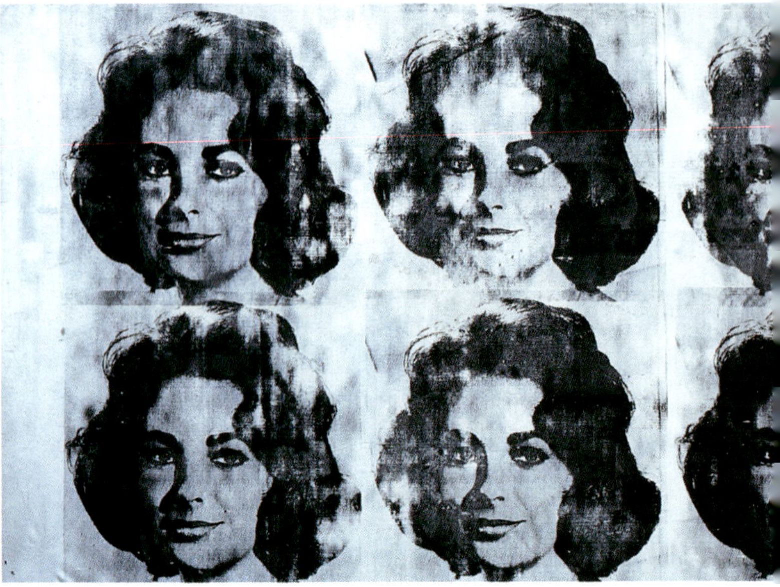

Andy Warhol
1928 Pittsburgh – 1987 New York

Ten Lizes, 1963
Siebdrucke mit Öl- und Lackfarbe
auf Leinwand, 201 x 564,5 cm
Erworben 1986
AM 1986-82

Andy Warhol (eigtl. Warhola) stellte gnadenlos die Konsumgesellschaft bloß und fungierte zugleich als ihr leidenschaftlicher Apologet. Er entwickelte ein System der künstlerischen Produktion, das das Werk den Gesetzen des Marktes unterwarf und den althergebrachten Status des Künstlers über den Haufen warf.

In den 60er Jahren entstanden seine legendären Serigraphien (etwa mit den Dosen von *Campbell's Soup*, *Marilyn*, *Electric Chair*), später gründete er die nicht minder berühmte Factory, aus der viele namhafte Talente hervorgingen, wie Bob Wilson oder Jean Michel Basquiat. Das Universalgenie agierte ferner als Produzent der Band ›The Velvet Underground‹, gab die Zeitschrift ›Interview‹ heraus und drehte zahlreiche Filme (*Trash*, 1969). So schöpfte er in seiner künstlerischen Kreativität alle Möglichkeiten aus, die ihm die westliche Warengesellschaft bot.

Ten Lizes ist ein Paradebeispiel für die Wertigkeit des Multiplen, Seriellen. Zehnmal wird ein und dasselbe Motiv (hier ein Porträt der Schauspielerin Liz Taylor) reproduziert, leicht verfremdet und mit geringfügigen Abweichungen: ein Plädoyer gegen den Anspruch der Einzigartigkeit des Kunstwerks.

Chris Marker ➤
1921 Neuilly-sur-Seine

La Jetée – Am Rande des Rollfeldes, 1962
(veröffentlicht 1964)
Schwarzweißfilm, 35 mm, mit Ton
Länge: 29 Minuten
Erworben 1999
AM 1999-F1409

Chris Marker (eigtl. Christian-François Bouche-Villeneuve) erforscht mit Hilfe von Film, Video und Multimedia Aspekte der Erinnerung. Unter seinen rätselhaften Filmen hat vor allem *La Jetée* viele andere Künstler inspiriert, darunter auch Terry Gilliam zu *Twelve Monkeys* (1995).

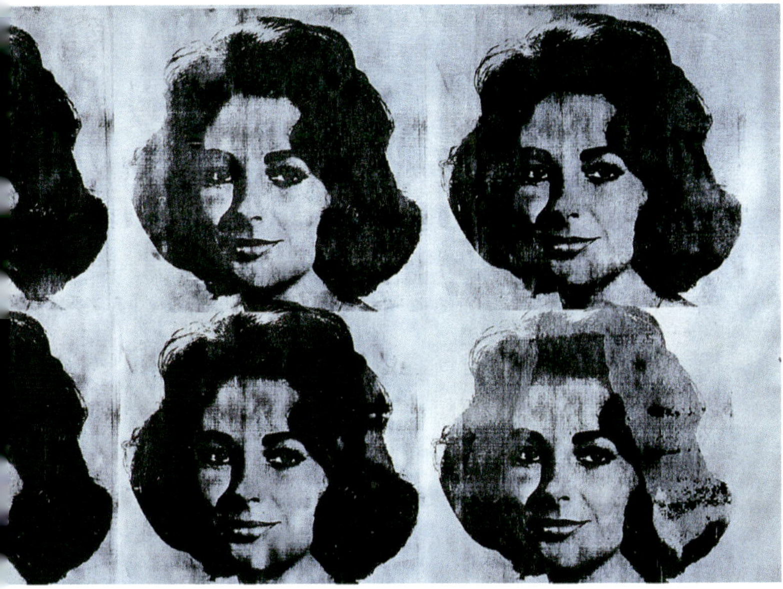

Der knapp halbstündige Streifen setzt sich aus einer Folge schwarzweißer Standphotos zusammen, die aus dem Off kommentiert werden. Er bildet so eine packende Erzählung, in der Vergangenheit, Gegenwart und Zukunft eine disparate Mischung eingehen im Bewusstsein eines Mannes, der besessen ist von einer Erinnerung aus der Kindheit: dem Bild seines eigenen Todes.

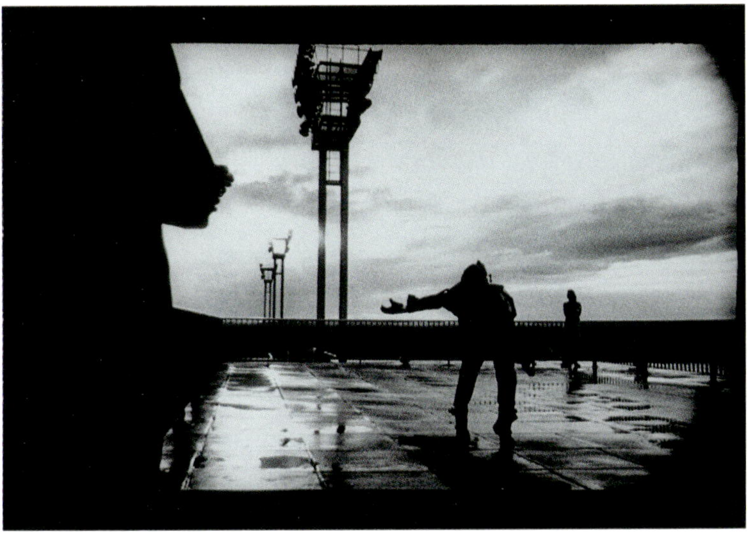

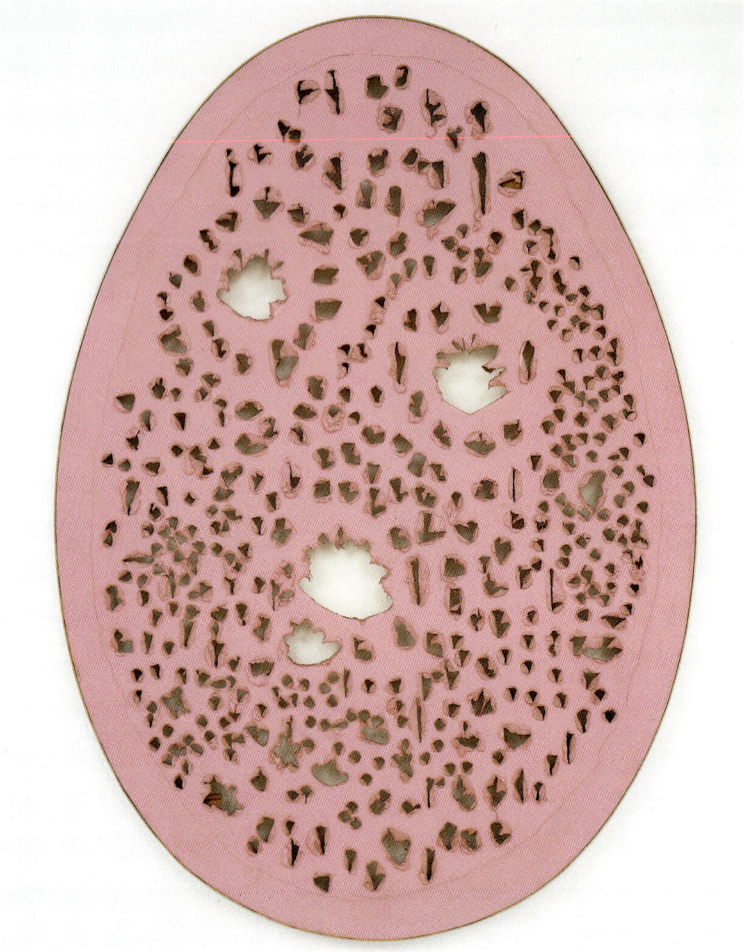

Lucio Fontana

1899 Rosario de Santa Fé (Argentinien) – 1968 Comabbio (Italien)

La Fine di Dio
(Das Ende Gottes), 1963/1964

Öl auf Leinwand, Perforationen und Zeichnung, 178 x 123 cm
Schenkung 1997
AM 1997-94

Lucio Fontana verbrachte seine Jugend teils in Argentinien, teils in Italien, woher seine Familie stammte und wo er selbst 1930 seine erste Einzelausstellung hatte. Nach dem Krieg entwickelte er das Prinzip des ›Concetto spaziale‹ (›Raumkonzepts‹) – ein Versuch der Verknüpfung von Malerei und Skulptur, der das Bild zu seinem eigenen Objekt macht.

1963 bis 1964 schuf Fontana mit *La Fine di Dio* eine seiner letzten Bilderfolgen. Dieses Meisterwerk besteht aus 38 ovalen Bildern identischen Formats, monochrom und mit starken Perforationen versehen. Die geschlossene Idealform des Eis wird hier durch die Durchlöcherung gewissermaßen destabilisiert und in den sakralen Kontext überführt.

Mark Rothko

1903 Dwinsk (Russland) – 1970 New York

No 14 (Browns over Dark)
(Nr. 14 [Brauntöne über Dunkel]), 1963
Öl- und Acrylfarbe auf Leinwand
228,5 x 176 cm
Erworben 1968
AM 1976-1015

Ab 1947 entwickelte Mark Rothko sein System der ›multiforms‹, bei denen die Farben auf der Leinwand zu schweben scheinen. 1950 folgten die ›ground colours‹, rechteckige Farbflächen, die auf ihrem Untergrund verschwimmen. Wie andere Künstler des Abstrakten Expressionismus – etwa Barnett Newman und Clyfford Still – griff auch er die Idee der ›colorfields‹ auf: Bei der Farbfeldmalerei wird die Rolle von Form und Perspektive extrem reduziert zugunsten der (eher flächigen) Farbwirkung.

Auf diesem Bild sind die lebhaften Farben matteren Tönen in fließend übereinander gelegten Rechtecken gewichen. Es wirkt wie eine Visualisierung in Zaum gehaltener Gefühle, und das Helldunkel lädt ein zu einer Meditation von sanfter Schwermut.

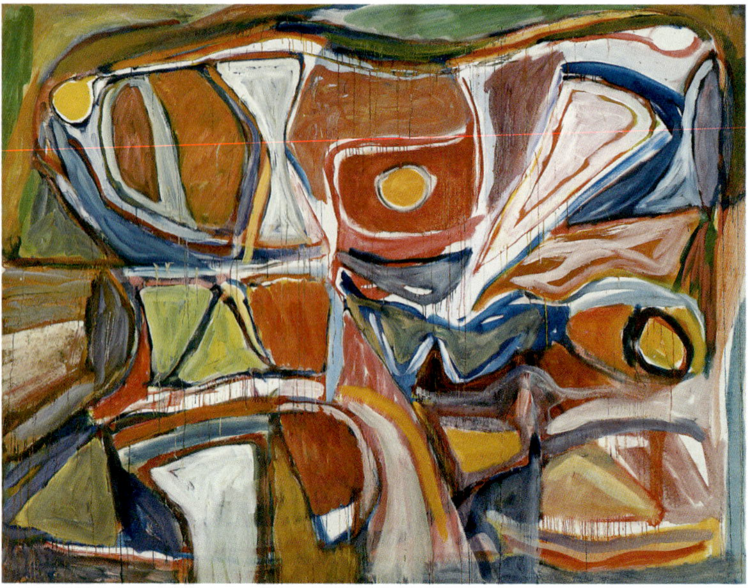

Bram van Velde

1895 Zoeterwoude (Niederlande) –
1981 Grimaud (Frankreich)

Ohne Titel, 1965

Öl auf Leinwand, 199,5 x 250,5 cm
Erworben 1982
AM 1982-139

Das Werk des als Abraham van Velde geborenen Niederländers bewegt sich, in der Art eines immensen Palimpsestes, jenseits jeder Chronologie. Die einfache Flächigkeit seiner Bilder, von seinem Freund Samuel Beckett in einem Essay für die Zeitschrift ›Transition‹ als ›étendues‹ (›Ausdehnungen) bezeichnet, sind bedeckt mit einander verschlingenden Formen.

Das malerische Element dominiert über das Zeichnerische, indem der Künstler die Linien zunehmend mit Lagen opaker Gouache überzieht. Van Velde verweigerte sich jedes psychologischen oder existentiellen Aspekts, jeder Reflexion über den Schaffensakt und sein Gelingen oder Scheitern – Malen bedeutete für ihn »sehend zu werden und dabei zu einer Vision zu gelangen«.

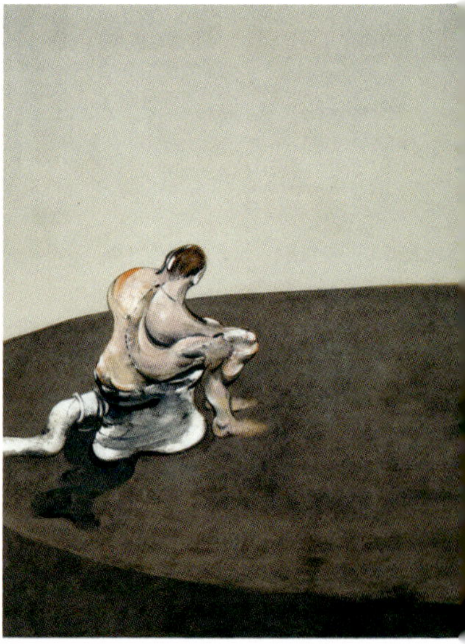

Francis Bacon

1909 Dublin – 1992 Madrid

Three Figures in a Room
(Drei Figuren in einem Raum), 1964

Öl auf Leinwand, 198 x 441 cm
Erworben 1968
AM 1976-925

Die bereits seit der Spätantike und später besonders aus gotischen Flügelaltären bekannte Form des Triptychons – des dreiteiligen, hierarchisch gestaffelten Tafelbilds, bei dem die zentrale Bildfläche traditionell die wichtigste Bildaussage trägt – wurde im 20. Jahrhundert, mit neuen Inhalten versehen, von zahlreichen Künstlern wieder aufgegriffen.

Dieses Triptychon des in Irland geborenen Briten Francis Bacon erweckt spontan die Vorstellung, es handle sich um Darstellungen ein und derselben Szene: Drei Personen erscheinen jeweils auf dem gleichen erhöhten Platz. Während diejenige auf der Mitteltafel den Schwerpunkt des Ganzen bildet, scheinen die beiden flankierenden nach außen zu streben.

Der Künstler hat hier tatsächlich eine Person in verschiedenen Situationen dargestellt, als eine Art profanes Retabel der Trinität. Dunkles Kolorit und schmuckloses Ambiente betonen den Eindruck von Gewalt und Schmerz, den die Körper ausstrahlen – »eine Realitätsordnung von Fleisch und Blut«, so der Kommentar des mit dem Künstler befreundeten französischen Schriftstellers Michel Leiris über das wichtigste Thema in dessen Werk.

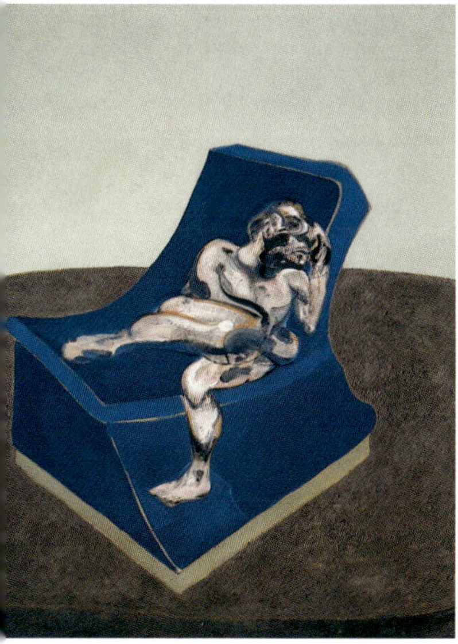

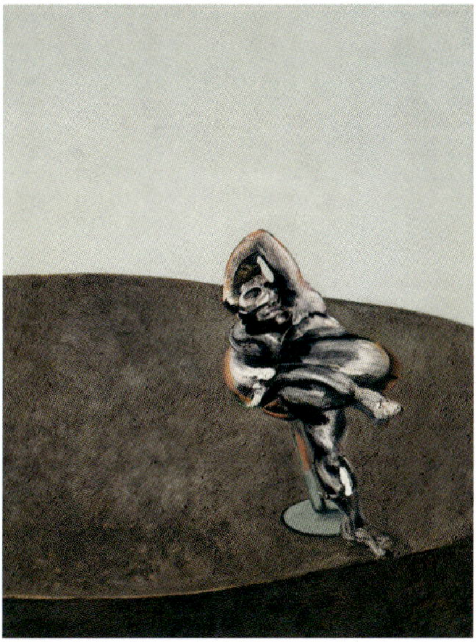

Marcel Broodthaers

1924 Saint-Gilles (Belgien) –
1976 Köln

Le Corbeau et le Renard (Der Rabe und der Fuchs), 1968

Serigraphie auf Leinwand, Schreibmaschine und drei weitere Serigraphien
112,4 x 82 x 41 cm
Erworben 1985
AM 1985-188

Geprägt vom Brüsseler Surrealismus während des Krieges und der Nachkriegszeit, begriff Broodthaers Ausstellungen und Museen als Mittel einer subversiven Veränderung von Kunst und Kunstwerk. Anfangs gab er Gedichtbände heraus, drehte dann einen Film und beschäftigte sich mit Objektkunst – dieser Vielfalt der Ausdrucksmittel blieb er sein Leben lang treu.

So verbindet auch dieses 1967 entstandene Werk, dessen Titel einer bekannten Fabel Jean de La Fontaines entlehnt ist, das Medium des Films mit einem Text auf Leinwand, die als Projektionsfläche dient. Mit solchen Environments aus Objekten, Zeichen und Figuren ging er zudem der Frage nach dem kulturellen und gesellschaftlichen Bestimmungsort der Kunst nach.

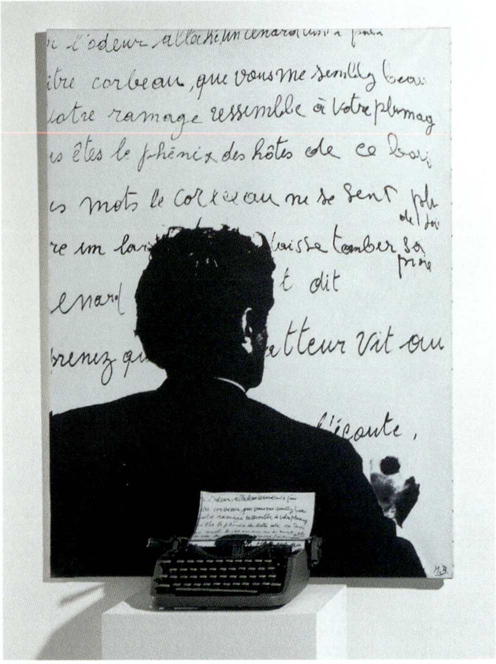

Nam June Paik ▼

geb. 1932 in Seoul (Korea)

Moon is the Oldest TV (Der Mond ist der älteste Fernseher), 1965/1992

11 Fernsehmonitore (schwarzweiß) und 11 Videorecorder
Erworben 1985
AM 1985-142

Der in der neodadaistischen Künstlervereinigung Fluxus verwurzelte Künstler zählt zu den Pionieren der Videokunst – diese in den 60er Jahren

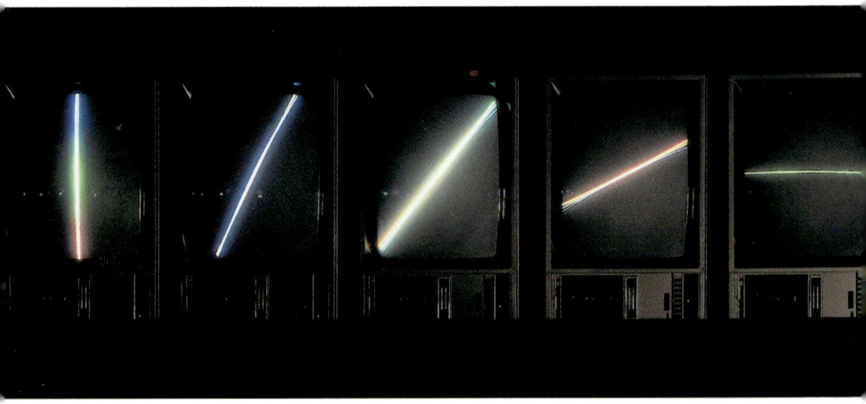

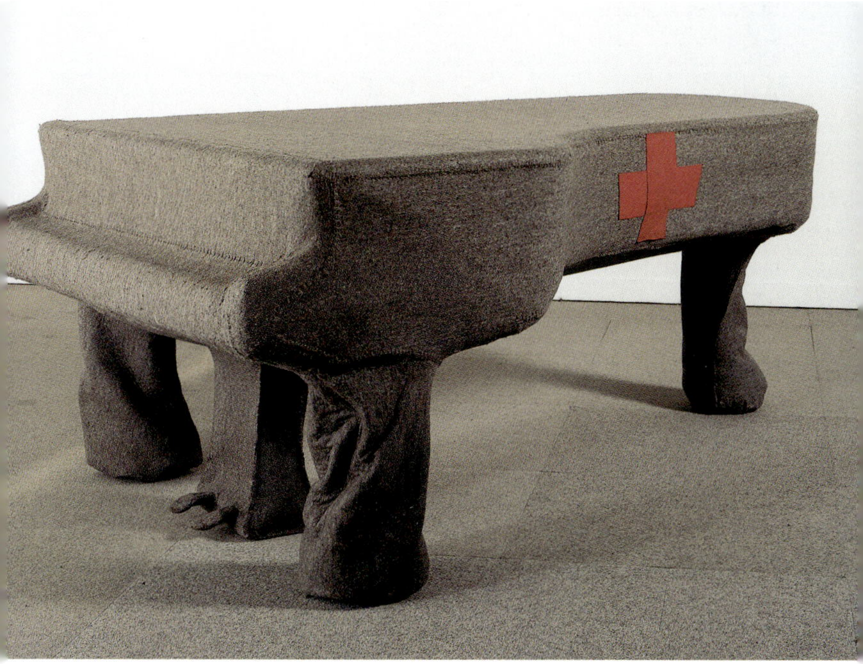

entstandene Arbeit ist eine seiner frühesten auf diesem Gebiet. Auf 11 Fernsehmonitoren, aufgestellt in einem dunklen Raum, sind Bildfolgen zu sehen, die an die einzelnen Mondphasen erinnern. Ein mit dem Kathodenröhrenhals verbundener Magnet modifiziert jeweils die so entstandene Kreis- oder Segmentform, entsprechend den Veränderungen im Magnetfeld. Eine dem Zen-Buddhismus entsprungene Meditationsform und zugleich Anspielung auf die frühe Menschheitsgeschichte.

Joseph Beuys ▲

1921 Kleve – 1986 Düsseldorf

Infiltration homogen für Konzertflügel, der größte Komponist der Gegenwart ist das Contergankind, 1966

Konzertflügel, mit Filz und Gewebe bezogen, 100 x 152 x 240 cm
Erworben 1976
AM 1976-7

Beuys war einer der umstrittensten, in vieler Hinsicht jedoch auch einflussreichsten Künstler der zweiten Hälfte des 20. Jahrhunderts. Sein Werk, dessen Anfänge eng mit Fluxus und Aktionskunst verknüpft sind, kreiste um religiös-metaphysische Probleme und gewann häufig schamanistischen Charakter. Tod und Auferstehung sind zwei seiner zentralen Themen, ferner die energetischen Prinzipien, die das Leben bestimmen, und wissenschaftliche Fragestellungen, die sich daraus ergeben.

Dieses Werk wurde 1966 im Rahmen einer Aktion an der Düsseldorfer Kunstakademie realisiert. Nach Aussage des Künstlers beschreibt es Natur und Struktur des Filzes (eines seiner bevorzugten Materialien); das Klavier werde dabei zu einem Reservoir des Tons, dessen Potential dieses Material dämpfe.

Zu Beginn der 80er Jahre nahm Beuys den Filzüberzug ab und platzierte ihn neben dem Flügel als eigenständiges Kunstwerk unter dem Titel *Die Haut* – nach seiner Auffassung ein Ensemble, das die Evolution von Wesen und Materie ausdrückt.

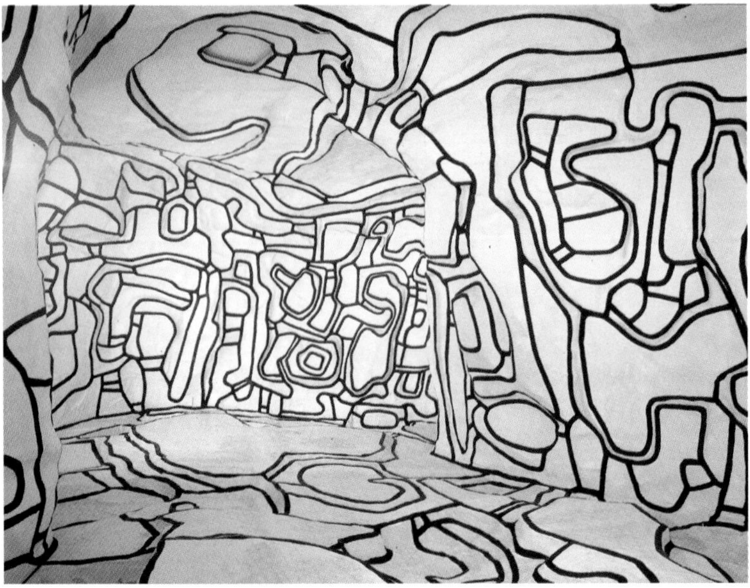

Jean Dubuffet

1901 Le Havre – 1985 Paris

Jardin d'hiver (Wintergarten), 1968–1970

Polyurethan auf Epoxydharz
480 x 960 x 550 cm
Erworben 1973
AM 1977-251

Dubuffet, prominentester Vertreter der von ihm selbst so bezeichneten spontanen, unreflektierten ›Art brut‹, setzte bei seinen Konstruktionen stets innere Bilder in dreidimensionale Gemälde um. Das seltsame Universum, das dabei entsteht, ist instabil, als sei es in fortwährender Ausdehnung begriffen und von ambivalenter Identität: Über einen Untergrund von inhomogener Vielfalt sind schwarze Linien gezogen, die nur bedingt der Reliefstruktur folgen.

Zu dem vom Künstler *L'Hourloupe* genannten Werkzyklus zählt auch der *Jardin d'hiver*: Betritt der Besucher diesen abgeschlossenen Raum, so macht er die Erfahrung, dass Zeit, Raum, Wahrnehmung, ja die Realität selbst als Täuschung erscheinen. Der Geist verliert seine vertrauten Orientierungspunkte, die Logik der Dinge gerät ins Wanken.

Mario Merz ◄

geb. 1925 in Mailand

Igloo di Giap (Das Iglu des Giap), 1968

Eisengitter, mit Erde gefüllte Plastikbeutel, Neonröhren, Batterien, Akkumulatoren
Höhe 120 cm, Durchmesser 200 cm
Erworben 1982
AM 1982-334

Die Form des Iglus findet sich – aus Metall, Glas oder wie hier aus Erde – in den 60er Jahren häufig im Werk von Mario Merz, einer Galionsfigur der ›Arte povera‹. Das *Igloo di Giap* besteht aus einer Art Metallumrandung, in der sich mit Erde gefüllte Plastikbeutel türmen, umlaufen von einer Neonschrift. Für den italienischen Künstler, der von der Malerei wegstrebte, verkörperte das Iglu die organische Form par excellence: als Welt und Obdach. Es erscheint wie ein Sinnbild des Selbsterhaltungstriebs, untermalt von einer buddhistischen Weisheit des vietnamesischen Generals Giap, Militärberater Ho Chi Minhs: »Sammelt sich der Feind, verliert er an Terrain, zerstreut er sich, verliert er an Schlagkraft.«

Giuseppe Penone

geb. 1947 in Garessio

Soffio 6 (Atemzug 6),
1978

Terrakotta, 158 x 75 x 79 cm
Erworben 1980
AM 1980-42

Als weiterer Protagonist der ›Arte povera‹ zeigte Penone sich interessiert an zwei ganz unterschiedlichen Phänomenen: der heimatlichen Industrieregion Norditaliens sowie den Dichtungen Vergils und Petrarcas. Entsprechend durchdringen sich in seinem Werk Natur und Kultur – ein Versuch, die Gegensätze der Welt in einer neuen Einheit zu versöhnen. Bei *Soffio 6* hinterließ Penone den Abdruck seines Körpers in einem Terrakottagefäß: Das Leben gerinnt dauerhaft in einem materiellen Behältnis, es entsteht ein konkreter physischer Bezug von Künstler und Kunstwerk.

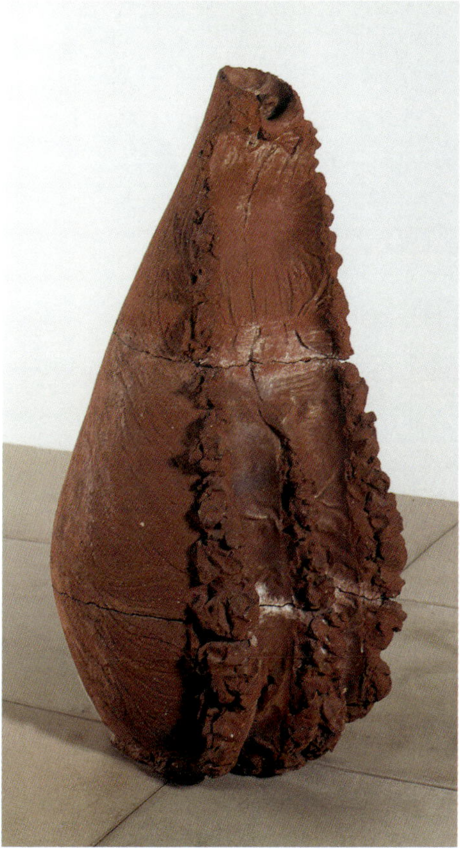

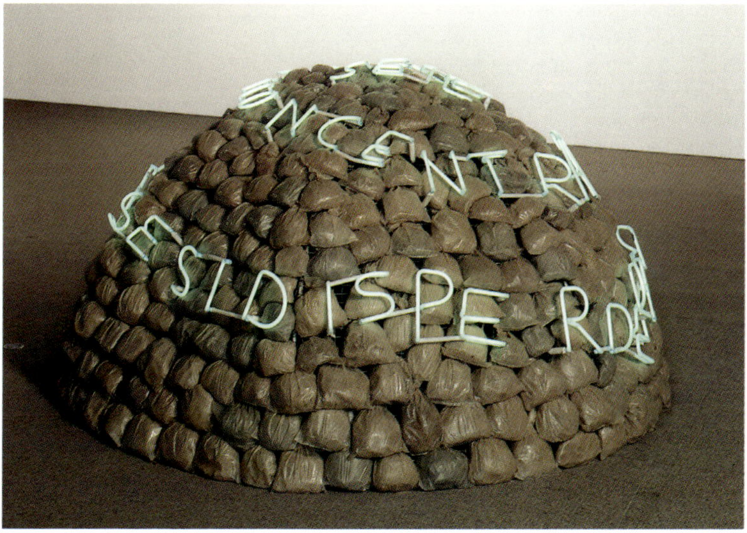

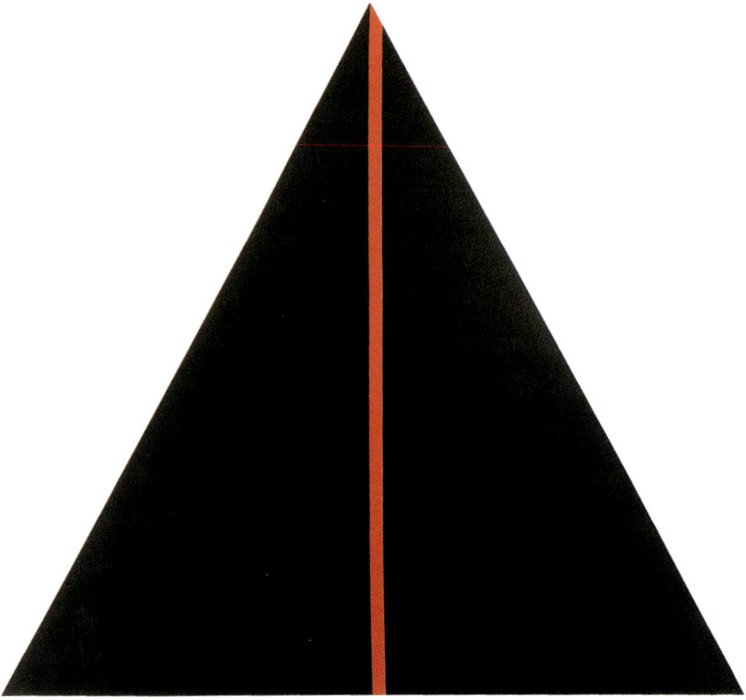

Barnett Newman

1905 New York – 1970 New York

Jericho, 1968/1969

Acrylfarbe auf Leinwand, 268,5 x 286 cm
Erworben mit Unterstützung von
Élisa und Basile Goulandris 1986
AM 1986-272

Ab 1946 brach Newman, später führender Vertreter des Abstrakten Expressionismus, mit dem surrealistischen Prinzip der ›peinture automatique‹ und drang in seinen Bildern zu einer radikalen Vereinfachung vor. Die Leinwand sah er in erster Linie definiert von ihren internen und externen Strukturen und beschränkte sich darauf, intensiv kolorierte Flächen durch breite vertikale Linien zu unterteilen, die er ›zips‹ (Reißverschlüsse) nannte.

Damit ließ er die Grundelemente des Bildes für sich sprechen: das Format (hier eine ungewöhnliche Dreiecksform), eine mit satten Farben bedeckte Oberfläche und das subtile innere Gleichgewicht des Werkes (bestimmt von einem dezentral gesetzten ›zip‹). Kunstwerk und Titel ziehen so den Betrachter in eine meditative Auseinandersetzung mit dem Wesen der Kunst an sich.

Eva Hesse ➤

1936 Hamburg – 1970 New York

Seven Poles (Sieben Pfeiler), 1970

Aluminiumfaser, Polyäthylen, Fiberglas, Harz
272 x 240 cm (je nach Ausstellungsort)
Erworben 1986
AM 1986-248

Im Zuge eines Deutschlandaufenthaltes im Jahre 1965 fand die Amerikanerin zu ihren eigenwilligen künstlerischen Sujets: der Darstellung menschlicher Organe und der Konzeption von Reliefs aus Industrieabfällen. Noch die später in New York entstandenen Werke sind hiervon beeinflusst – biomorphe Strukturen aus Latex, Harz oder Fiberglas.

Diese letzte Arbeit der 1970 verstorbenen Künstlerin besteht aus sieben Elementen, so an der Decke aufgehängt, dass sie sacht den Boden berühren. Form und Textur erinnern an Därme, könnten aber ebenso wie in anderen Werken Hesses eine Reminiszenz an Skulpturen der Olmeken darstellen.

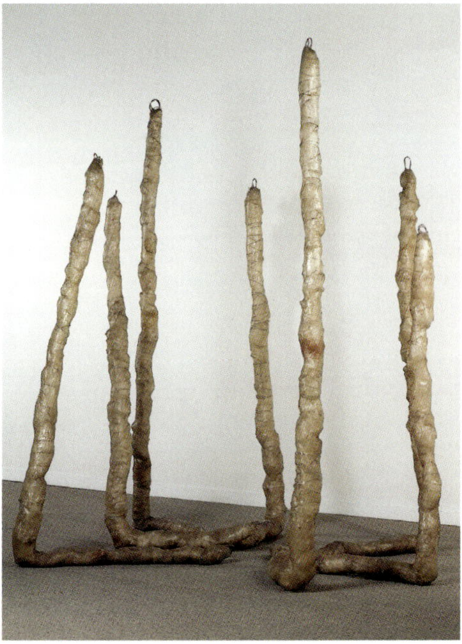

Donald Judd ◄

1928 Excelsior Springs (Montana) – 1994 New York

Stack (Stapel), 1972
Edelstahl und Plexiglas
470 x 102,5 x 79,2 cm,
jede Komponente
23 x 101,6 x 78,7 cm
Erworben 1973
AM 1980-412

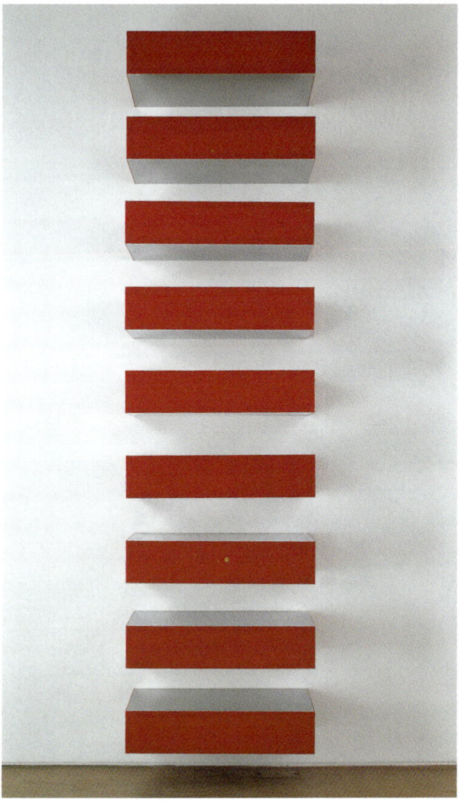

Stack gehört zur Reihe der von Judd so genannten ›specified objects‹. Zehn industriell gefertigte Stahlkuben sind in regelmäßigen Abständen an der Wand übereinander platziert. Symmetrie und Wiederholung sperren sich hier gegen jedes erzählerische oder subjektive Element. Die Arbeit ist Teil einer ganzen Serie solcher Arrangements, die Judd ab 1966 schuf, unterschiedlich nur in Zuschnitt, Material, Farbe und Anzahl der Komponenten – ein Spiel mit Varianten, das zum reinen Selbstbezug des Kunstwerks führt. Insofern bildet es ein Paradebeispiel der Minimal Art.

Claes Oldenburg

geb. 1929 in Stockholm

›Ghost‹ Drum Set (›Geister‹-Schlagzeug), 1972

10 Elemente aus bemaltem Segeltuch, gefüllt mit Styroporkugeln
80 x 183 x 183 cm
Schenkung der Menil Foundation 1975
AM 1975-64

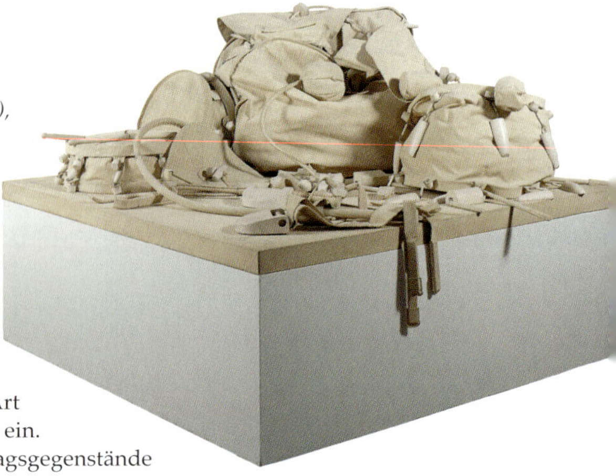

Oldenburg nimmt innerhalb der Pop Art eine Sonderstellung ein. 1965 begann er Alltagsgegenstände zu reproduzieren, ihrer Substanz und Farben entblößt. Herausgelöst aus ihrem angestammten Kontext, fungierten sie nun als Kritik an der Wirklichkeit.

Über dieses – nicht in natürlichem Maßstab wiedergegebene – Schlagzeug (Jugenderinnerung an eine Trommel) mit seinen runden Phantasieformen in strahlendem Weiß bemerkte der Künstler: »Es ist eher eine Landschaft als etwas Körperliches, eine Art breughelsches Panorama.« Vielleicht hatte er dabei aber auch die Schneegipfel des heimatlichen Colorado im Sinn. Oldenburg schuf mehrere monumentale Skulpturen für öffentliche Plätze in verschiedenen Metropolen.

Pierre Paulin

geb. 1927 in Paris

Ribbon Chair 582, 1966

Stahl, lackiertes Holz, Latex
70 x 105 x 80 cm
Schenkung der Firma Strafor 1996
AM 1996-1-3

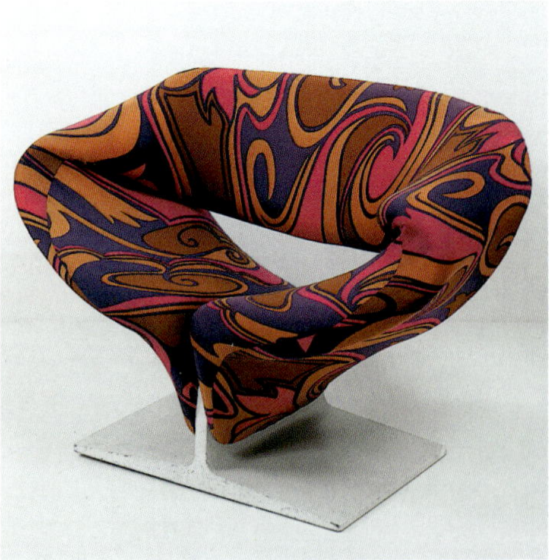

Paulin arbeitete anfangs als Töpfer in Vallauris und Bildhauer in Beaune, besuchte dann die École Camondo, wo er Marcel Gascoin kennen lernte, einen jungen Designer der ›Union des artistes modernes‹. Ab 1945 begann er Sitzmöbel zu entwerfen, mit dem ihm eigenen genialen Duktus jedoch erst ab Beginn der 60er Jahre, als er gemeinsam mit Verner Panton zu den Koryphäen des typischen Designs jener Epoche avancierte, mit einem Faible für elastische, bunte Werkstoffe. Fasziniert von der Vielseitigkeit synthetischen Materials (Latex, Polyester), schuf er zahlreiche interessante Entwürfe, wie auch diesen ›Band-Stuhl‹ aus einem verschlungenen elastischen Teil mit Hohlraum in der Mitte: ein bequemer Sessel mit Piedestal, das als scheinbar separate Komponente hinzutritt.

Superstudio

Gian Piero Frassinelli (geb. 1939 in Porto San Giorgio)
Alessandro Magris (geb. 1941 in Florenz)
Roberto Magris (geb. 1935 in Florenz)
Adolfo Natalini (geb. 1941 in Pistoia)
Cristiano Toraldo di Francia (geb. 1941 in Florenz)

Monumento continuo, New New York, 1969

Kolorierte Photomontage
Erworben 2000
AM 2000-2-105

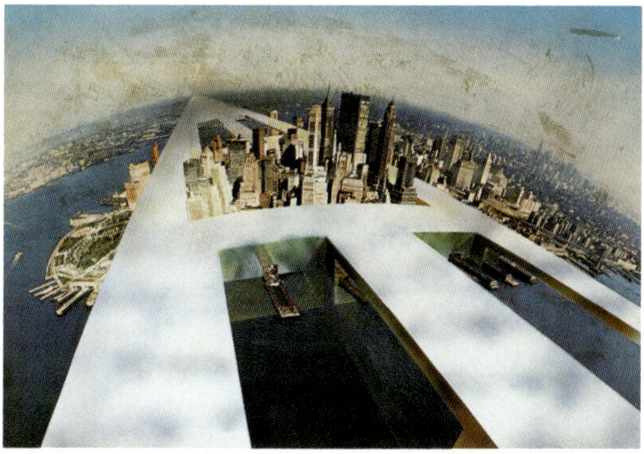

Superstudio wurde 1966 in Florenz gegründet von Adolfo Natalini und Cristiano Toraldo di Francia, denen sich später Alessandro und Roberto Magris sowie Gian Piero Frassinelli anschlossen – eine Vereinigung avantgardistischer Anti-Designer und Radikal-Architekten, die immerhin zwei Jahrzehnte Bestand hatte.

1969 entwickelten sie den Entwurf eines monumentalen Bauwerks, das sich – in keiner Weise zerstörerisch – über Stadt und Land legte. Bei diesem ›Kontinuierlichen Monument‹ sind schon die Prinzipien des Dekonstruktivismus spürbar, einer scharfen Kritik am Funktionalismus in der Art Le Corbusiers. Das Ansehen der Gruppe beruhte jedoch weniger auf dieser Abwehrhaltung als auf der magischen Kühnheit ihrer Ideen.

Zu Beginn der 60er Jahre brachte eine Gruppe junger Londoner Architekten (neben den oben genannten Warren Chalk und Michael Webb) ›Amazing Archigram‹ heraus, als Manifest gegen die stagnierende Architekturdiskussion. Ähnlich wie die Künstler der Pop Art entwickelten sie in bewusstem Einklang mit dem Zeitgeist etwa ein Jahrzehnt lang (1961–1974) utopische Projekte, dabei vieles nach Art der Situationisten dem Zufall überlassend, mit dem Ziel einer geradezu sich selbst erschaffenden, anarchischen Architektur, die ihre Modelle endlos neu erfand.

Instant City, eine Collage von Ron Herron, visualisiert in heiter-spielerischer Weise den Gedanken, im Rahmen eines ›Austauschs‹ zwischen Stadt und Provinz »ein Wochenendhäuschen in eine kleine Halbmillionstadt zu verwandeln«.

Archigram

Peter Cook (geb. 1936 in Southend-on-Sea)
Dennis Crompton (geb. 1935 in Blackpool)
Ron Herron (1930 London – 1995 London)

Instant City. Urban Action Tune Up, 1969/1970

Collage, 58 x 76 cm
Erworben 1992
AM 1992-1-285

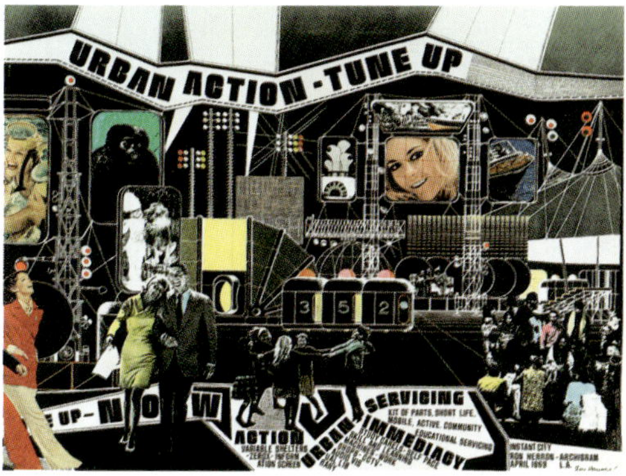

Ettore Sottsass
geb. 1917 in Innsbruck

Toiletten und Dusche,
1972
Verstärktes Polyester,
jedes Element
214 x 96,5 x 100 cm
Schenkung der
Scaler Westbury
Foundation 1999
AM 1998-1-25

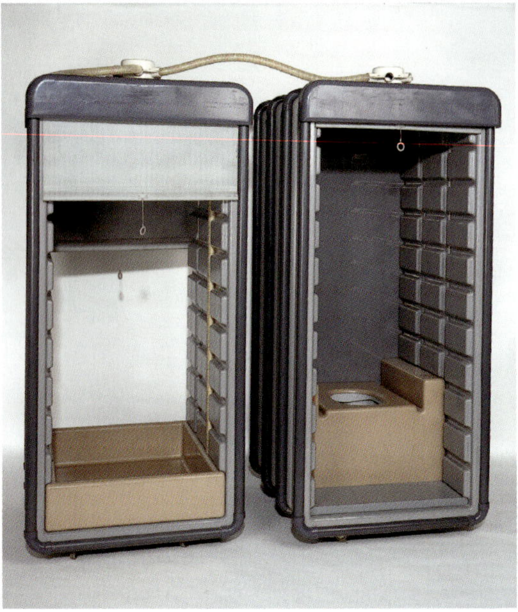

Die Objekte des hauptsächlich in Italien tätigen Architekten und Designers sind eher interessant als nützlich: Sie eignen sich als Museumsstücke, doch kaum für den häuslichen Gebrauch – Reflexionen über sein Zeitalter und dessen Umwälzungen.

1972 präsentierte Sottsass im Museum of Modern Art in New York dieses Ensemble beweglicher Kabinen. Seine Containermöbel umfassen insgesamt Küche, Bibliothek, Juke Box, Sitzecke, Bad und Toiletten (die letzten drei befinden sich im Fundus des Museums) in zehn Prototypen. Die Module, oben mit Wasser- und Stromleitungen, unten mit einem Abwassersystem versehen, sind beliebig arrangier- und austauschbar – mit nicht mehr Aufwand, als wechsele man das Hemd.

Renzo Piano ➤
geb. 1937 in Genua

Richard Rogers
geb. 1933 in Florenz

Centre Georges Pompidou, Paris
1971–1977

Modell, Holz, Kunststoff, Metall u. a.
46 x 150 x 98 cm
Schenkung der Architekten 1999
AM 1999-2-82

1969 schrieb der damalige französische Staatspräsident Georges Pompidou einen Wettbewerb für den Entwurf eines nationalen Kunst- und Kulturzentrums in Paris aus. Zwei Jahre später kürte die Jury unter Vorsitz von Jean Prouvé die Sieger: die jungen Architekten Renzo Piano und Richard Rogers vom Büro Ove Arup.

Ihr Gebäude, das nur die Hälfte des zur Verfügung stehenden Terrains beanspruchte, war ganz nach außen orientiert. Seine Fassade, 42 m hoch und 160 m lang, erinnerte in seinem Wechselspiel von Transparenz und Vorsätzen an utopische Projekte von Antonio Sant'Elia, den *Fun Palace* von Cedric Price oder Entwürfe konstruktivistischer Architektur.

Das am 31. 1. 1977 eröffnete Zentrum wurde 1997–2000 renoviert unter teilweise komplett modernisierter Innenausstattung von Renzo Piano und Jean-François Bodin.
In der 6. Etage befindet sich ein von Dominique Jakob und Brendan McFarlane gestaltetes Panorama-Restaurant.

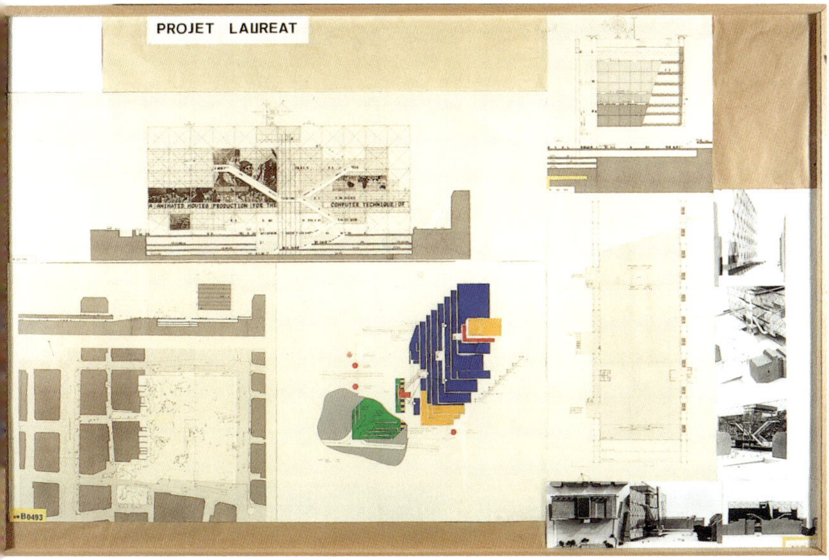

Aldo Rossi

1931 Mailand – 1997 Mailand

Welttheater, Venedig, 1979/1980
Tiefdruck auf Karton, 70 x 84,5 cm
Schenkung des Künstlers 1992
AM 1992-1-22

Das *Welttheater* dümpelte mehrere Monate in der Lagune von Venedig, als Aufführungsort der Theater- und Architektur-Sektion der Biennale von 1979. Der symmetrische Kubus mit einer Höhe von 25 m wurde überragt von einem oktogonalen Prisma. Sein holzverkleidetes Gerüst bestand aus auf dem Ponton verankerten Stahlrohren. Die Bühne war eingefasst von Tribünen für 200 bis 250 Personen.

Rossi evozierte hiermit ein anderes Venedig als jenes aus Stein und Marmor. Sein ephemeres Bauwerk aus Holz erweckte darüber hinaus Assoziationen an untergehende Städte und bedrohte historische Viertel – wie es in einer Stadt wie Venedig durchaus nahe liegend scheint.

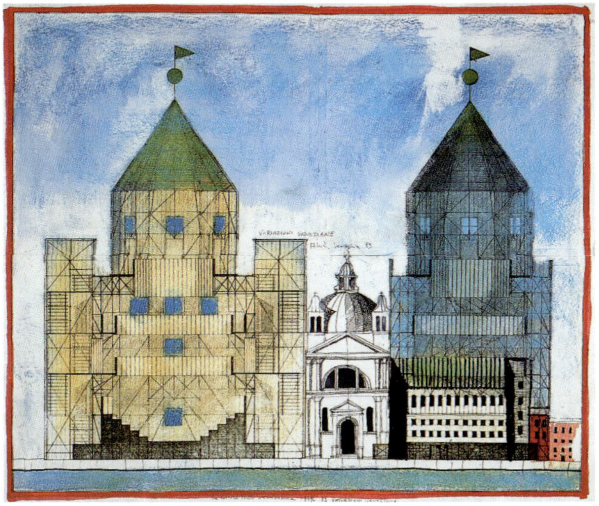

Pierre Alechinsky ➤

geb. 1927 in Brüssel

Le Passé inaperçu (Die nicht wahrgenommene Vergangenheit), 1981

Acrylfarbe und Tusche auf Papier, auf Leinwand aufgezogen, 209 x 470 x 7 cm
Erworben 1995
AM 1995-339

Alechinsky, Anfang der 50er Jahre Mitglied der Künstlergruppe COBRA (Akronym aus COpenhagen-BRuxelles-Amsterdam), bewahrte sich aus dieser Zeit ein Faible für Grenzwanderungen zwischen Malerei und Schrift. Auch an diesem Bild zeigt sich seine – vor allem an orientalischen Vorbildern geschulte – kalligraphische Meisterschaft; charakteristisch für sein Werk ist ferner die Verwendung einer Umrandung. Im Zentrum des Bildes agieren typische Masken des belgischen Karnevals, auf dem ›Schmuckband‹ ringsum sind in Schwarz und Weiß detalliert verschiedenene Partien ihrer Kostüme festgehalten.

Das Museum verfügt aufgrund großzügiger Schenkungen des Künstlers über einen bedeutenden Bestand seiner Zeichnungen, Gouachen und Aquarelle.

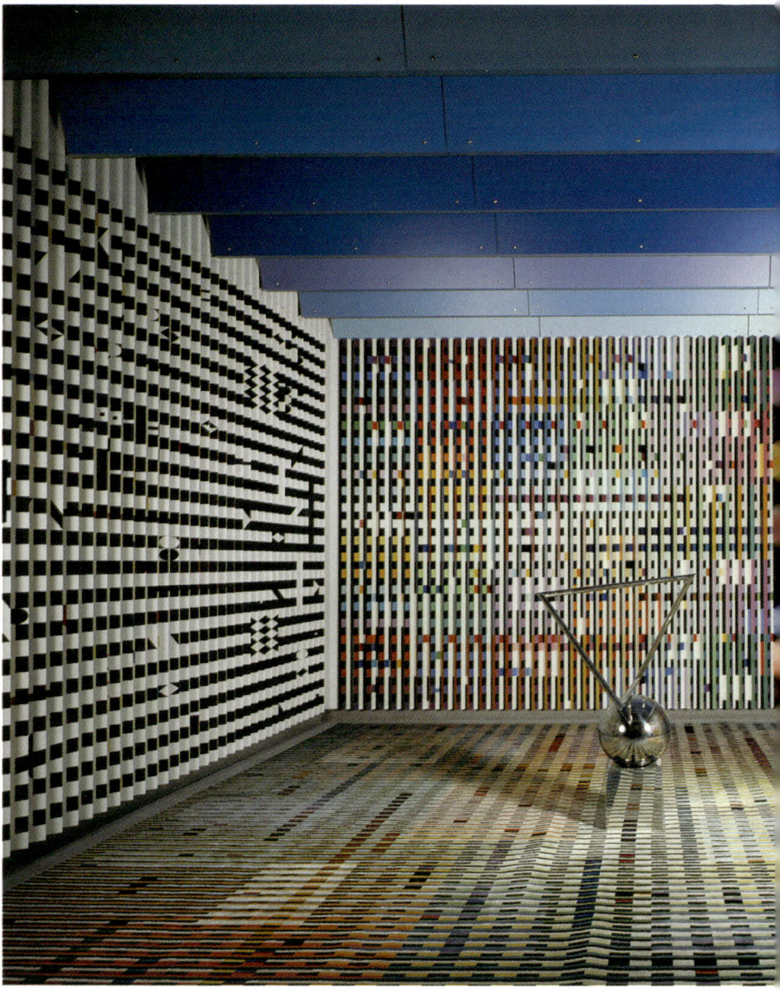

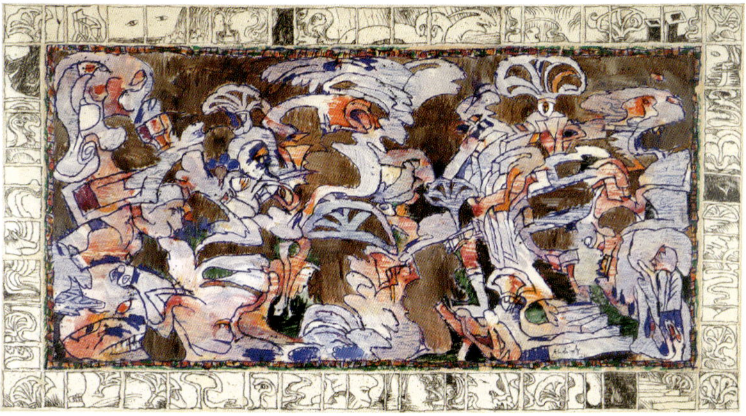

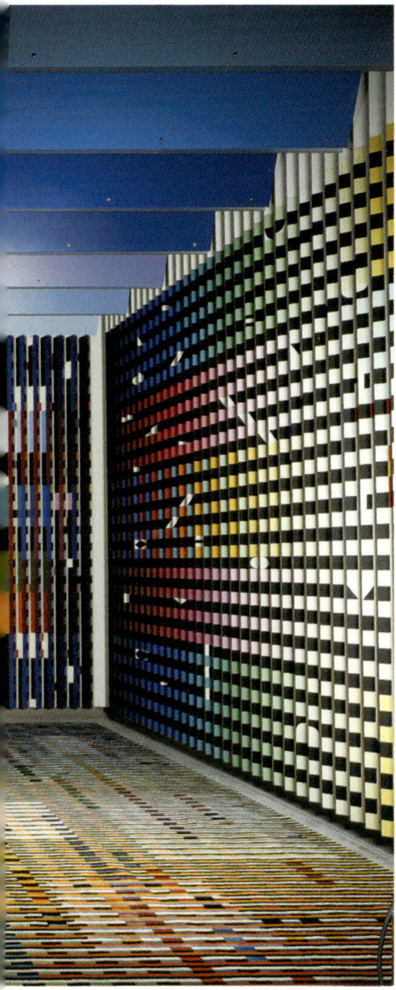

Yaacov Agam

geb. 1928 in Rishon le Zion (Israel)

Salon Agam, 1974

Ausstattung des Vorzimmers der
Privatgemächer des Élysée-Palastes
(für Präsident Georges Pompidou)
Diverse Materialien
470 x 548 x 622 cm, Fußboden 34 m^2
Erworben 1974
AM 2000-3

Zu Beginn der 70er Jahre ließ der französische Staatspräsident Georges Pompidou die privaten Wohnräume seines Amtssitzes von zeitgenössischen Künstlern neu gestalten.

Yaacov Agam (eigtl. Gipstein) verwandelte den Vorraum dieser Gemächer in einen kinetischen Salon mit drei Wandgemälden, einer lichtdurchlässigen Decke und einem Teppich, in den 194 verschiedene Farbtöne eingewebt waren. Im Eingangsbereich tauchen transparente Wände aus farbigem Plexiglas den Raum in unterschiedliches Kolorit. In der Mitte erhebt sich mit *Triangle volant (Fliegendes Dreieck)* eine Skulptur aus poliertem Stahl, deren Lichtreflexe die Illusion einer vierten Dimension erzeugen – ein meisterliches kinetisches Kunstwerk, das auf die ambivalente Übergangszone im Leben des Staatsoberhauptes zwischen öffentlichem und privatem Bereich anspielt.

Bertrand Lavier
geb. 1949 in Châtillon-sur-Seine

François Morellet
geb. 1926 in Cholet

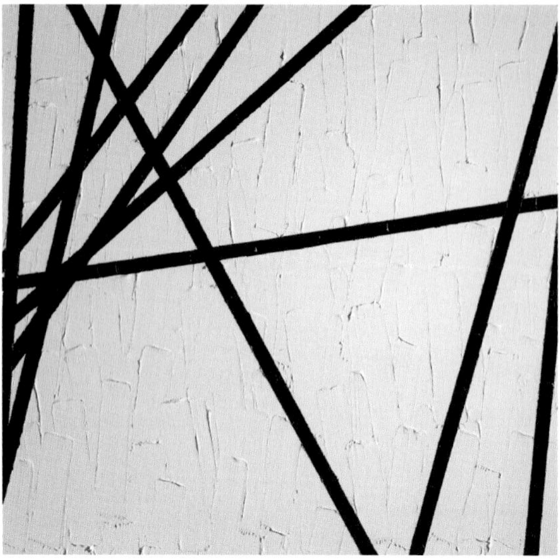

Lavier/Morellet, 1975–1995
Acrylfarben auf Leinwand
200 x 200 cm
Erworben 2001
AM 2001-27

Das nur scheinbar simple Gemälde birgt eine komplexe Geschichte. Es existiert in drei Varianten (von denen das Museum diese eine besitzt) und entstand nach und nach als ungewöhnliches Gemeinschaftswerk.

Morellet begann – getreu seiner Maxime, das Zufallsprinzip walten zu lassen – mit geraden Linien, die die auf der Rückseite des Rahmens angebrachten Vornamen beider Künstler verbanden. Lavier zog diese Linien nach und füllte auch die Zwischenräume mit (in der Manier van Goghs) pastos aufgetragenen Acrylfarben. Insofern ist das Kunstwerk nicht als reines Gemälde zu betrachten, sondern als Mischform aus Bild und bemaltem Objekt.

Pierre Soulages ➤
geb. 1919 in Rodez (Frankreich)

Gemälde, 1985, 324 x 362 cm, Polyptychon C, 1985
Öl auf Leinwand, 324 x 362,5 cm
Erworben 1987
AM 1987-937

Seit seinen künstlerischen Anfängen in den 50er Jahren blieb Soulages der abstrakten Malerei treu und der Variation einer einzigen Farbe: Schwarz. Mit ungewöhnlichen Bildformaten und Aufhängungen sowie dem Experimentieren mit neuen Techniken erwarb er sich internationales Ansehen und gilt als bedeutendster französischer Künstler des 20. Jahrhunderts, der eine eigene Form des Abstrakten Expressionismus prägte.

Dieses *Polyptychon* ist ein Ensemble aus vier übereinander gelegten Rahmen mit schrägen Leinwänden, schwarz bemalt und nachbearbeitet. Das Licht, das sich in diesen Vertiefungen fängt, verleiht dem Material den Anschein von Regen auf einer Maueroberfläche.

Robert Ryman ➤
geb. 1930 in Nashville (Tennessee)

Chapter, 1981
Öl auf Leinwand, 4 Metallklammern
223,5 x 213,5 cm
Erworben 1982
AM 1981-850

Diese Bild vereint zwei Grundzüge des Werks von Ryman. Da ist zunächst das Weiß, »mit dem man andere Dinge sichtbar machen kann«. Hier zeigen die Sensibilität der Materie und die Zartheit der Pinselstriche die Meisterschaft, mit der der Künstler auch geringste Farbnuancen umsetzt. Das Zweite ist das quadratische Format (Ryman

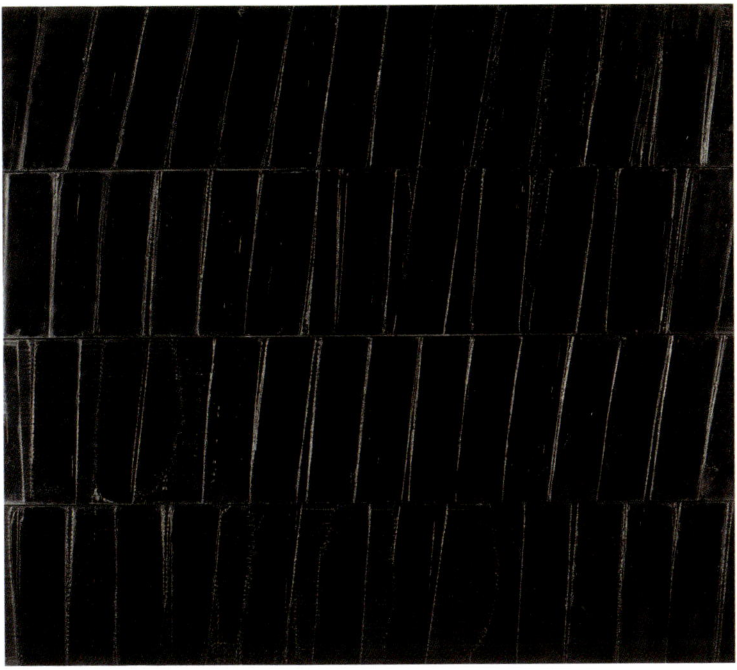

sah das Quadrat als ideale Form) bzw. die Installation des Bildes: Mit bewusst sichtbaren Metallklammern ist es an der Wand befestigt. So bilden sich Schatten rings um die groß dimensionierte Leinwand, die den Effekt der bemalten Oberfläche deutlich steigern.

Bill Viola

geb. 1951
in Flushing
(New York)

Chott el-Djerid (Portrait in Light and Heat), 1980

Farbvideo mit Ton
Länge: 28 Minuten
Erworben 1985
AM 1985-446

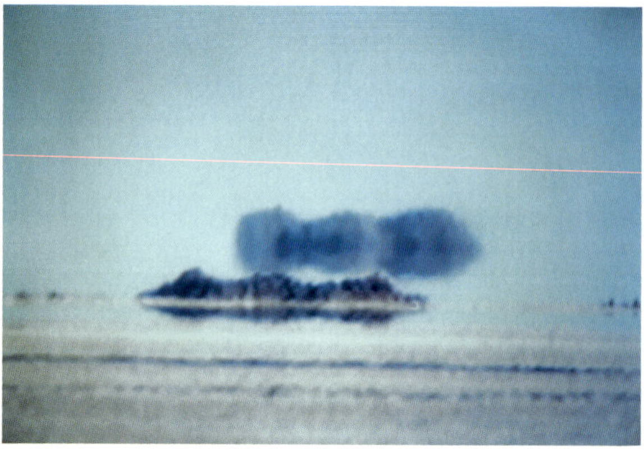

Der amerikanische Videokünstler verkehrt hier Idee und Realität, indem er die objektive Täuschung einer Fata Morgana zur subjektiven Wahrheit erhebt.

Am Schott el-Djerid, einem riesigen Salzsee im Süden Tunesiens, tritt bei großer Hitze häufig das Phänomen auf, dass man Menschen und Dinge sieht, die gar nicht existieren. Die Luft ist beinahe zum Greifen heiß, und mit einem Mal tauchen Schemen am Horizont auf: eine Karawane, eine Stadt oder die Bäume einer Oase. Gegen diese Bilder der afrikanischen Wüste setzt Viola solche der unermesslichen, winterlich verschneiten Prärien Nordamerikas – beides Räume, in denen der Blick des Betrachters orientierungslos umherschweift. Genau darin besteht in den Augen des Künstler der Reiz der Situation: das allmähliche Sich-treiben-lassen ins Ungewisse, als befände man sich in einem Traum.

Gerhard Richter ➤

geb. 1932 in Dresden

Chinon N° 645, 1987

Öl auf Leinwand, 200 x 320 cm
Erworben 1988
AM 1988-593

Richter nimmt in der Kunstgeschichte des 20. Jahrhunderts einen singulären Platz ein. Eindeutig lässt er sich weder der abstrakten noch der gegenständlichen Richtung zuordnen, sondern changiert beständig zwischen beiden Genres, wobei in seinem Schaffen stets ein politischer Anspruch spürbar bleibt.

Chinon N° 645 zelebriert die Landschaft im Zeitalter der Photographie. Obwohl keineswegs hyperrealistisch, zieht es doch unweigerlich die Aufmerksamkeit des Betrachters auf das Detail. Sieht man genau hin, entdeckt man in der Ferne ein Atomkraftwerk, das die bukolische Szenerie mit einem Schlag verfremdet und verwandelt. Der Künstler fordert hiermit auf zu einer zweifachen Reflexion: über die Gefahren der post-industriellen Welt und die Konventionen des Stils.

Bernd Becher
und Hilla Becher

geb. 1931 in Siegen
und 1934 in Potsdam

Hochöfen, 1982
Silbergelatineabzug, 59 x 49 x 2 cm
Erworben 1992
AM 1991-339 (18)

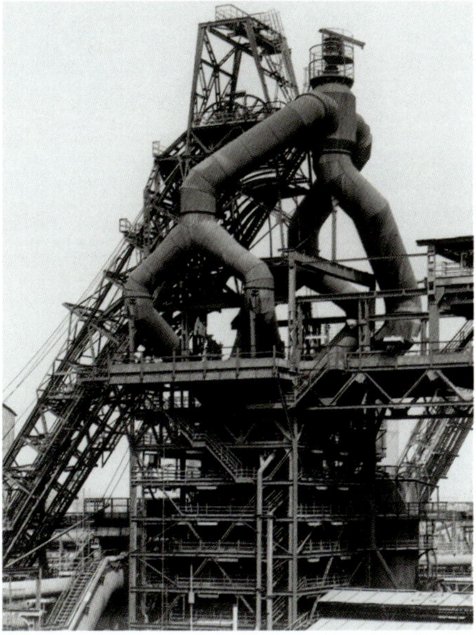

Die Bechers zählen zur Crème der zeitgenössischen deutschen Lichtbildner. Mit distanziertem Blick und erfinderisch setzen sie Motive wie Förder- und Wassertürme oder Räderwerke seriell in Szene – auf ihren Bildern wirken sie wie Skulpturen: stumme, anonyme Zeugen des technischen Fortschritts und der gesellschaftlichen Entwicklung.

Die Zusammenschau von 18 Hochöfen aus Deutschland, Amerika und Frankreich macht deutlich, dass diese Monstren aus Blech und Stahl zu ein und derselben Familie gehören, ungeachtet aller nationalen Unterschiede der Industriekultur. Die Bechers hauchen diesen verlassenen Giganten durch das Objektiv der Kamera neues Leben und eine andere Daseinsberechtigung ein.

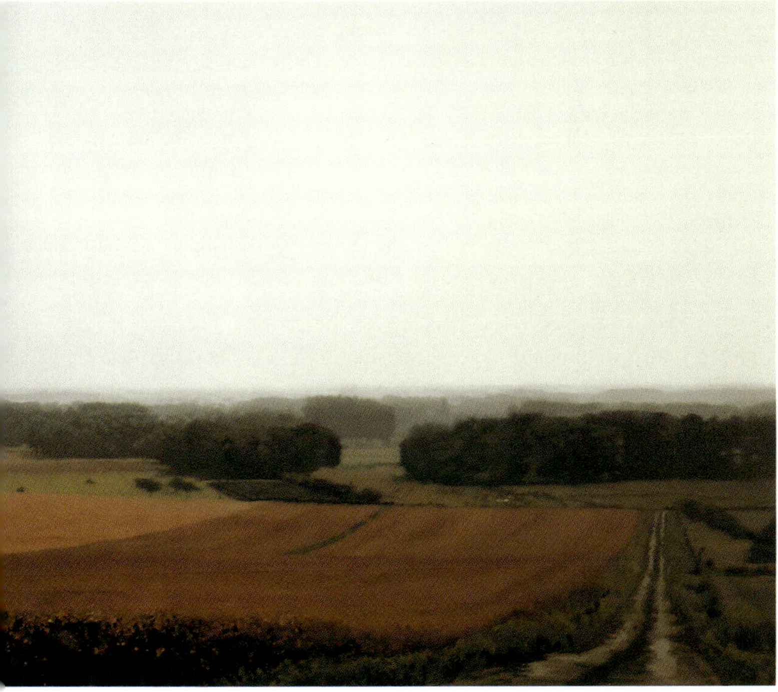

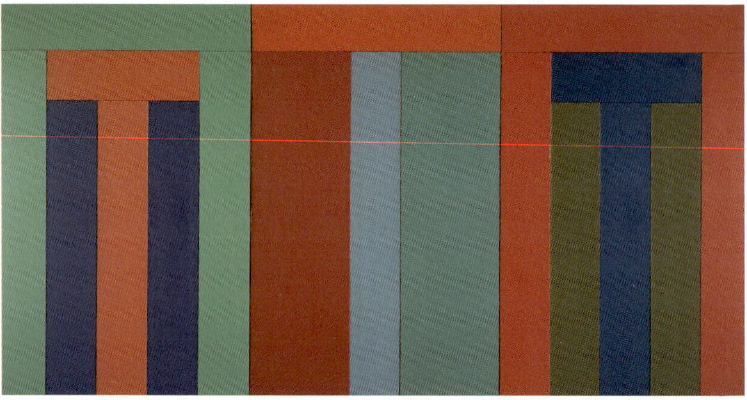

Brice Marden
geb. 1938 in Bronxville (New York)

Thira, 1979/1980
Öl und Wachs auf Leinwand, 244 x 460 cm
Schenkung der Georges Pompidou Art and Culture Foundation 1983
AM 1983-190

Thira gilt als das wichtigste Werk des Amerikaners. Anfangs von Franz Kline und Jasper Johns beeinflusst, schuf er ab 1964 monochrome Bilder, die, im Unterschied zur minimalistischen Malerei, die Grundierung der Leinwand durchscheinen ließen. Seit 1968 kombiniert er bei seinen Werken mehrere Leinwände – und dies in zunehmender Zahl: *Thira* (ein anderer Name für die Insel Santorin) setzt sich zusammen aus 18 Einzelstücken. Das Bildmotiv sind drei Türrahmen oder Kruzifixe, die das Thema des Transitorischen aufwerfen, des Hinübergleitens in eine andere Dimension, eine entlegene Wirklichkeit.

Jean-Marc Bustamante
geb. 1952 in Toulouse

T. 21A. 79. 1979, 1979
Farbphotographie, 103 x 130 cm
Schenkung des Künstlers 2001
AM 2001-31

Seit Ende der 70er Jahre ist Bustamante als vielseitiger Künstler präsent: mit Photographien, Gemälden, Skulpturen und Installationen. Seine erste Arbeit, die 1978–1982 entstandene, später *Tableaux* betitelte Serie von Photographien, ließ bereits das Ambivalente, Ungewisse als bestimmendes zentrales Element seines Schaffens erkennen. Es handelt sich, wie auf diesem Beispiel, um Lichtbilder der Landschaft um die Stadt Barcelona. Ihr Gesamteindruck löst sich förmlich auf in einer Fülle präziser Einzelmotive, als bewegte sich der Betrachter unmittelbar an der Oberfläche des Bildes.

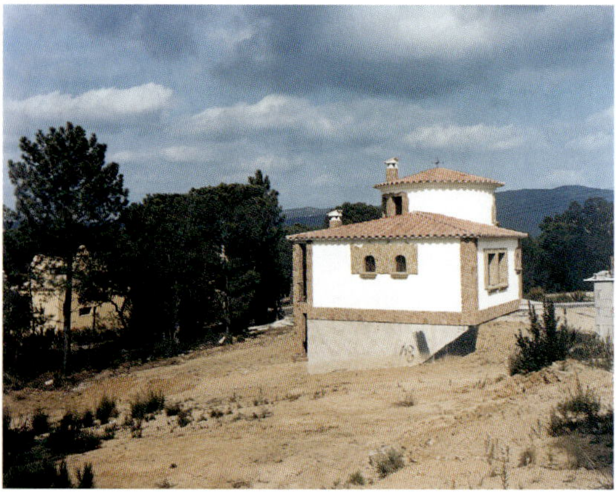

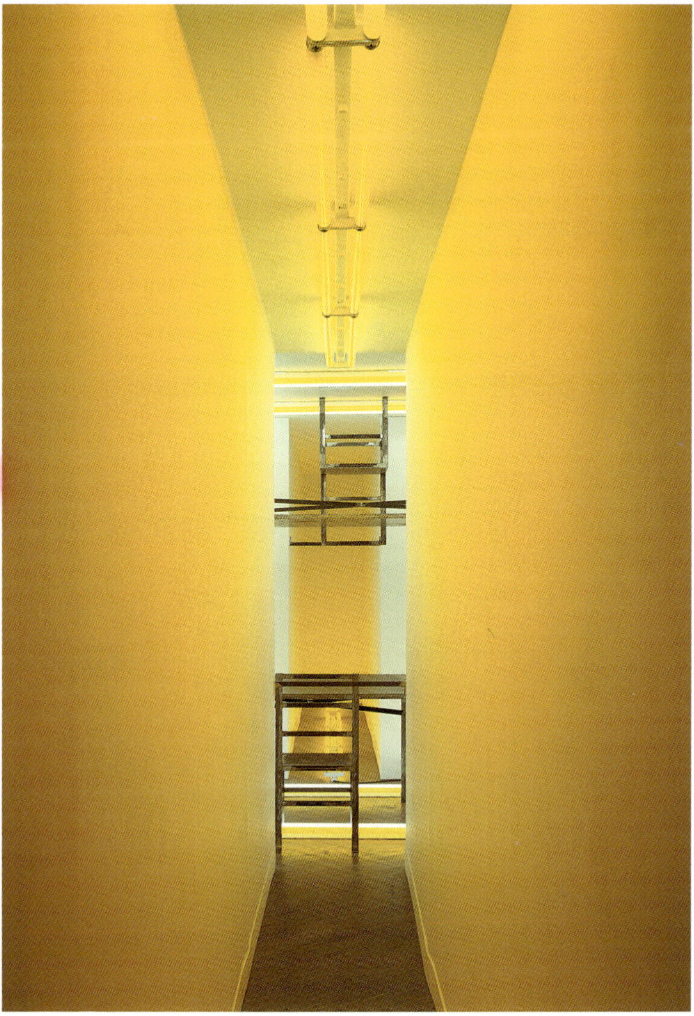

Bruce Nauman

geb. 1941 in Fort Wayne (Indiana)

Dream Passage with Four Corridors (Traumpassage mit vier Korridoren), 1984

Wandpaneele, Neonröhren, Tische, Stühle
283 x 1241 x 1241 cm
Erworben 1987
AM 1987-1136

Das umfangreiche Werk Bruce - Naumans entzieht sich gängigen Klassifizierungen. Er verwendet, vor allem seit Beginn der 80er Jahre, ganz unterschiedliche Materialien (darunter Neonobjekte, Photographien, Film, Tonband und Video) und versieht sie obendrein mit begleitenden Kommentaren und Zeichnungen.

Dream Passage ist eine Installation in großem Maßstab: vier enge Korridore, die in einem zentralen Raum, versehen mit Tischen und Stühlen, zusammentreffen – alles beleuchtet mit gelben und roten Neonröhren. Das Werk vereint so die bei Nauman häufigen Themen des Übergangs, der Balance des Raumes durch eine bestimmte Anordnung von Lichtobjekten in aggressiven Farben sowie der Umkehrung und Verdopplung verschiedener Elemente.

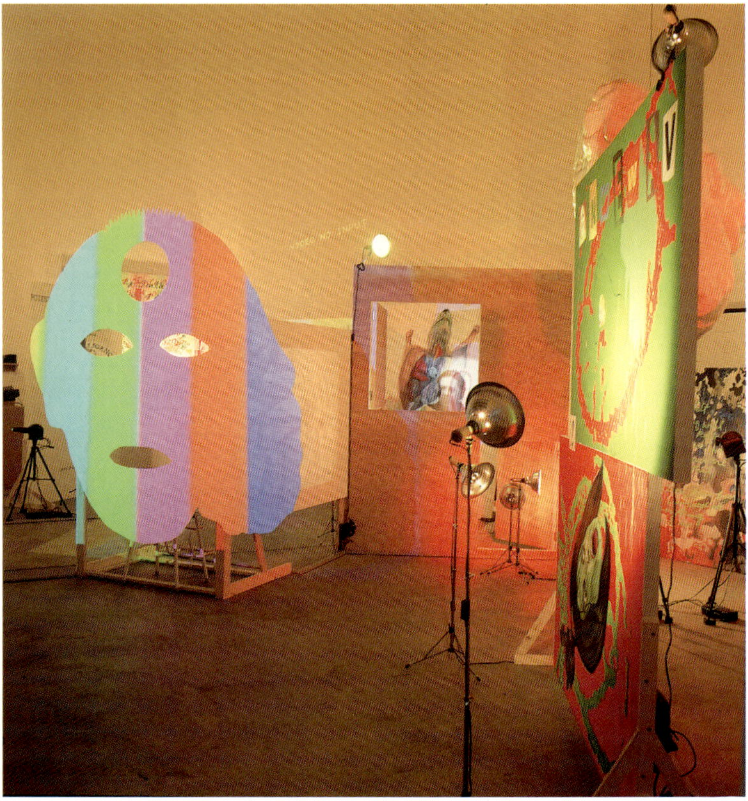

Mike Kelley

geb. 1954 in Los Angeles

Tony Oursler

geb. 1957 in New York

The Poetics Project, 1977–1997

Diverse Materialien, 3 Skulpturen,
14 Gemälde, 11 Farbvideobänder mit Ton
Schenkung der Société des Amis
du MNAM mit Unterstützung
der Scaler Westbury Foundation 1999
AM 1999-148

Im Jahre 1977 gründeten die beiden Künstler in Los Angeles die Punk-Gruppe ›The Poetics‹. Ihre erstmals 1997 gezeigte Installation stellt, mit Werken aus jenen zwei Jahrzehnten und einigen Neuzugaben, eine Reminiszenz an jene Schaffensperiode dar. In der Vielfalt seiner künstlerischen Ausdrucksmittel (Gemälde, Videos, Skulpturen, Musik und Zeichnungen) handelt es sich um ein Multimedia-Projekt par excellence, das einlädt zum Lustwandeln, kritischer Schau und neugieriger Erforschung. Kelley und Oursler gingen später zwar künstlerisch getrennte Wege, das *Poetics Project* kann jedoch für beider Laufbahn als richtungsweisend gelten.

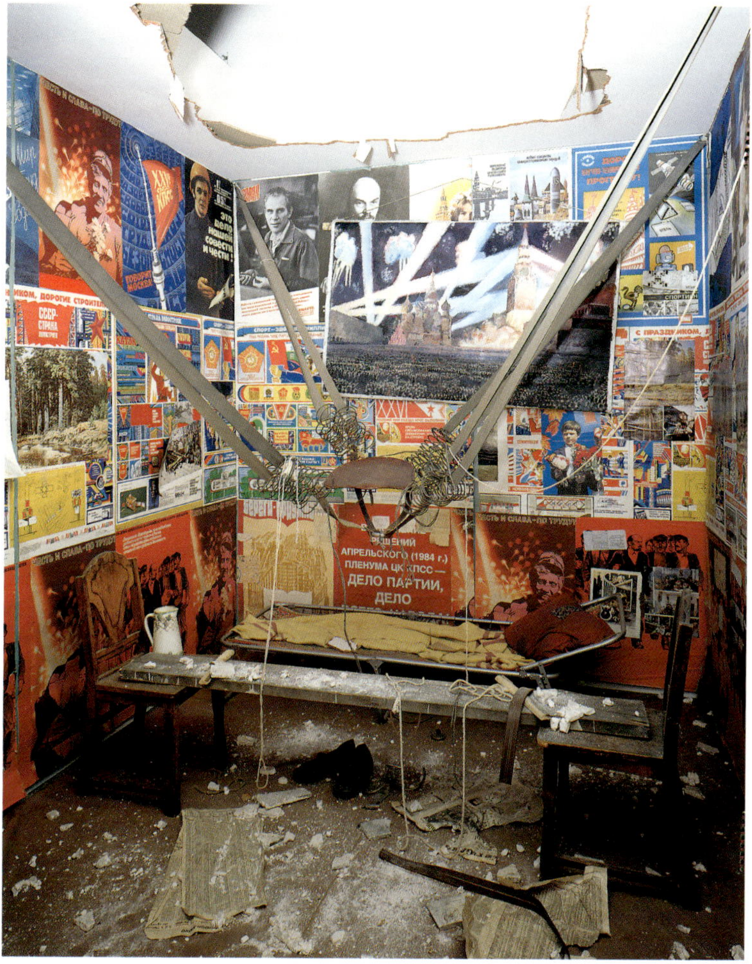

Ilya Kabakov

geb. 1933 in Dnjepropetrowsk
(UdSSR, heute Ukraine)

Les Dix Personnages: L'Homme qui s'est envolé dans l'espace (Zehn Persönlichkeiten: Der Mann, der fortflog in den Raum), 1981–1988

Rauminstallation, diverse Materialien
ca. 280 x 610 x 244 cm
Erworben 1990
AM 1990-97

Dieses Werk ist Bestandteil des Projektes *Les Dix Personnages*, in dem Kabakov sich ironisch distanziert mit dem Phänomen der berüchtigten sowjetischen Gemeinschaftswohnungen auseinandersetzt. Er bezieht sich dabei auf die künstlerische Avantgarde der 20er Jahre, die ihrerseits versuchte, diesen Unterkünften gewitzt die Last des Alltäglichen zu nehmen.

Einerseits trifft man hier auf Archetypen des ›realsozialistischen‹ Russland, andererseits wird die Sehnsucht nach einer anderen Realität spürbar, im Sinne der Eroberung des Raumes. Kabakov rückt stets die Ideologie ins Zentrum seiner Arbeiten – hier ist es eine phantomhafte Persönlichkeit, ein Opfer der gesellschaftlichen Utopie, die das System reproduziert.

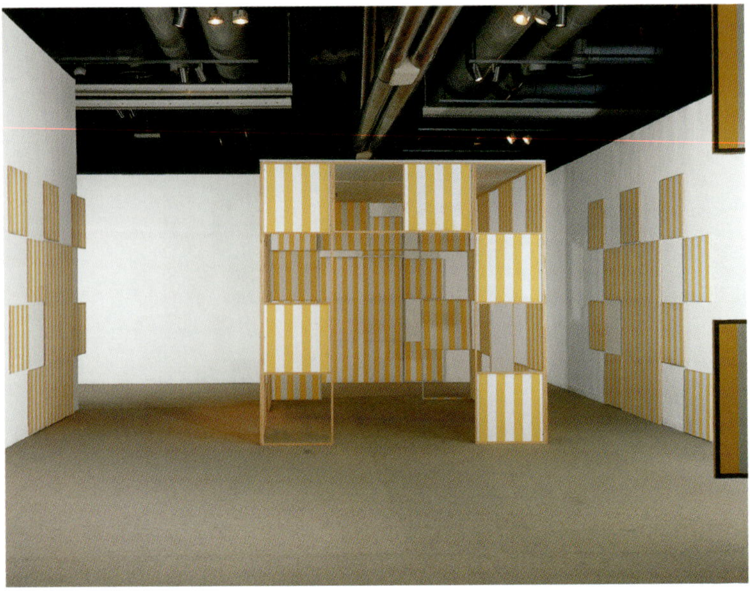

Daniel Buren

geb. 1938 in Boulogne-Billancourt

Cabane éclatée N° 6: les damiers (Wohnstätte Nr. 6, zerborsten: Schachbrettmuster), 1985

Holzgerüst und gestreifter Stoff
283 x 424,5 x 283 cm
Erworben vom Künstler 1990
AM 1990-87

Diese Werkgruppe ist geprägt von der Verwendung 8,7 cm breiter vertikaler Streifen, alternierend weiß und farbig, in situ vom Künstler angebracht. Die Natur des Schauplatzes wird hierdurch hervorgehoben wie tendenziell konterkariert – ein unpersönliches Motiv erhält damit eine individuelle Prägung. Buren bedient sich unterschiedlicher Materialien (Papier, Stoff, Glas, Spiegelglas, Kunststoff), die er zwei- und dreidimensional einsetzt.

Bei *Cabane éclatée N° 6* verband er zwei benachbarte Hausgrundrisse Mies van der Rohes im niederrheinischen Krefeld zu einer neuen Einheit. Die auf die Mauern aufgebrachten (ausgeschnittenen) Elemente zwingen den Betrachter im Zentrum, das gesamte Ensemble als eigenständiges Kunstwerk wahrzunehmen.

Die *Cabanes* sind, ungeachtet des festen Standortes, nicht von Dauer, weshalb sie stets auf Photographien festgehalten werden.

Toni Grand ➤

geb. 1935 in Gallargues-le-Montueux

Double colonne (Doppelsäule), 1982

Holz, mit Polyester beschichtet
Höhe jeweils 210 cm, Durchmesser 80 cm
Erworben 1983
AM 1983-372

Als Mitarbeiter der Gruppe ›Supports/Surfaces‹ beschäftigt sich der Bildhauer bevorzugt mit Eigenschaften und Symbolik bestimmter Materialien. Hier setzt er mit Holz und Polyester einen natürlichen und einen synthetischen Werkstoff in kontrastreiche Beziehung, gewissermaßen das Edle mit dem Gewöhnlichen konfrontierend. Zugleich kombiniert er damit eine vorgefundene natürliche Form mit einem Industrieprodukt. Das Äußere der beiden Säulen zeigt ein doppeltes Gesicht: runzlig und glatt, perfekt und nicht perfekt. Das Innere ist ausgehöhlt, um den Eindruck des Räumlichen zu verstärken.

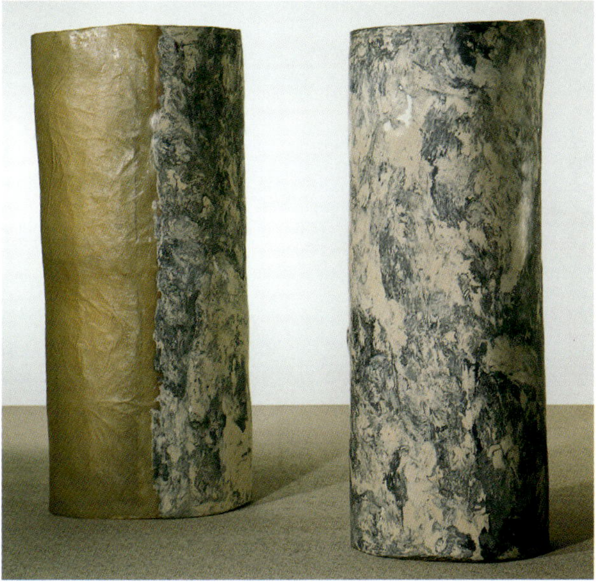

Claude Viallat ◄
geb. 1936 in Nîmes

Hommage à Matisse, 1992
Acrylfarbe auf Leinwand, 340 x 250 cm
Schenkung des Künstlers 1994
AM 1994-139

Viallat, Mitbegründer von ›Supports/Surfaces‹, druckt, zeichnet oder malt gerne Serien obstkernartiger Motive – eines ergibt sich aus dem anderen und reflektiert so den künstlerischen Schaffensprozess selbst. Der Künstler verwendet keine auf Rahmen gezogenen Leinwände und arbeitet manchmal mit einer Kombination mehrerer Materialien – als Malgrund oder skulpturales Ensemble.

Die Serie *Hommage à Matisse* bezeugt die Präsenz seines großen Vorbildes im eigenen Werk. Viallat nimmt hier beziehungsreich einen Sonnenschirm als ›Leinwand‹, und der Untertitel *Le Rideau jaune* (›Der gelbe Vorhang‹) deutet auf eine Neuinterpretation des namengebenden Matisse-Bildes von 1915. Die ›Kerne‹ sind von Wellenlinien eingefasst, wie der Vorhang im Referenzwerk das Fenster rahmt.

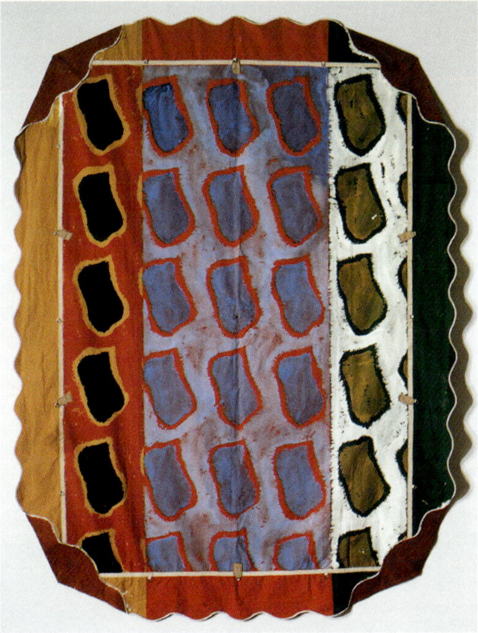

Jean Nouvel

geb. 1945 in Fumel (Frankreich)

in Zusammenarbeit mit
Emmanuel Blamont, Jean-Marc Ibos,
Philippe Starck und MyrtoVitart

Opernhaus in Tokio, 1986

Preisgekrönter, nicht realisierter Entwurf
eines Architekturwettbewerbs, 1986
Architekturmodell
Schwarzer und goldfarbener
Kunststoff, 55 x 122 x 90 cm
Erworben 1992
AM 1992-1-381

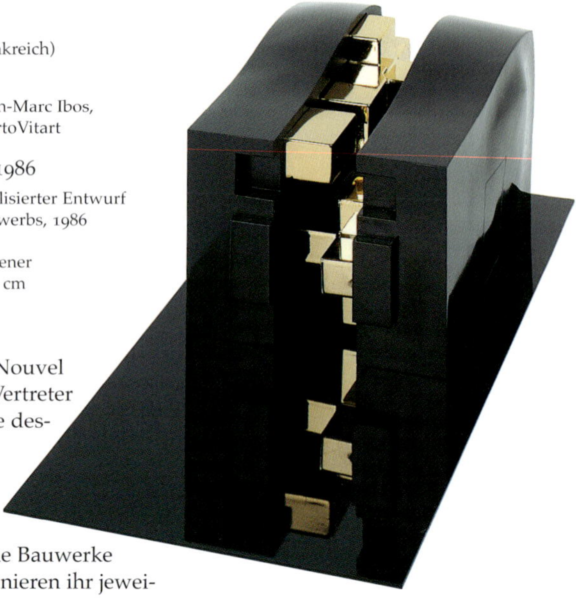

Der Architekt Jean Nouvel stellt als kritischer Vertreter seines Metiers gerne dessen althergebrachte Denkmodelle in Frage zugunsten neuer Ideen zeitgemäßen Bauens. Seine Bauwerke und Entwürfe dominieren ihr jeweiliges Ambiente bis hin zur völligen Reorganisation und Neudefinition ihrer architektonischen Prinzipien. Internationales Renommee errang Nouvel 1985 mit dem Institut du Monde Arabe in Paris.
Im Jahr darauf legte er in Tokio seinen Entwurf für ein Opernhaus vor – einen ›schwarzen Monolithen‹ in Form eines umgedrehten Konzertflügels, der die Nähe der modernen japanischen Kultur zu einem Universum der Science-fiction demonstrieren sollte. Die drei goldenen Hängekonstruktionen der Konzertsäle ragen aus dem Innern einer Art musikalischer Schmuckschatulle hervor, die sich über ihnen zu schließen scheint.

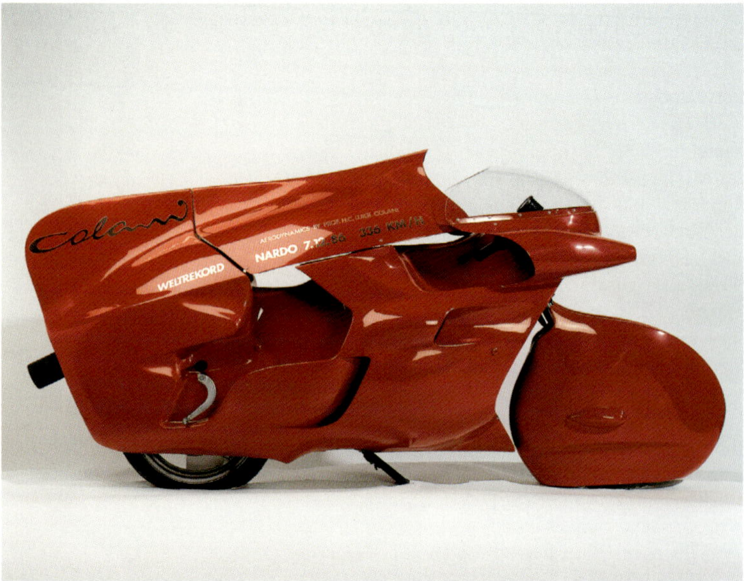

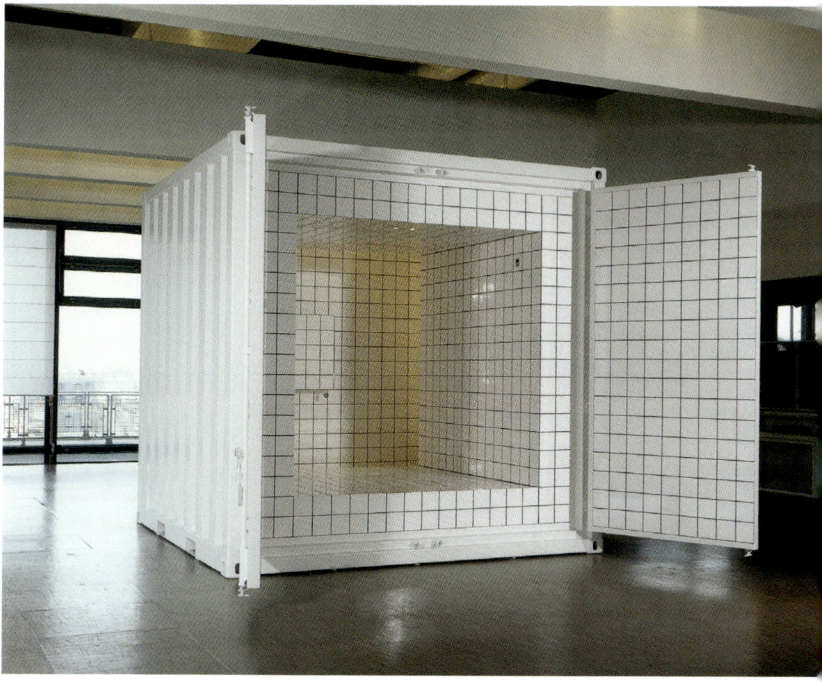

Luigi Colani

geb. 1928 in Berlin

Moto de course (Rennmotorrad), 1986
Verstärktes Polyester, 130 x 260 x 75 cm
Schenkung der Firma Strafor 1992
AM 1992-1-413

Der deutsche Designer Luigi (eigtl. Lutz) Colani machte sich von Beginn an einen Namen mit spektakulären Entwürfen von Automobilkarosserien. Ab 1968 verwendete er bevorzugt Kunststoffe als Material für seine aerodynamischen Modelle. Eine Tendenz zum Biomorphen wiederum demonstrierte er beim Entwurf einer Yacht in Form eines Wals oder dieses Motorrads für Yamaha mit der Anmutung einer springenden Katze – eines der letzten Projekte, das er in Japan realisierte, wo er von 1982 bis 1986 lebte.

Seine Rennmaschine stellte 1986 einen Geschwindigkeitsweltrekord auf, mit 336 km/h. Colanis biomorphes Design wurde zum Vorbild für zahlreiche andere Designer und führte insgesamt zu einem Umdenken in diesem Metier.

Jean-Pierre Raynaud

geb. 1939 in Courbevoie

Container zéro (Container Null), 1988
Stahl, Fliesen, Beleuchtung, 330 x 330 x 330 cm
Erworben 1988
AM 1988-2 (1)

Diese Auftragsarbeit für das MNAM-CCI ist eine Art Museum im Museum. Hier werden andere Werke ausgestellt, von Raynaud selbst (wie hier *Drapeau*, 2000) oder Malern, die mit seinem künstlerischen Universum in Beziehung stehen (*[Schwarzes] Kreuz* von Malewitsch, 1915, s. S. 48).

Container zéro greift das Prinzip des gänzlich mit weißen Fliesen ausgekleideten Hauses auf – wie das Domizil, das Raynaud sich in der Umgebung von Paris erbauen ließ (1974 der Allgemeinheit zugänglich gemacht, 1988 abgerissen). Hinter Namen und Prinzip verbirgt sich der innere Raum vor dem Entstehen des Werkes, vor seiner Geburtsstunde. Es ist zugleich ein Ort der Askese, ins Unerreichbare gerückt durch klinische Kälte, Entfremdung und tote Winkel außerhalb des Lichts.

Cindy Sherman

geb. 1941 in Glenn Ridge (New Jersey)

Untitled, #141, 1985

Farbabzug auf Papier
184,2 x 122,8 cm
Erworben 1986
AM 1986-264

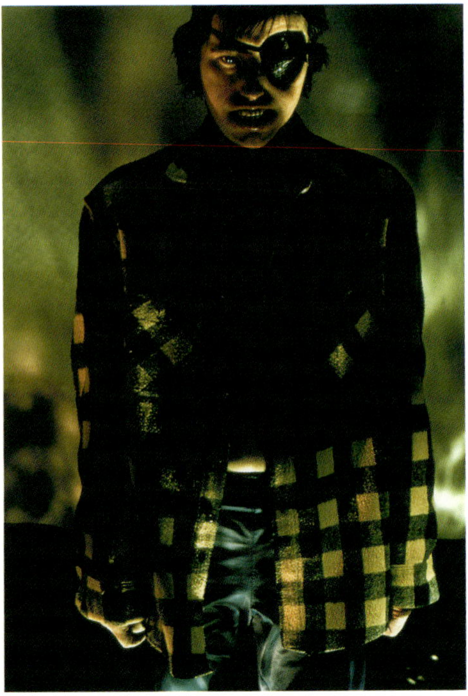

Das gesamte Werk der Amerikanerin ist der Welt des Bildes und vor allem den weiblichen Stereotypen im Spielfilm gewidmet. In bewusster Inszenierung und unter beständigen Metamorphosen photographiert Sherman sich selbst und schlüpft dabei in eine Rolle, als sei sie gefangen in einem Photoroman ohne Text. Ab 1982 gewannen ihre Arbeiten einen spektakuläreren Anstrich: Bilder in sehr lebhaften Farben, deren Personal behindert erscheint, mit Prothesen versehen oder anderswie ins Monströse mutierend – ähnlich wie bei diesem Photo, das in seiner ganzen Ausstrahlung, besonders aber durch das Schwarz und Gelb der Kleidung und das finstere Licht, ein Höllenwesen suggeriert.

Sophie Calle ➤

geb. 1953 in Paris

Les Aveugles: Le beau j'en ai fait mon deuil (Die Blinden: das Schöne, das ich meiner Trauer entrang), 1986

Silbergelatineabzug, diverse Materialien
108 x 120 x 15 cm
Schenkung der Société des Amis du MNAM 1992
AM 1992-368

Sophie Calle lässt ›Versuchspersonen‹ eine Erfahrung durchleben, deren Regeln sie zuvor festgelegt hat, und verfolgt den Ablauf des Experiments dann an Hand von Notizen, Photos, Tonband- und Filmaufnahmen. Ihr Werk besteht nicht aus jenen Zeugnissen, sondern ihrer Erhebung und der Spur der Erfahrung, die sich schließlich abzeichnet.

Für *Les Aveugles* befragte sie Menschen, die von Geburt an blind waren, zu ihrer Vorstellung von Schönheit: Deren Porträt-Photos, schriftliche Kommentare und ihre eigene, distanzierte Interpretation stellte sie anschließend aus. Einer der Blinden antwortete, dass er Schönheit aus seiner Trauer gewinne – daher ließ die Künstlerin den Platz des Bildes frei.

Christian Boltanski ➤

geb. 1944 in Paris

Les Archives de C. B. 1965–1988 (Die Archive des C. B. 1965–1988), 1989

Installation aus Blechkisten, Photographien, Lampen und Elektrokabel, 270 x 693 x 35,5 cm
Erworben 1989
AM 1989-551

Das Werk Boltanskis entrollt sich wie ein langes Band traumatischer Erinnerung. Dieses ›Archiv‹ ist eine

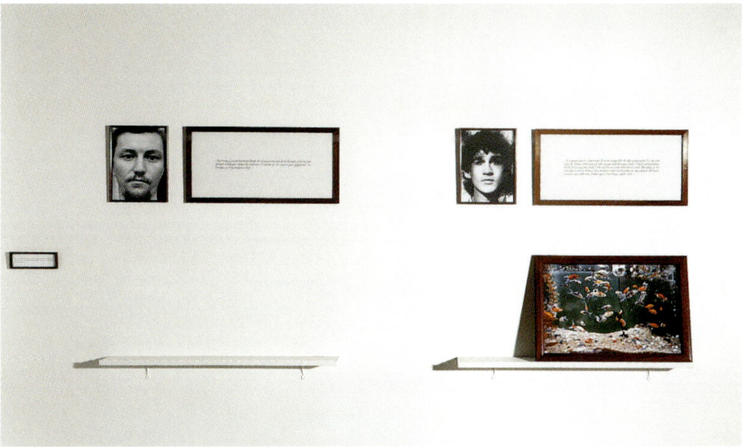

Installation aus mehr als 600 gestapelten Blechkisten, die Leben und Denken des Künstlers im Zeitraum von 1965 bis 1988 bis in kleinste Details festhalten, anhand von 1200 Photographien und 800 Dokumenten.

Als ›Mauer des Gedächtnisses‹ entfaltet sie sich – essentiell, doch mit spöttischem Beiklang – im Schein einer Reihe elektrischer Lampen, an dem einzigen der heutigen Welt verbliebenen Ort, der ihrem Schöpfer Unsterblichkeit sichern könnte: dem Museum. Indem der Inhalt der Kisten jedoch dem Blick des Künstlers selbst wie dem des Publikums entzogen ist, verwischen sich zugleich die Spuren seiner Existenz.

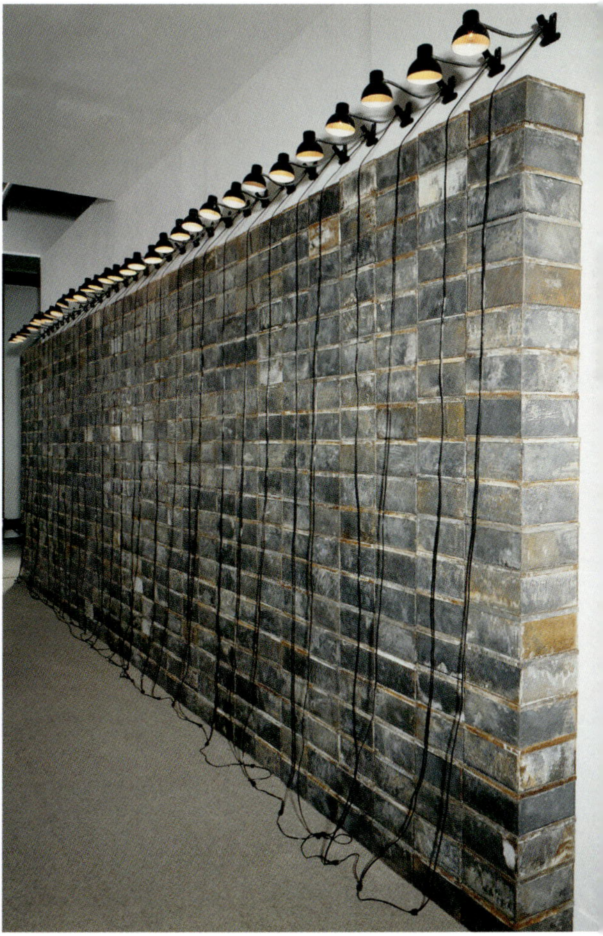

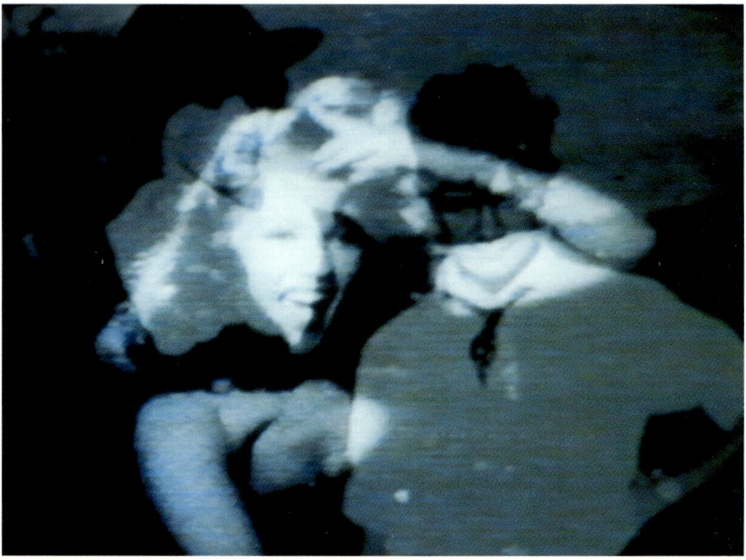

Jean-Luc Godard
geb. 1930 in Paris

Histoire(s) du Cinéma I à VIII
(Geschichte[n] des Kinos I bis VIII)
Toutes les histoires, Une histoire seule, Seul le cinéma, Fatale beauté, La Monnaie de l'Absolu, Une vague nouvelle, Le Contrôle de l'univers, Les Signes parmi nous, 1989/1996
Videosequenzen in Schwarzweiß und Farbe mit Ton, Länge 51, 42, 26, 28, 26, 27, 27 und 37 Minuten
Erworben 2000
AM 2000-172 (1 bis 8)

Hinter dieser Video-Serie in acht Einzelepisoden verbirgt sich das ehrgeizige Projekt, in der Verknüpfung mit autobiographischen Passagen eine Geschichte des Kinos mit dessen ureigensten Mitteln zu verfassen. Godard versucht dies durch Montage von Texten und Photogrammen im Rahmen einer Konfrontation eigener Filme mit historischem Filmaterial. Das Werk wird damit zum Ort einer sich gleichsam selbst gebärenden Erinnerung, als ›work in progress‹ eines Historikers der Kinematographie, der selbst in diesem Prozess aktiv beteiligt ist – ein Unternehmen, das bereits den eigenen Mythos in sich trägt.

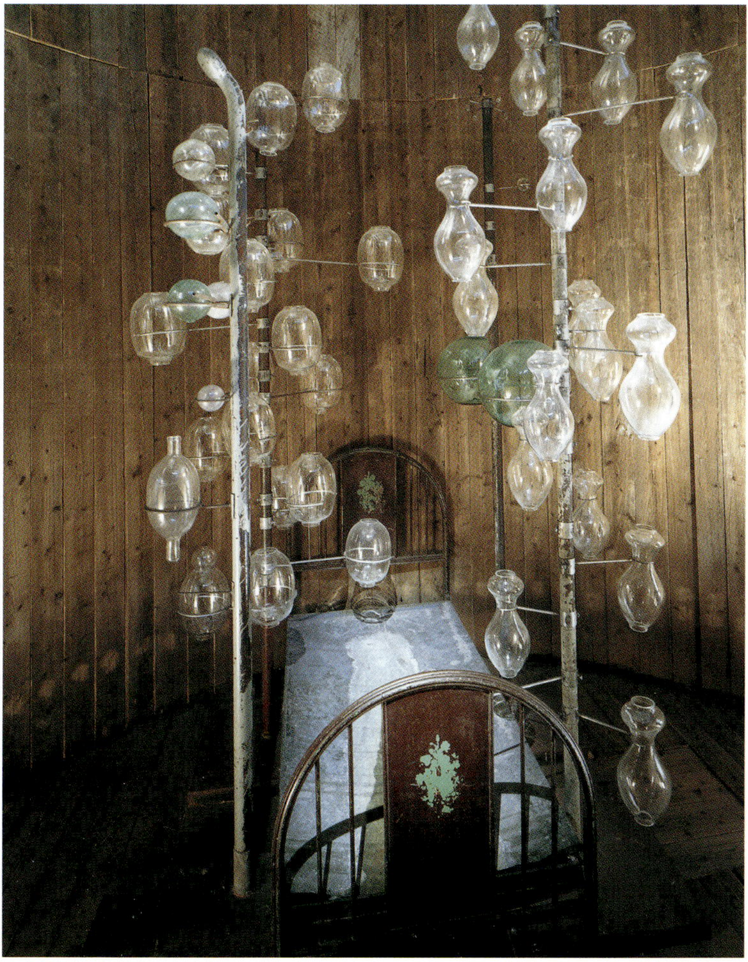

Louise Bourgeois

geb. 1911 in Paris

Precious Liquids
(Kostbare Flüssigkeiten), 1992

Installation aus diversen Materialien
Höhe 427 cm, Durchmesser 442 cm
Erworben 1993
AM 1993-28

Ganz auf die Lebenserfahrung der Künstlerin, insbesondere ihre Jugend bezogen, evoziert ihr Werk kraftvoll und zuweilen erschreckend ihre konfliktreiche Beziehung zum Vater.

Precious Liquids ist das Kernstück, das ihre zentralen Themen wie in einem Brennspiegel fokussiert. An der Außenwand dieser Installation in Form eines New Yorker Wasserreservoirs steht ein einziger Satz: »Die Kunst garantiert geistige Gesundheit.« Innen erblickt der Betrachter ein kleines Eisenbett, das einen Wasserstrahl auffängt, und ringsumher gläserne Behälter, scheinbar durchflossen von den ›kostbaren Flüssigkeiten‹ des menschlichen Körpers: Blut, Urin, Sperma, Tränen – Symbole des Schmerzes und der Freude.

Gegenüber dem Bettchen birgt ein riesiger Herrenmantel an der Brust ein Kinderkleidchen mit den eingestickten Worten: ›Merci/Mercy‹, einer zweisprachigen Beschwörung eines Gefühls von Mitleid/Anerkennung für die Figur des Vaters.

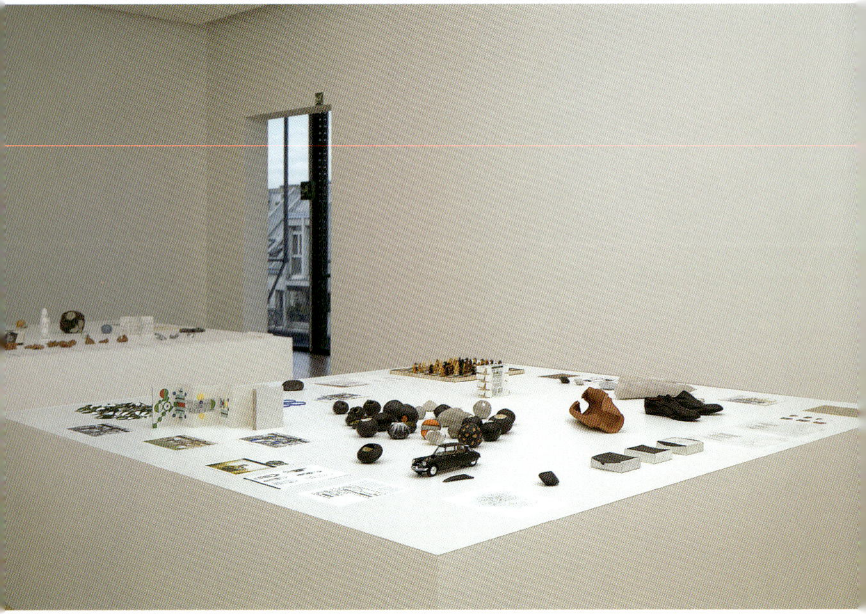

Gabriel Orozco ▲

geb. 1962 in Veracruz (Mexiko)

Mesas de trabajo (Arbeitstische), 1990–2000

Mischtechnik, variable Abmessungen
Erworben 2001
AM 2001-91

Orozco, führender Objektkünstler der Gegenwart, zeichnet sich aus durch eine bemerkenswerte Auffassung des Skulpturalen, die sich aus einem besonderen Interesse an reduzierten, ›armen‹ Materialien speist, ganz im Sinne der ›Arte povera‹ (Giuseppe Penone, Michelangelo Pistoletto), und auf den künstlerischen Schaffensprozess Bezug nimmt, ähnlich wie Roberto Matta oder Richard Serra.

Diesen *Arbeitstischen* ist ein ganzes Dezennium kreativen Schaffens abzulesen. Die verschiedenen Hilfsmittel – Modelle, Zeichnungen, Texte, Entwürfe – illustrieren, im Verein mit wunderlichen und teils singulären Gegenständen (Speichel, Zahnpasta), nicht nur den Schaffensprozess selbst, sondern bilden darüber hinaus ein Vokabular, das seinerseits gleichsam zu einer poetischen Formel gerinnt. Das Werk führt so unmissverständlich vor Augen, wie intensiv sich Orozco mit der engen Beziehung von Skulptur und Alltagswelt beschäftigt.

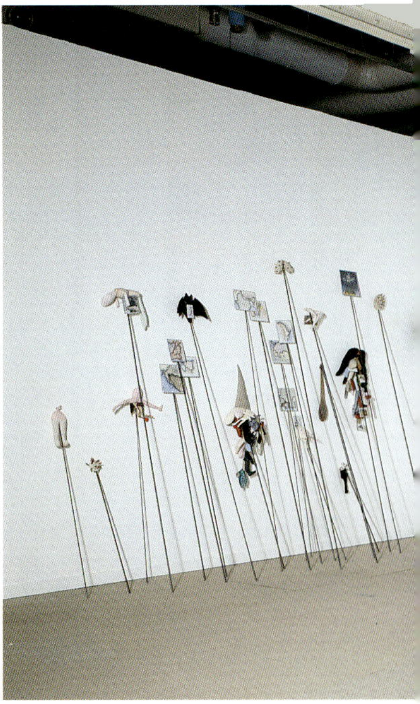

Annette Messager

geb. 1943 in Berck-sur-Mer

Les Piques (Die Spieße), 1992/1993

Installation aus Spießen, Kreiden, Pastellfarben unter Glas, Stoff, Nylon und diversen Objekten
250 x 800 x 425 cm (variabel)
Erworben 1994
AM 1994-85

Die Künstlerin besteht auf ihrer weiblichen Identität, doch weniger, um in die feministischen Kämpfe einzugreifen, deren Ziele sie für zu kurz gesteckt hält, sondern eher, um die eigentliche Idee dieser Identität zu kritisieren. Sie begreift sich selbst als ein vielfältiges Wesen, lehnt es ab, sich auf eine einzige Technik festzulegen, und benutzt alltägliche Objekte des häuslichen Bereichs, um eine von Männern dominierte Welt zu sabotieren.

Hier spießt sie Plüsch, ausgestopfte Tiere und monströse Chimären (von denen einige aus Damenstrümpfen ausgeschnitten sind) auf spitze Lanzen, die sie dadurch gleichsam in revolutionäre Trophäen verwandelt. Im Grenzbereich zwischen den Märchensammlungen eines Charles Perrault und den absurden Horrorszenarien eines Franz Kafka vollzieht sie ein makabres Ritual, das an mexikanische Totenfeste, Halloween oder das Blutbad des Terrors während der Französischen Revolution erinnert, um darauf hinzuweisen, dass auch Feenmärchen »voller Schrecken und Grausamkeit« sind.

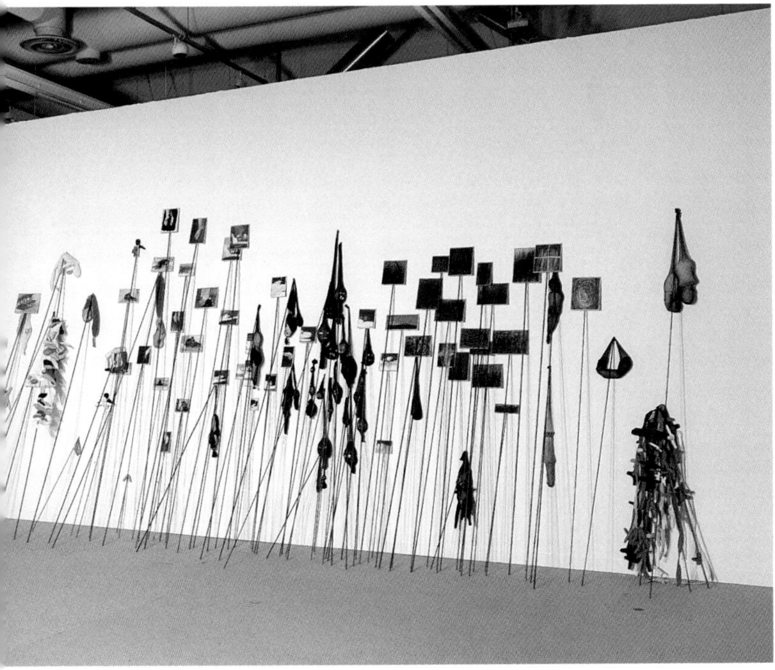

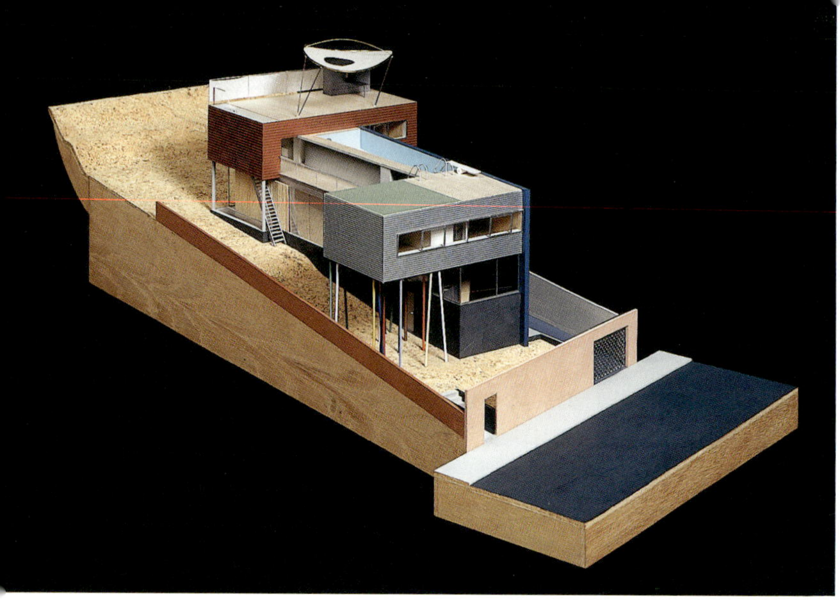

Rem Koolhaas
geb. 1944 in Rotterdam

Villa Dall'Ava, 1990/1991
Architekturmodell
Kunststoff, Holz, Kork, Papier und Metall
41 x 120 x 55 cm
Erworben 1992
AM 1992-1-40

Koolhaas entwarf ein Haus für eine Familie mit einem Kind in dem mondänen Pariser Vorort Saint-Cloud – in Hanglage, mit Blick auf Eiffelturm und Bois de Boulogne.

Das private Domizil erscheint wie eine Zitatsammlung von Sternstunden des privaten Hausbaus des 20. Jahrhunderts: die Pilotenpfeiler, die Fassade und die rampenartige Anlage im Innern gehen auf die Villa Savoye Le Corbusiers zurück, die Verteilung der Baumassen auf Vorbilder Eileen Grays, Glasflächen und Vorhangfassade auf Ludwig Mies van der Rohe sowie das Glass House von Philip Johnson. Die Fassadengliederung mit Bambusholz und Metall erinnert an die Maison de Verre Pierre Chareaus. Seine Reverenz an berühmte Kollegen verband der Architekt mit einer persönlichen Handschrift – einem Swimmingpool auf dem Dach und Pfeilern, die sich wie zarte Rosenstöcke biegen.

Toyo Ito ▼

geb. 1941 in Seoul

Mediathek in Sendaï, Japan, 1996
Architekturmodell im Maßstab 1:100
Kunststoff, 42,8 x 117,9 x 78,9 cm
Erworben 2001
AM 2001-2-23

Philippe Starck ▲

geb. 1949 in Paris

Tournesol (Sonnenblume), 1991
Drehbare Straßenlaterne
Metallguss, Optik, 900 cm
Schenkung Jean-Claude Decaux 1992
AM 1993-1-408

Der internationale Stardesigner verfolgt das Prinzip, Archetypen der Konsumgesellschaft neu zu interpretieren, ihr Erscheinungsbild zu modifizieren und ihnen hierdurch einen ganz neuen Charakter zu verleihen.

Diese Straßenlaterne einer Firma für ›Stadtmöbel‹, wendet sich tags wie eine Sonnenblume zum Licht und nachts zur Straße, als Beleuchtung und Orientierungspunkt für den Autoverkehr. Sobald der Morgen graut, bleibt ein hoch aufragender Mast, der sich fast unsichtbar in die Landschaft fügt – wie die Schere eines Krustentiers oder ein Getreidehalm.

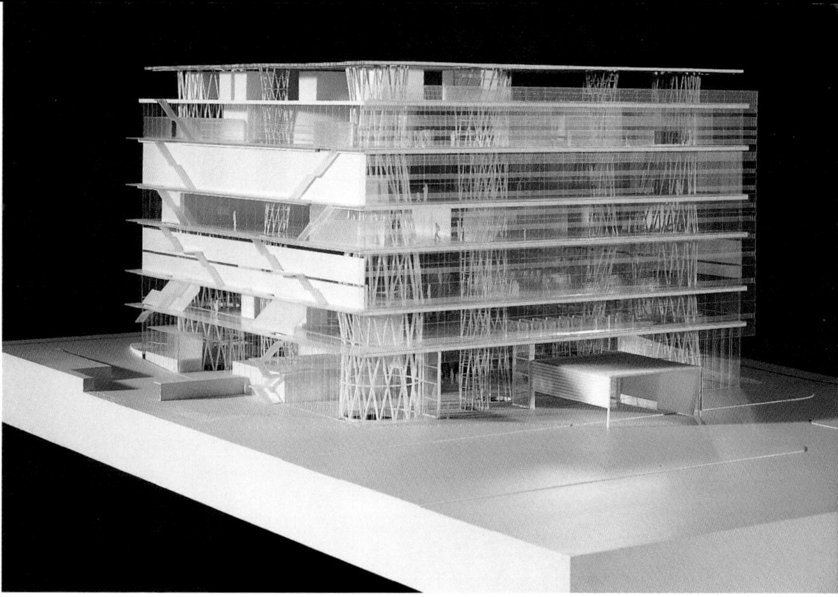

Der in Südkorea geborene Japaner verwischt bei seinen Bauten gerne die Grenzen von Außen- und Innenbereich und stellt die Technik vollständig in den Dienst einer zum Leichten, Schwerelosen tendierenden Architektur.

So fügt sich auch seine Mediathek behutsam, in ihrer Lichtdurchlässigkeit fast immateriell wirkend, in die Landschaft. Neben dieser Transparenz zeitigt auch die modulare Anlage der verschiedenen Ebenen des Bauwerks eine kommunikative Atmosphäre, und der Minimalismus der tragenden – wie Bäume erscheinenden – Säulen macht, nach Itos Auffassung, die Bewegung von Personal und Besuchern innerhalb der einzelnen Sektionen der Einrichtung sichtbar. Ihre Benutzer verwandeln sich so gleichsam »in einen Strom von Elektronen in einem natürlichen Korpus«.

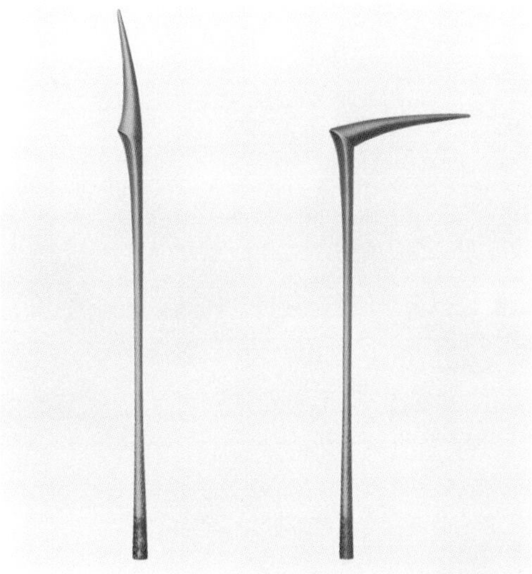

Ron Arad

geb. 1951 in Tel Aviv

Stuhlobjekt ›Rolling Volume‹, 1991

Edelstahlblech, poliert
80 x 85 x 95 cm, 70 kg
Erworben 1992
AM 1992-1-291

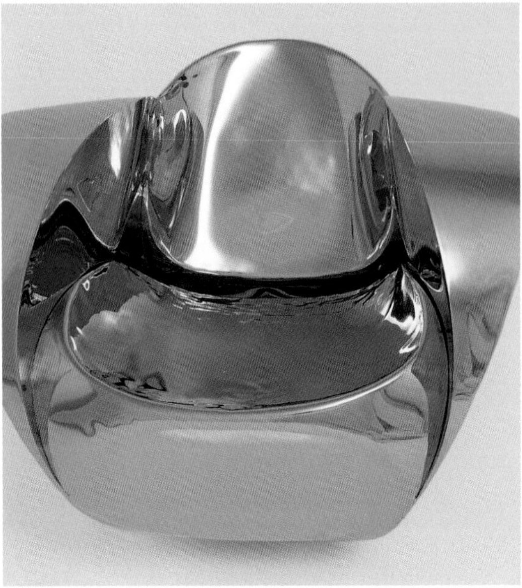

Dieses Sitzmöbel, gefertigt aus einem einzigen Stück Stahlblech, ist trotz seines respektablen Gewichts von 70 kg tatsächlich ein Schaukelstuhl. Er wurde in limitierter Stückzahl hergestellt als Bestandteil von Arads 1988 begonnener Kollektion ›Big Easy‹. Der Zuschnitt und die polierten Schweißnähte verleihen ihm leichte, geschwungene Konturen – ein interessanter Kontrast zu Material und Masse.

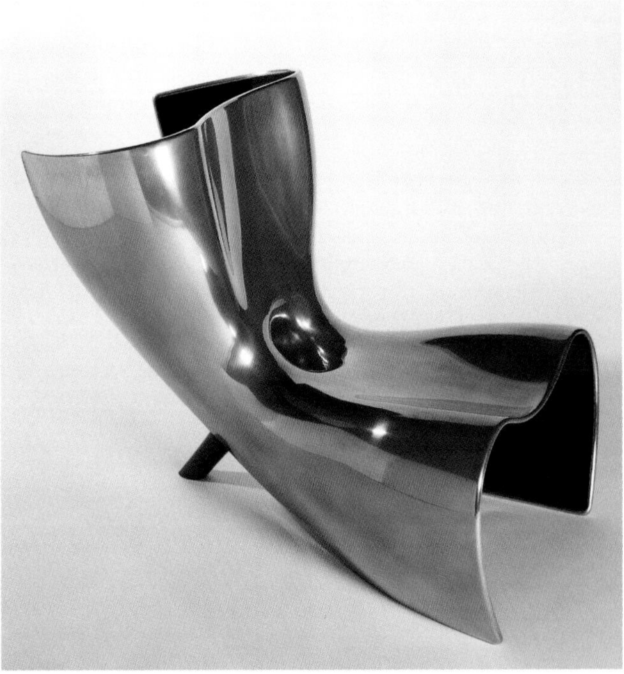

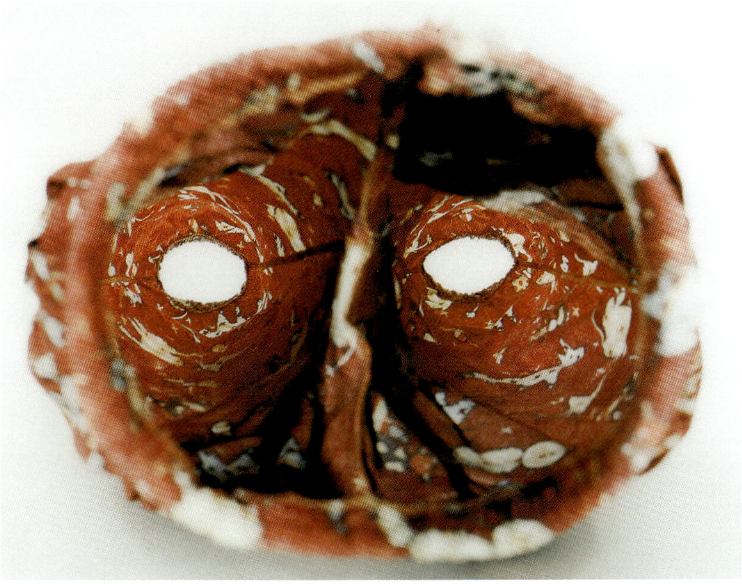

Marc Newson
geb. 1963 in Sydney

Alufelt Chair, 1993
Poliertes Aluminium, Oberfläche innen bemalt, 85 x 67 x 100 cm
Erworben 2001
AM 2001-1-153

Der Australier Newson, seit Anfang der 90er Jahre einer der bemerkenswertesten und begehrtesten Industriedesigner seiner Generation, hatte ursprünglich Schmuck entworfen, wobei er gerne mit der Kombination bestimmter Texturen und Materialien experimentierte und sich besonders für biomorphe Formen begeisterte.

Sein *Alufelt Chair* ist Teil eines ganzen Ensembles, zu dem neben diesem Sessel auch ein Tisch gehört. Eher feingliedrig als kompakt, ist er ein ideales Sitzmöbel – die Lehne, die in ihrer Kontur an einen menschlichen Rücken erinnert, ist bis auf das Niveau der Sitzfläche herabgezogen. Die Vorderfüße der leichten, zweifarbigen Konstruktion laufen in eine Art Blattform aus und lassen den Sessel fast wie eine Orchidee wirken: mit offenem Blütenkelch, sich Himmel und Erde gleichzeitig zuneigend.

Patrick Tosani
geb. 1954 in Boissy-l'Aillerie

Masque (Maske) N° 6, 1998
Cibachrome-Abzug
113 x 140 cm
Erworben 2000
AM 2000-24

In seinen Photographien umkreist der ausgebildete Architekt Phänomene wie Maßstab, Monumentalität und das Verhältnis von Innen und Außen. Mehrere seiner Bildserien spielen bezüglich Volumen und Form mit der Vorstellung einer Idealarchitektur, exemplifiziert an Schuhabsätzen, abgenagten Fingernägeln und abgelegten Kleidungsstücken, die wie leere Hüllen wirken.

Bei seinen *Masken* handelt es sich um eine Serie von Photographien gestärkter Hosen, die den Abdruck des Körpes bewahrt haben. Sie sind nicht länger Kleidungsstücke, sondern erscheinen maskenartig erstarrt, wie seltsame Verhüllungen des Gesichts – Chiffren physischer Abwesenheit.

Andreas Gursky
geb. 1955 in Leipzig

99 *Cent Store,* 1999
Cibachrome-Abzug, 220 x 420 cm
Erworben 2000
AM 2000-96

Gursky zeigt in seinen Photographien häufig den Menschen in der Falle seiner eigenen Maßlosigkeit: Sei es das ameisenartige Gewimmel der Börse von Chicago, die Etagen eines Bankhochhauses in Hongkong oder die Olympischen Spiele von Albertville – der Betrachter verliert sich in diesen statischen und zugleich schwindelerregend überladenen Bildern.

Bei diesen Regalen eines Billigsupermarkts sind es die schiere Masse der Waren, ihre verschwenderische Vielfalt und ihre trotz alledem evidente Uniformität, die Aufsehen und Schrecken erregen. Eine bunte Welt, die jedoch keineswegs ergötzlich ist, vielmehr abstoßend wirkt. Der Mensch ist dort noch existent, doch kaum noch auszumachen und wird beherrscht von den Dingen, die er selbst geschaffen hat.

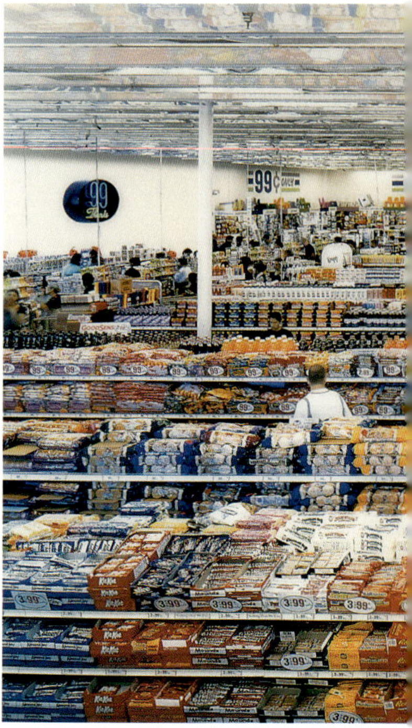

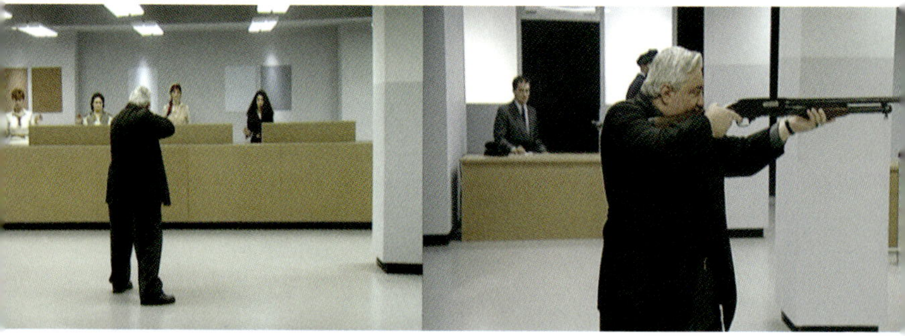

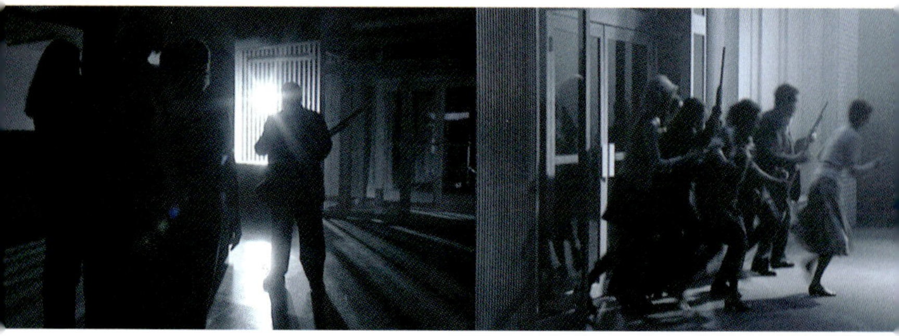

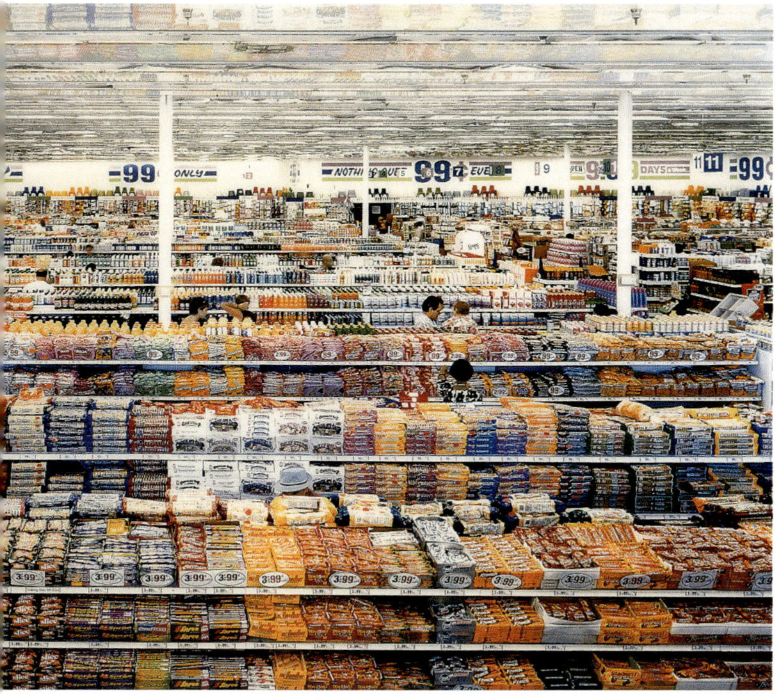

Pierre Huyghe

geb. 1962 in Antony (Frankreich)

The Third Memory
(Das dritte Gedächtnis), 1999

Audiovisuelle Installation aus
3 Farbvideobändern mit Stereoton
(englisch) in 2 Räumen
Ankauf im Rahmen einer Koproduktion
mit Anna Sanders Films 1999
AM 1999-154

The Third Memory spürt der Arbeit des Gedächtnisses unter dem Einfluss von Medien im Grenzbereich zwischen Fiktion und Realität nach. Der Künstler kombiniert hier Presseartikel und einen Dokumentarfilm über einen Bankraub, der sich 1972 an einem ›Hundstag‹ in Brooklyn ereignete: die Vorlage für Sydney Lumets Film *Dog Day Afternoon* (*Hundstage*, 1975).

Im ersten der beiden Räume werden zeitgenössische Zeitungsausschnitte und ein Fernsehbericht über die Ereignisse gezeigt. Im zweiten ist eine doppelte Videoprojektion zu sehen, gedreht von Huyghe selbst. Sie zeigt den wirklichen Bankräuber John Wojtowicz, der die Tat noch einmal aus seiner eigenen Perspektive durchspielt – indem er sich als ›drittes Gedächtnis‹ nach jahrzehntelanger Distanz seine eigene Rolle in dieser Geschichte zurückerobert: Dabei widerspricht er inhaltlich den eingeschalteten Ausschnitten aus dem Film, füllt aber zugleich seine augenscheinlichen Erinnerungslücken.

Institut de Recherche et de Coordination Acoustique/Musique

Musik nach jeder Fasson

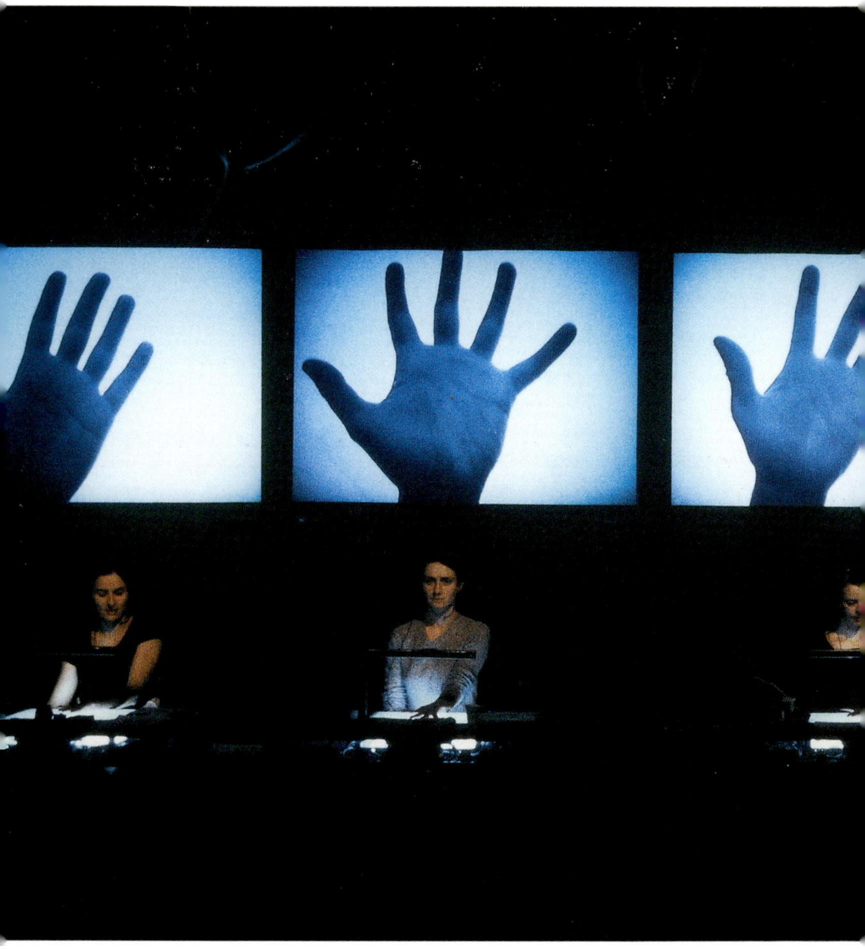

✦ Außerhalb des Centre Pompidou, gegenüber dem Brunnen auf der Place Igor Stravinsky

In einem nationalen Kunst- und Kulturzentrum darf auch die Musik nicht fehlen – weshalb Georges Pompidou 1969 als nicht kommerzielle Institution das *Institut de Recherche et de Coordination Acoustique/Musique* (Forschungsinstitut für Akustik und Musik), kurz IRCAM, ins Leben rief. Seine Leitung bis 1991 übertrug man dem Komponisten, Dirigenten und Pianisten Pierre Boulez. Es entstand ein in der Welt einzigartiges Zentrum für moderne Musik im Kontext zeitgenössischer Technik, wie Informatik, Physik und angewandter Akustik.

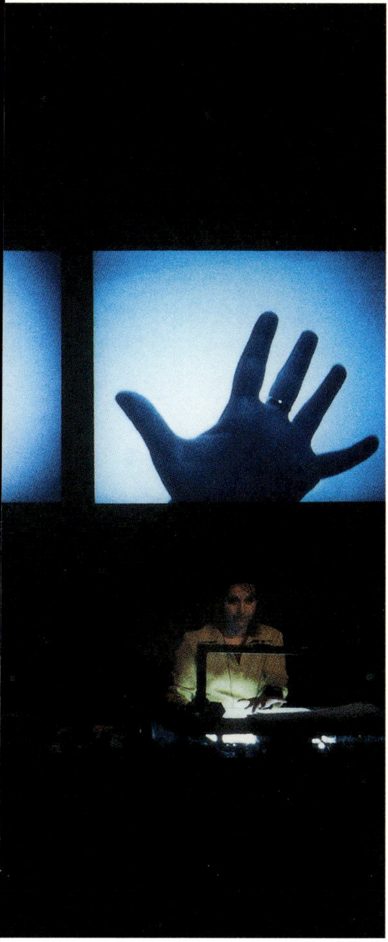

Zeittafel

- 1970 Staatspräsident Georges Pompidou beauftragt Pierre Boulez (geb. 1925) mit Aufbau und Leitung eines musikalischen Forschungsinstitutes für das geplante nationale Kulturzentrum.
- 1977/78 Das IRCAM tritt erstmals an die Öffentlichkeit, mit der Konzertreihe ›Passage du XXe siècle‹ und der Eröffnung des von Renzo Piano erbauten Domizils.
- 1981 Einsatz des Systems 4X, dem letzten einer Serie ab 1976 entwickelter digitaler Tonprozessoren.
Urfassung von ›Répons‹, dem ersten von Boulez am IRCAM komponierten Werk.
- 1983 Das IRCAM wird an ein internationales Informationssystem angeschlossen (ab 1989 auch an das Internet).
- 1985 Die erste Musiksoftware für PC wird entwickelt.
- 1989 Eröffnung eines Kurses für Musik-Informatik.
- 1991 Einrichtung der Station ›Musik-Informatik‹, einer Plattform für Redigitalisierung, Komposition und Produktion.
- 1992 Erstmals Tag der offenen Tür und Sommerkurs mit 120 Musikern aus 24 Ländern.
- 1993 Einrichtung des Forum IRCAM zum Vertrieb von Musiksoftware für alle Interessenten.
- 1994 Realisierung der (künstlichen) Kastratenstimme für den Spielfilm ›Farinelli‹.
- 1996 Einrichtung der Mediathek.
- 1998 Erstes ›Agora‹-Festival.
- 2000 Anlässlich der Wiedereröffnung des Centre Pompidou beteiligt sich das IRCAM an der Ausstellung ›Le Temps, vite!‹.

Machinations *von Georges Aperghis (geb. 1945), ein ›Musiktheater‹ für Stimmen, Live-Elektronik und Videoprojektion, Juni 2000*

Die Aufgaben des IRCAM

Begleitend zu seinen Forschungsaufgaben lädt das IRCAM jedes Jahr eine Reihe von Komponisten ein, hier insgesamt 20 bis 25 Werke zu kreieren, die klassische Interpretation mit neuer Technik verbinden. Daneben bietet es stets diverse Kurse für Fachleute an (bis hin zum Doktorandenseminar), neben Vorträgen und Diskussionsveranstaltungen für ein größeres Publikum. Allgemein zugänglich ist auch die *Médiathèque* (Multimedia-Bibliothek) mit ihren kontinuierlich wachsenden Beständen zur Musik seit 1945: Bücher, Schallplatten, Videos, Web-Sites und sogar Partituren – ein umfassender Informationsschatz, leicht abrufbar, auch online.

Besondere Aktivitäten

Das IRCAM ist von Natur aus die am wenigsten bekannte Institution des Centre Pompidou – nicht zuletzt deshalb, weil es sich außerhalb von dessen Mauern befindet. Ursprünglich auf unterirdische Räumlichkeiten unter dem Brunnen auf der Place Igor Stravinsky beschränkt, hat es sich inzwischen auch auf benachbarte Gebäude ausgedehnt, denen Renzo Piano 1996 als Blickfang einen Turm mit roter Klinkerfassade anfügte.

Einen wesentlichen Anteil der Aktivitäten des IRCAM machen Spezialaufgaben und wissenschaftliche Tätigkeiten aus. Zu seinen hervorstechenden Kompetenzen gehört die Entwicklung spezieller Software für den musikalischen Bereich; sie stellt dem Komponisten zusätzliches elektronisches Handwerkszeug zur Verfügung und fördert darüber hinaus auf diesem Gebiet einen internationalen Austausch mit Universitäten und anderen Forschungszentren. Ferner bestehen Kooperationen mit der Industrie, so bei Projekten der Akustik auf dem Feld der Telekommunikation oder Verkehrsleitsysteme.

Für ein breites Publikum

Mit seinen hoch spezialisierten Arbeiten hat das IRCAM nicht unbeträchtlich zur Popularisierung der Komposition am PC beigetragen und insgesamt die heute nahezu omnipräsente elektronische Musik erheblich bereichert. Diese Möglichkeiten möchte es auch zunehmend der interessierten Allgemeinheit zugänglich machen und bietet daher neben Führungen durch das Institut Vorträge und Diskussionen

Aktivitäten des IRCAM

- Konzerte und Aufführungen (Veranstaltungsreihe mit dem Ensemble Intercontemporain und ›Agora‹-Festival).
- Konferenzen, Kolloquien:
  – kommentierte Studio-Konzerte
  – Seminarreihen zu Themen wie Musik und Tanz, Musik und Text, Musik und Wahrnehmung, Musik und Raum
  – Kolloquien
- Kurse in Musik-Informatik für Erwachsene und Kinder
- Praktika für ein breites Publikum mit unterschiedlicher theoretischer und technischer Vorbildung
- Langzeitseminare: Praktika und Kurse für Komposition und Musik-Informatik (Auswahl durch ein Prüfungskommitee), DEA ATIAM (Acoustique, Traîtement du signal et informatique Appliqués à la Musique)
- Mediathek: 15 000 Bücher und Zeitschriften, sowie 8000 Partituren, 2500 Konzerteinspielungen, Musik-Videos und CD-ROMs (im Internet unter www.ircam.fr).
- Forum: Vertrieb von Musik-Software des IRCAM.

Skurrile Wünsche ...

Das Problem: Elektroautos machen keinen Lärm. Man hört sie auf der Straße einfach nicht kommen ... Das IRCAM bildet eine Kommission, die für die Autoindustrie das typische Geräusch eines normalen Pkw simulieren soll.

Das ›Agora‹-Festival

Zwei Wochen im Juni gehen hier Musik, Ballett und Theater eine fruchtbare Verbindung ein. Die diversen Konzerte und Aufführungen finden an verschiedenen Orten in Paris und Umgebung statt, vor allem im Centre Pompidou (in Koproduktion mit der Abteilung Life-Aufführungen des Département du Developpement Culturel, DDC).
Der ständig wachsende Erfolg des Festivals demonstriert, welches Interesse an Ereignissen mit einem solchen Ineinandergreifen unterschiedlicher Kunstformen herrscht, aus denen neue kreative Perspektiven erwachsen.

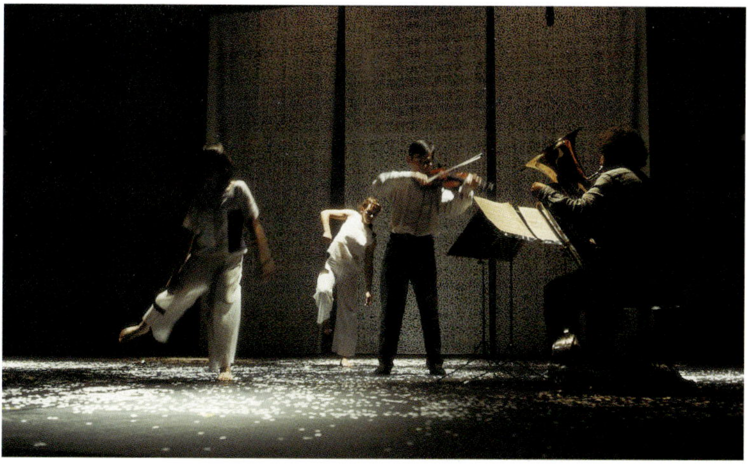

Strumentale, *eine Choreographie von Olga de Soto*

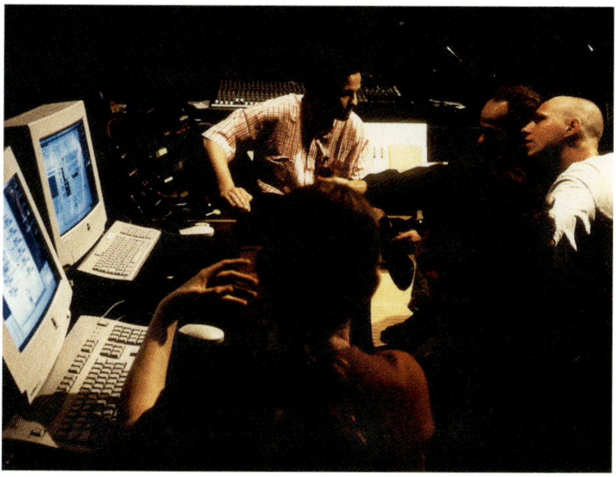

Atelier des Forums

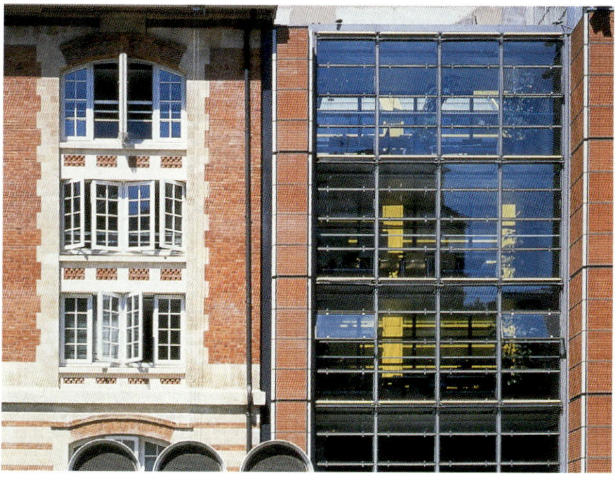

Außenansicht des Gebäudes

sowie einen freien Online-Zugang zur Mediathek an.

Außerdem führt es Veranstaltungsreihen mit zeitgenössischer Musik eigener Provenienz durch – in Paris oder als Gastspielreisen des Ensemble Intercontemporain und anderer Orchester, darunter auch diejenige zur Präsentation der Komposition ›Répons‹ von Pierre Boulez (begonnen 1981) unter Verwendung elektronischer Klangelemente: Sie führte 1986 quer durch die USA, 1990 nach Moskau und Leningrad, 1995 bis nach Tokio. Das IRCAM ist zudem an umfangreicheren musikalischen Projekten in Salzburg und Brüssel oder der Pariser Oper beteiligt.

Seit 1998 richtet das IRCAM alljährlich im Juni das Festival ›Agora‹ (s. S. 148) aus, bei dem sich Musik mit anderen Kunstrichtungen, wie Tanz, Theater und Film, verbindet. Aus demselben interdisziplinären Geist wurde 1999 eine neue Abteilung für Choreographie gegründet.

So hat sich das IRCAM zu einer singulären Institution seines Genres entwickelt, das aus seiner Forschungsarbeit mannigfache Impulse für die künstlerische Kreativität gewinnt.

Musik-Software

Es handelt sich durchweg um Original-Produktionen, leicht bedienbar und mehr oder weniger spezialisiert – im Gegensatz zu üblicher Handelsware. Einige Beispiele:

- *Audiosculpt* – visuelle Tonbearbeitung am Bildschirm
- *Diphone Studio* – Morphing von Tönen
- *Modalys* – zur Schaffung virtueller Instrumente

Diese drei Programme kosten als Paket 275 € im Einzelerwerb (Stand 2002). Sie sind außerdem über das Internet zugänglich (www.ircam.fr/forum) oder per E-Mail (admin-forum@ircam.fr) und können natürlich auch per Post bezogen (IRCAM-Relations extérieures, 1 Place Igor Stravinsky, 75004 Paris) oder direkt im Institut erworben werden.

Spezialpublikationen

Das IRCAM vertreibt seine Erzeugnisse in Form von Büchern, Zeitschriften/Broschüren, Compact Discs und CD-ROMs (jeweils in französischer bzw. englischer Sprache).

- Bücher

Lire l'Ircam. 1996. Sonderausgabe der ›Cahiers de l'Ircam‹, hrsg. anlässlich der Einweihung neuer Studiogebäude und der Mediathek. 184 S., 30,49 €
L'Écoute. 2000. Textsammlung, zusammengestellt von Peter Szendy, hrsg. vom IRCAM/Centre Pompidou/l'Harmattan. 320 S., 24,39 €

- Compact Discs

Ircam, les années 90. 1998. Dreifach-CD. Audiopräsentation des IRCAM, mit Auszügen dort entstandener musikalischer Werke. 15,24 €

- CD-ROMs

Visite de l'Ircam. 1997. Präsentation des IRCAM, mit Animationen (frz.-engl.). 22,87 €
10 Jeux d'ecoute. 2000. Hyptique. Zehn ›Hör-Spiele‹ zum Kennenlernen von Tönen, ihrer Benennung, Umwandlung und Klassifikation, entwickelt von den IRCAM-Studios. 38,11 €

www.ircam.fr

Die Web-Site des IRCAM enthält eine sehr detaillierte Präsentation des Instituts (Organisation, Aufgaben, Projekte, Dienstleistungen, Online-Boutique etc.) und ermöglicht einen Zugriff auf den Katalog und einen Teil der Mediathek.
Daneben bietet sie Links zu assoziierten Institutionen und informiert neben anderen Veranstaltungen ausführlich über das ›Agora‹-Festival (s. S. 148).

i

- Adresse:

1 Place Igor Stravinsky, 75004 Paris
IRCAM: Tel. (01) 44 78 48 43
Mediathek: Tel. (01) 44 78 47 44

- Öffnungszeiten:

Mo–Fr von 10–18 Uhr (einschließlich Verkauf von Büchern, CDs und CD-ROMs).

- Internet: www.ircam.fr (s. oben)

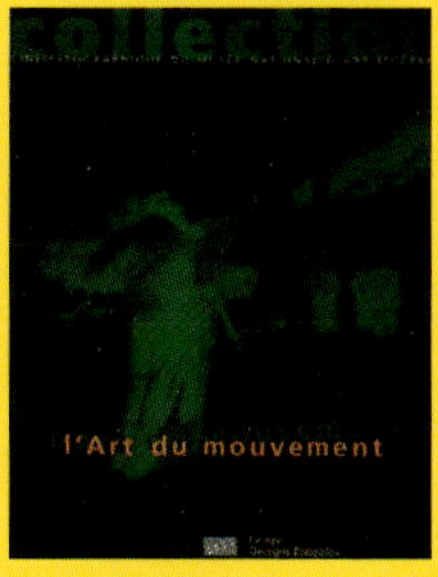
l'Art du mouvement

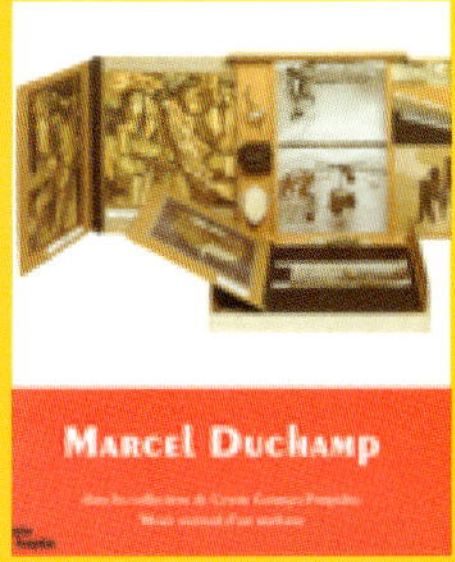
Marcel Duchamp

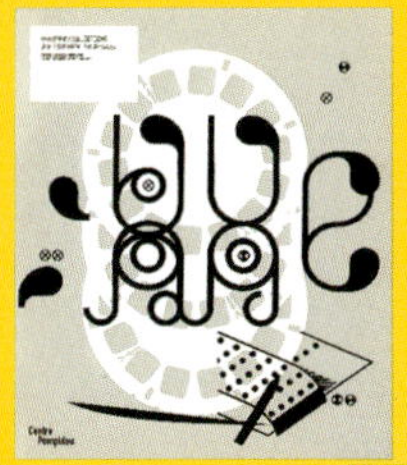

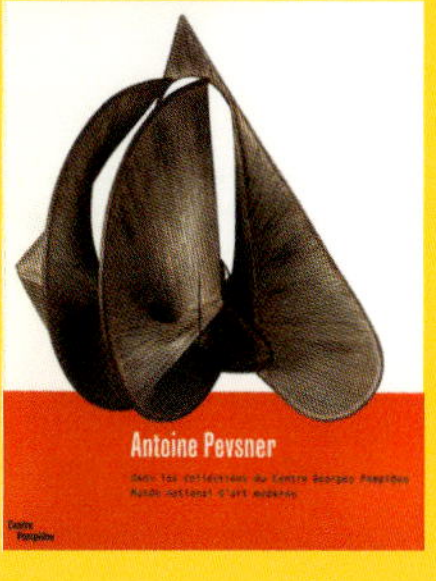
Antoine Pevsner

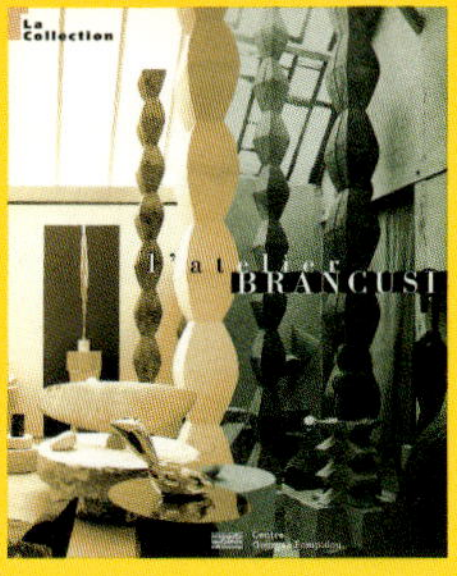
La Collection
l'atelier Brancusi

Tipps für den Besuch

Stipp-Visite (2 Stunden)

Soviel Zeit müssen Sie schon mitbringen, egal, welche Abteilung Sie im Centre Pompidou interessiert! Denn, wenn Sie es sich recht überlegen: Eigentlich ist das Centre eine riesige Maschinerie, die insgesamt mehr Aufmerksamkeit verdient. Doch manchmal ist man eben in Eile, daher eine Reihe von Vorschlägen:

Alternativen für Eilige

- Besuch des MNAM, auf eigene Faust oder im Rahmen einer Führung (s. S. 155), danach genießen Sie kurz kurz den Panoramablick von der Aussichtsterrasse.
- Ein ›Aktivbesuch‹ im MNAM (Gruppen ab 5 Personen) ist für auch für Familien ideal – Sprachkenntnisse vorausgesetzt!
- Besichtigung der aktuellen Wechselausstellung im 1. Stock (Galerie Süd) oder der Wechselausstellung im 6. Stock, danach ein Rundblick über Paris von der Aussichtsterrasse.
- Wenn Sie gut genug Französisch können: Ein Vortrag des ›Collège du Centre‹ (Ebene –1, Großer Saal und Kinosaal 1) oder eine Werkbetrachtung im MNAM ›Un dimanche, une œuvre‹ [Jeden Sonntag ein Kunstwerk] (Ebene –1, Kleiner Saal).
- Je nach Interesse bzw. aktuellem Programm: Filmvorführung, Konzert oder Theateraufführung.

Für einschlägig Interessierte eventuell

- Besuch des IRCAM (Do nur nach Voranmeldung)

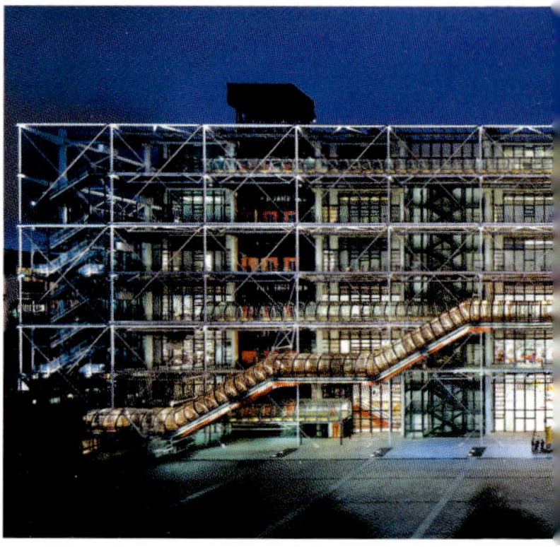

- Besuch der Bibliothek – zur Recherche oder was immer sonst man dort tun kann …

Kurzbesuch (ein Nachmittag)

Das hört sich schon viel besser an! An einem ganzen Nachmittag können Sie ein richtiges kleines Programm absolvieren!

Vorschlag 1 – ausführlicher Besuch
- ›Parcours der Kreativität‹
- MNAM oder Wechselausstellung(en)
- Bibliothek
- IRCAM (nur Do)

Vorschlag 2 – Museumsnachmittag
- MNAM
- Wechselaustellung(en)
- Atelier Brancusi
- Kindergalerie

⚠ *Beachten Sie, dass es für diese Zusammenstellung ein spezielles Ticket gibt: ›Un jour au Centre‹.*

Vorschlag 3 – für ›Wissbegierige‹
Verbringen Sie einen geruhsamen

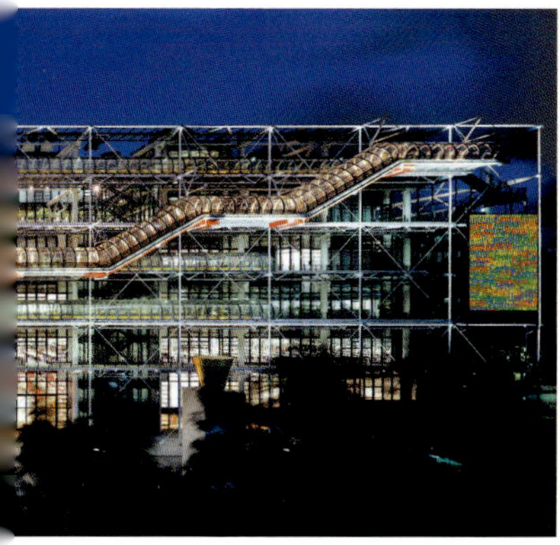

Nachmittag in der Bibliothek mit Lesen, Musikhören, dem Anschauen von Filmen – und was Ihnen noch einfällt.

Vorschlag 4 – Schauen und Shoppen
- je nach aktuellem Programm: Vortrag oder Filmvorführung
- dann ein Einkaufsbummel in Buchhandlung und/oder Design-Boutique
- danach vielleicht die aktuelle Wechselausstellung im 1. Stock ansehen (Galerie Süd). Sie ist gewöhnlich weniger umfangreich als diejenige im 6. Stock.
- Alternative: ein wenig in der Bibliothek blättern.

Ein längerer Besuch (ein ganzer Tag)

Volltreffer! Kombinieren Sie einfach unsere Vorschläge für die Stipp-Visite je nach Interessenlage. Doch Vorsicht: Muten Sie sich keinen Marathonlauf durch das Centre Pompidou zu – wahrscheinlich kommen Sie ohnehin bald schon wieder!

Centre Pompidou komplett – für neugierige Genießer:
So ein Tag kann mit Musik beginnen und mit einem Diner vor dem Panorama des abendlichen Paris enden, zum Beispiel
- ein Besuch im IRCAM
- kleine Entdeckungsreise in die Bibliothek
- Ausstellungsbesuch (Ebene 1 oder 6)
- Kaffee und Sandwiches im Café Mezzanin (Ebene 1) oder am Kiosk der Bibliothek (Ebene 2)
- Einkaufsbummel in Buchhandlung und Design-Shop
- Rundgang durch das MNAM (Ebene 4 und 5)
- Je nach aktuellem Programm: Theateraufführung, Tanz, Konzert oder Kino (Ebene 1 bzw. –1)
- Abendessen im Restaurant Georges, auf der Panorama-Terrasse … (Nebenbei: Dort kann man auch frühstücken.)

⚠ *Haben Sie Kinder dabei, beachten Sie bitte auch die besonderen Angebote für die Kleinen – Kinderatelier und Kindergalerie (Mi und Sa).*

Virtueller Besuch

Die Web-Site des Centre Pompidou (www. centrepompidou.fr) erlaubt Ihnen wenigstens einen virtuellen Besuch: Sie können dort einen kleinen Rundgang durch das MNAM unternehmen oder die Kataloge von Bibliothek und IRCAM einsehen. Ferner gibt es die CD-ROM ›La Collection du Centre Pompidou‹, hrsg. von Centre Pompidou/Infogrames (Paris 1997) – eine elektronische Präsentation der Schätze des MNAM.

Informationen von A–Z

Eingang: Place Georges Pompidou, 75004 Paris (etwa 100 m vom Boulevard Sébastopol).
Métro: Rambuteau (Linie 11), Hôtel de Ville (Linien 1 und 11), Châtelet (Linien 1, 4, 11 und 14).
RER: Châtelet/Les Halles (Linien A, B und D).
Busse: 21, 29, 38, 47, 58, 69, 70, 72, 74, 75, 76, 81, 85, 96.
Parkhaus: Zufahrt durch das Souterrain der Hallen und von der Rue Beaubourg/Ecke Rue Rambuteau.
tgl. (außer Di und 1. Mai) 11–22 Uhr.

Ateliers
- IRCAM:
  – Studios zur Musik-Informatik für Erwachsene
  – Studio-Konzerte (kommentiert)
- Bibliothek (BPI):
  – Einführungen in die Benutzung der bibliographischen Hilfsmittel
  – Vortrags- und Diskussionsreihen, Lesezirkel
- Atelier Brancusi: Info-Kasten, S. 29.

(s. auch ›Kinderprogramm‹)

Audioguides
Jeweils am Eingang
- für Ausstellungen: in Französisch, Englisch und Italienisch
- im Museum: in Französisch, Englisch, Italienisch, Deutsch und Spanisch.

Auskunft
- Allgemeine Auskunft: Tel. (01) 44 78 12 33 (ab 19.30 Uhr, So und feiertags: Anrufbeantworter).
- Bibliothek (BPI): Tel. (01) 44 78 12 75 (wochentags außer Di 10–22 Uhr, Sa/So 11–22 Uhr).
- IRCAM: Tel. (01) 44 78 48 43.
- Mediathek: Tel. (01) 44 78 47 44.

s. auch ›Information/Beratung‹

Ausstellungen
Neben der Dauerausstellung mit Exponaten aus den Museumssammlungen des MNAM-CCI (s. S. 34 ff.) können Sie auch regelmäßig wechselnde temporäre Ausstellungen besuchen (s. ›Wechselausstellungen‹).

Bankautomat
Forum, Ebene 0.

Behinderte
- Zugang für Blinde und Gehbehinderte/Rollstuhlfahrer: Auskunft unter Tel. (01) 44 78 49 54. Einlass ins Centre Pompidou durch den Nebeneingang Ecke Rue du Renard/Rue Saint-Merri. Auf den Ebenen –2 und –3 des gebührenpflichtigen Parkhauses (Zufahrt über Rue Rambuteau oder Rue des Halles) sind Parkplätze für Behinderte reserviert – mit dem Aufzug gelangen Sie von hier aus in die Rue Saint-Martin, auf Höhe des Centre Pompidou.
- Informationsmaterial für Behinderte: Im Forum (Ebene 0) erhalten Sie multimediales Informationsmaterial verschiedenster Art zu Aufbau und Aktivitäten des Centre Pompidou.
- Sämtliche Veranstaltungen im Centre Pompidou sind auch für Gehbehinderte und Rollstuhlfahrer zugänglich.
- Sonderführungen für Seh- oder Hörbehinderte gibt es jeweils am Sa – Voranmeldung erforderlich unter Tel. (01) 44 78 49 54 oder per E-mail: handicap@cnac-gp.fr. Für Taube: Fax (01) 44 78 16 73 oder Minitel (01) 44 78 14 37.
- MNAM: Angeboten werden Führungen in Zeichensprache für Taub[stumm]e, Sonderführungen für Blinde und Sehbehinderte und spezielle Animationsprogramme für geistig Behinderte. Voranmeldung: s. ›Sonderführungen‹, oben.
- Bibliothek (BPI): Beratung für Blinde und Sehbehinderte unter Tel. (01) 44 78 12 75; Betreuung nach Voranmeldung.

Bibliotheken
- BPI (Bibliothèque Publique d'Information) – Zugang vom Forum Ebene 1, links neben dem Mezzanin (s. auch S. 22 ff.).
- Dokumentationszentrum des MNAM (Ebene 3) –

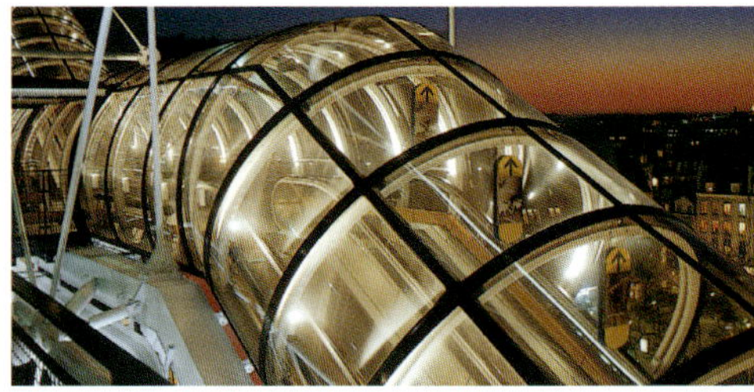

Nachtansicht mit Detail des Aufzugs

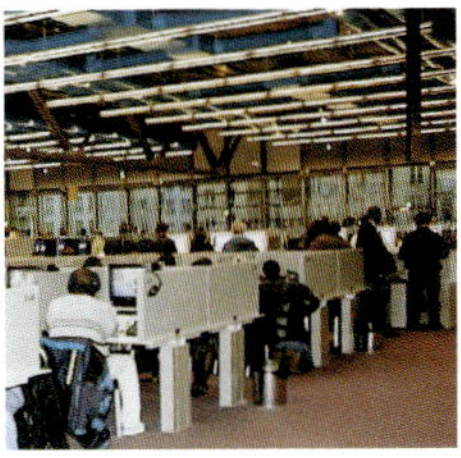

Bildschirmplätze in der BPI

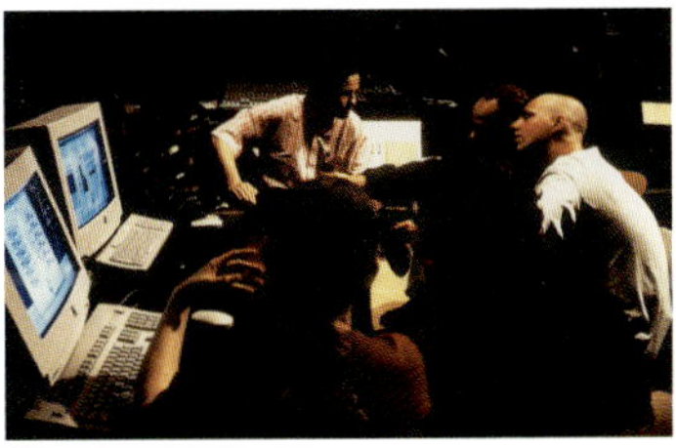

Atelier im Forum des IRCAM

Sammlung zur Kunst des 20. Jahrhunderts: bildende Kunst, Design, Architektur, Experimentalfilm, Photographie und Video (s. auch Info-Kasten, S. 31).
- Mediathek im IRCAM – Bücher, Zeitschriften, Tonaufnahmen, Videos und CD-Roms zu musikalischen Themen. Auch im Internet unter www.ircam.fr (s. Info-Kasten IRCAM, S. 150).

Broschüren und Programme
Ausführliche Information über das Programm des Centre Pompidou sind im Forum (Ebene 0) erhältlich, spezielle Hefte auch in den Empfangsbereichen von Museum, Bibliothek und IRCAM.

Buchhandlungen
- Forum (Ebene 0, rechts)
- Museum (Ebene 4)
- Ausstellungsbereich (Ebene 6)

Cafés und Restaurants
- Café Mezzanin (Forum, Ebene 1)
- Cafeteria Kiosk (bei der Bibliothek, Ebene 2)
- Restaurant Georges, mit Panoramaterrasse (separater Eingang von der Place Georges Pompidou, eigener Aufzug); Reservierung unter Tel. (01) 44 78 47 99.

DAEP
Die museumspädagogische Abteilung Direction de l'Action Éducative et des Publics koordiniert Aktivitäten aller Art. Kontakt: DAEP, Service de l'Action Éducative, 75191 Paris Cedex 04, Tel. (01) 44 78 43 16 (Mo/Di), Fax (01) 44 78 13 04.

Design-Boutique
Der Laden im Forum (Ebene 1, Zugang über Rolltreppe links, Treppe oder Aufzug) bietet eine Auswahl an Designerartikeln, von denen einige auch Eingang in die Sammlung des MNAM-CCI fanden.

Eintrittskarten
- Kasse im Forum, Ebene 0.
- Automaten (nur Normaltarif, Zahlung mit Scheckkarte) im Forum (Ebene 0) sowie Ebene 6.
- Tageskarte – Zutritt zu Museum (MNAM), Wechselausstellungen, Atelier Brancusi, Kindergalerie.
- Jahreskarte: s. dort.
- Eintrittskarte zum Museum (MNAM) gewährt Zutritt auch zu Atelier Brancusi und Kindergalerie (nicht zu Wechselausstellungen).
- Eintrittskarte Wechselausstellungen (variable Preise je nach Ausstellung) berechtigt ebenfalls zum Zutritt in Museum, Atelier Brancusi und Kindergalerie.
- Vorträge und Diskussionen, meist freier Eintritt.
- Ermäßigungen – bitte an der Kasse im Forum (Ebene 0) erfragen.
- Freier Eintritt: Forum und Bibliothek; MNAM: für Personen unter 18 Jahren, Inhaber von Jahreskarten und Arbeitslose sowie für die Allgemeinheit an jedem ersten So im Monat; Wechselausstellungen für Personen unter 13 Jahren und Arbeitslose.
- Kino und Aufführungen – bitte am Informationsschalter im Forum (Ebene 0) erfragen.
- Eintrittskarten für Aufführungen sind jeweils ab 14 Tage im Voraus erhältlich.
- Reservierung für Veranstaltungen und Ausstellungen 30 Tage im Voraus unter www.fnac.com, in den FNAC-Buchläden und über die Organisation France-Billet (Veranstaltungen unter Tel. 0892 683 622, Ausstellungen Tel. 0892 684 694).

Festivals
- ›Agora‹ – zwei Wochen im Juni (Musik, Tanz u. a.).
- Dokumentarfilmfestival – jeweils im Frühjahr.
- Video-Tanz – jährlich (Filme zum Thema aus dem Archiv, spezielle Produktionen).

⚠ *Programm und Eintrittspreise entnehmen Sie bitte den aktuellen Broschüren oder der Website www.centrepompidou.fr.*

Führungen
- MNAM: regelmäßig, für alle Besucher (Gruppen nach Voranmeldung unter Tel. [01] 44 78 40 54). Angebote und Preise entnehmen Sie bitte der Broschüre mit dem aktuellen Halbjahresprogramm des Centre Pompidou oder der Website www.centrepompidou.fr.

Eintrittskarte

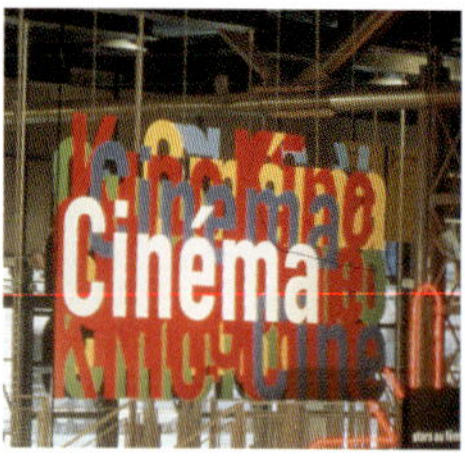

Das graphische Leitsystem im Forum

Die Farben des Centre

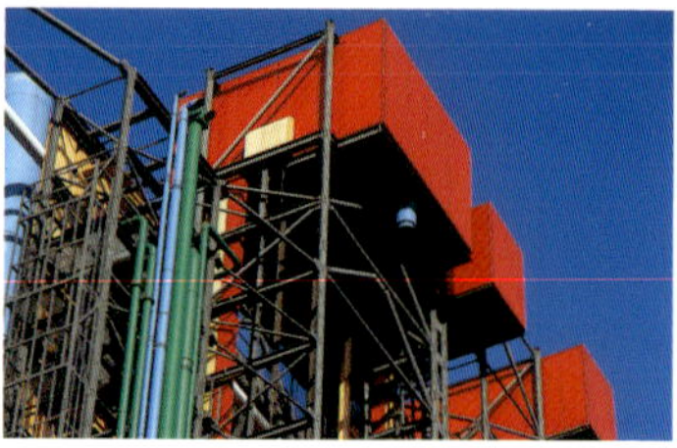

- Wechselausstellungen: regelmäßig, für alle Besucher (Gruppen nach Voranmeldung unter Tel. [01] 44 78 12 57). Informationen am allgemeinen Auskunftsschalter oder bei der Auskunft des Centre Pompidou, Tel. (01) 44 78 12 33, in den Broschüren oder auf der Website.
- Bibliothek (BPI): Literarische Spaziergänge in den Straßen von Paris, Information unter Tel. (01) 44 78 44 49 oder auf der Website www.bpi.fr.
- IRCAM: Do vormittags, nach Voranmeldung unter Tel. (01) 44 78 48 43.
- Stadtspaziergänge: Sa oder So, unter Führung von Architekten oder Hochschuldozenten. Voranmeldung erforderlich beim Institut Français d'Architecture, Tel. (01) 46 33 84 41.

s. auch ›Vorträge‹

Garderobe
Forum, Ebene 0

Gruppen
(ab 10 Personen Voranmeldung erforderlich)

- Museum (MNAM): Tel. (01) 44 78 42 11. Mit Führung: Tel. (01) 44 78 40 54.
- Ausstellungen: Tel. (01) 44 78 26 25. Mit Führung: Tel. (01) 44 78 12 57.
- Bibliothek (BPI): vormittags nach Anmeldung unter Tel. (01) 44 78 43 45.

Information/Beratung

- Allgemein: Forum (Ebene 0), verschiedene Broschüren erhältlich. Telephonische Auskunft s. ›Auskunft‹.
- Museum: Ebene 4.
- BPI: auf Ebene 1 der Bibliothek.
- IRCAM: beim Empfang des Instituts.
- Live-Aufführungen: am allgemeinen Auskunftsschalter im Forum (Ebene 0).

Internet

- www.centrepompidou.fr Homepage des Centre Pompidous mit diversen Links, die auf S. 12 ausführlicher beschrieben sind.
- www.newmedia-arts.org Enzyklopädie der Neuen Medien (deutsch, englisch, französisch).
- www.bpi.fr Homepage der Bibliothek. Serviceangebote und Links sind auf S. 26 ausführlicher beschrieben.
- www.ircam.fr Homepage des IRCAM, mit detaillierter Beschreibung des Instituts und Zugriff auf dessen Katalog (vgl. Info-Kasten, S. 150).

IRCAM
Die Öffnungszeiten des Institut de Recherche et de Coordination Acoustique/Musique (Place Igor Stravinsky beim Centre Pompidou, neben dem Brunnen), das auch eine eigene Website besitzt (s. oben), finden Sie im Info-Kasten, S. 150.
s. auch ›Lehrgänge und Praktika‹

Jahreskarte

- Die Karte ›Laissez-passer‹ ist jeweils für 1 Jahr ab Ausstellungsdatum gültig. Sie beinhaltet freien Eintritt in Museum, Wechselausstellungen und Kino (außer bei Festivals) sowie ermäßigten Eintritt bei zahlreichen Veranstaltungen.
- Bevorzugter Einlass am Haupteingang an der Place Georges Pompidou.
- Kostenlose Zusendung des aktuellen Halbjahresprogramms des Centre Pompidou.
- Information und Verkauf: Espace ›Laissez-passer‹ (Ebene 0), tgl. 13–19 Uhr (außer Di, So, 1. Mai und Feiertage), Tel. (01) 44 78 14 63 (Mo–Fr 9–18 Uhr).

Kinderprogramm

- Kindergalerie: Ausstellung tgl. (außer Di) 11.30–14 und 16–19 Uhr. Eintritt frei bis zum Alter von 18 Jahren oder bei Vorlage einer Jahreskarte bzw. einer Eintrittskarte für das Museum.
- Kinderatelier (für 6- bis 12-Jährige): Mi, Sa und während der Schulferien; So für Familien (Erwachsene und Kinder ab 6 Jahren).
- Besondere Veranstaltungen:
  – *De l'Atelier au Musée* (für 6- bis 12-Jährige) – entweder dreimal am Mi oder kompakt an einem Sa.
  – *Danse et arts plastiques* (für 6- bis 12-Jährige) und *Arts plastiques et technologie* (für 9 bis 12-Jährige) – jeweils dreimal Mi.
  – *Les visites actives du Musée* (für 6- bis 12-Jährige) – Mi; So für Familien (Erwachsene und Kinder ab 6 Jahre).
- Anmeldung und Reservierung:
  – Schülergruppen – Anmeldung erforderlich für Besuche des Centre Pompidou, des Museums und der Ausstellungen mit Führer oder Animateur.
  – Anmeldung für Gymnasien: Museumsbesuch

unter Tel. (01) 44 78 40 54; Ausstellungen und Centre Pompidou Tel. (01) 44 78 12 57.
– Anmeldung für Grundschulen u. a.: Besuch von Centre Pompidou, Museum und Ateliers unter Tel. (01) 44 78 49 17, Ausstellungen Tel. (01) 44 78 12 57.
- IRCAM: Studios zur Musik-Informatik für Schüler, Voranmeldung unter Tel. (01) 44 78 48 23.

⚠ *Programm und Eintrittspreise entnehmen Sie bitte den im Centre Pompidou erhältlichen Broschüren oder der Website www.centrepompidou.fr. Zugang von der Place Georges Pompidou in der Schlange ›Visites commentées/Conférences‹.*

Kino
Veranstaltungsreihen zum internationalen Film, s. auch S. 18.
Dokumentarfilmfestival s. unter ›Festivals‹.

Konzerte und Veranstaltungen
- Forum (Ebene –1)
  – Großer Saal (440 Plätze): Tanz, Theater, Musik.
  – Kleiner Saal (160 Plätze): Vorträge.
- IRCAM: s. Info-Kasten, S. 148.

Lehrgänge und Praktika
- Das IRCAM führt Lehrgänge und Praktika für verschiedenene Zielgrupppen durch, abhängig von theoretischen und technischen Voraussetzungen. Langzeitseminare: Praktika und Kurse für Komposition und Musik-Informatik (Zulassung durch ein Auswahlkomitee), DEA ATIAM (Acoustique, Traîtement du Signal et Informatique Appliqués à la Musique)
  Kontakt: IRCAM, Service pédagogique, 1 Place Igor Stravinsky, 75004 Paris, Tel. (01) 44 78 48 23, Fax (01) 44 78 15 60, E-mail: info-pedagogie@.ircam.fr.
- Die museumspädagogische Abteilung DAEP bietet Informationskurse für Lehrkräfte, Bibliothekare und andere Pädagogen sowie Lehrgänge in Frankreich und im Ausland. Nähere Informationen s. oben unter ›DAEP‹.

Mediathek
s. ›Bibliotheken‹ und Info-Kasten, S. 148.

Museumspädagogische Abteilung
s. ›DAEP‹

Öffentlicher Fernsprecher
- Forum, Ebene 0
- Museum (MNAM), Ebene 4, im Eingangsbereich
- Bibliothek (BPI), im Kiosk, Ebene 2
- Ebene 6, bei der Buchhandlung

Öffnungszeiten
- Museum (MNAM) und Ausstellungen: 11–21 Uhr (Kassenschluss 20 Uhr, Schließung der Ausstellungsräume 20.45 Uhr).
- Wechselaustellungen auf Ebene 6: wie MNAM, außerdem Abendöffnung Di bis 23 Uhr (Kassenschluss 22 Uhr).
- Bibliothek (BPI): wochentags 12–22 Uhr, Sa, So und Feiertage 11–22 Uhr
- IRCAM: Do nach Voranmeldung.

Orientierung
- Der Haupteingang liegt an der Place Georges Pompidou. Ein separater Eingang für Benutzer der Bibliothek befindet sich an der Rue Renard (nur Sa, So und an Feiertagen).
- Vom Forum aus gelangen Sie
  – mit der Rolltreppe links: zum Mezzanin (Ebene 1), ›Raupe‹ und Aufzüge führen zu den höheren Etagen (u. a. Design-Boutique, BPI und Kinosaal 1).
  – mit der Rolltreppe rechts: zum Mezzanin (Ebene 1): Café Mezzanin und Ausstellungsgalerie Süd.
  – über die Treppe hinter dem Info-Schalter: zum Mezzanin (Ebene 1), vor allem zur BPI, Kinosaal 1 und Design-Boutique.
  – über die Treppe neben dem Info-Schalter: zur Ebene –1 (Foyer, Großer Saal, Kleiner Saal, Studio).
  – mit den Aufzügen hinter dem Info-Schalter: zum Mezzanin und zur Ebene –1.
- Die ›Raupe‹ und die Aufzügen an der Außenseite des Gebäudes (nur für Besitzer einer Eintrittskarte für Museum oder Wechselausstellungen) führen zum
  – Dokumentationszentrum des Museums (Ebene 3).
  – zum Museum (MNAM-CCI), Ebenen 4 und 5.
  – zu Wechselausstellung und Restaurant auf Ebene 6.

Panoramaterrasse
Der Zugang ist nur möglich mit gültiger Eintrittskarte für Museum oder Ausstellungen oder anderweitiger Berechtigung.

Parkhaus
s. S. 154 oben

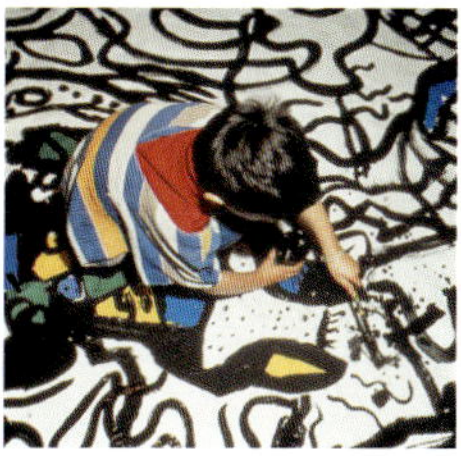

Kinderatelier zu Jean Dubuffet

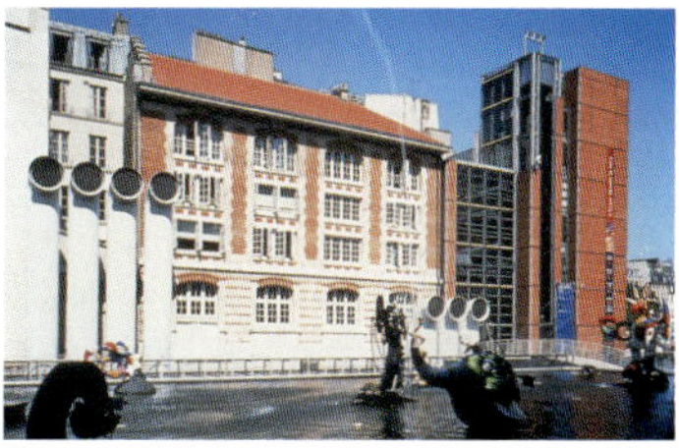

Das IRCAM, vom Strawinsky-Brunnen aus gesehen

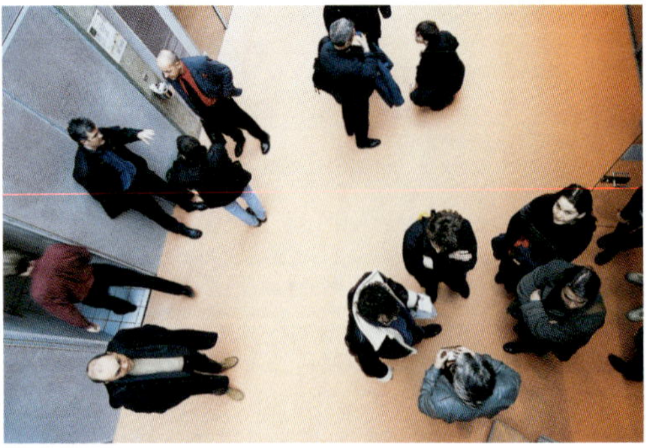

Tag der offenen Tür im IRCAM

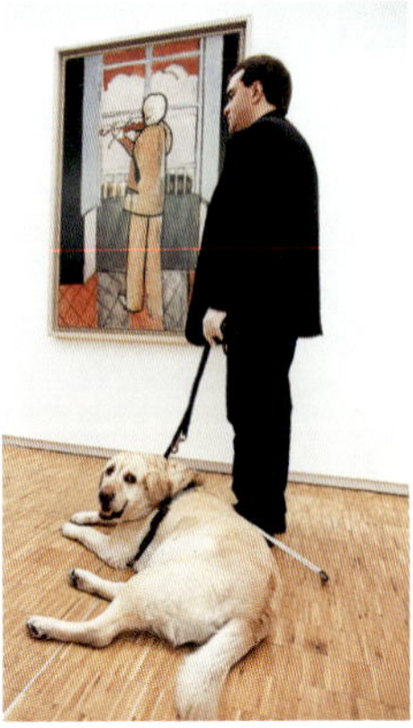

Führung für Sehbehinderte

Postamt
Forum (Ebene 0)

Toiletten
- Forum, Ebene 0
- Museum (MNAM): Ebenen 4 und 5
- Bibliothek (BPI): Ebene 2
- Ebene 6

Veranstaltungen
s. ›Konzerte und Veranstaltungen‹, ›Vorträge‹

Vorträge
(in französischer Sprache)
- Vortragsreihe ›Revues parlées‹: über diverse Themenbereiche der Kreativität.
- ›Forums de société‹: über aktuelle kulturelle Themen, bevorzugt audiovisuelle Kunst und Neue Medien, stets im Zusammenhang mit laufenden Ausstellungen.
- ›Le Collège du Centre‹ Großer Saal (Ebene –1) und Kinosaal 1 (Ebene 1). Unterschiedliche Preise, Eintritt frei für Inhaber einer Jahreskarte.
- ›Un dimanche, une œuvre‹ Kleiner Saal (Ebene –1). Unterschiedliche Preise, Eintritt frei für Inhaber einer Jahreskarte (So).
- ›Face aux œuvres‹ Betrachtung einzelner Kunstwerke im Museum (Do und Sa)
- ›Les rendez-vous du Musée‹ Interpretation von Kunstwerken des Museums unter einem bestimmten thematischen Aspekt (Mo und Fr).
- ›Rencontres avec . . . ‹ Ein Künstler erläutert im Museum oder innerhalb einer Ausstellung seine Werke.
- BPI: Internationale Kolloquien über den Themenbereich Schreiben und Bücher.
- IRCAM: Kolloquien und Vortragsreihen über den Themenbereich Musik (und Tanz etc.).

⚠ *Programm und Eintrittspreise entnehmen Sie bitte den im Centre Pompidou erhältlichen Broschüren oder der Website www.centrepompidou.fr. Zugang von der Place Georges Pompidou, ›Visites commentées/Conférences‹.*

Wechselausstellungen
- Galerie Süd (Ebene 1, rechts auf dem Mezzanin).
- Ausstellungen in Zusammenhang mit Live-Aufführungen (Ebene –1, im Foyer), s. auch S. 18.
- Galerie des Museums (Präsentation von Neuerwerbungen u. a., Ebene 4)
- Galerie 1 und 2 (Ebene 6).

Zufahrt
s. S. 154 oben

Künstlerregister

Photonachweis